KB179517

정순철(1901~?)

아버지 정주현

어머니 최윤

1932년의 정순철

정순철의 부인 황복화

1894년 동학혁명 당시 해월 최시형이 머물며 대도소를 설치했던 청산 문바윗골.

충북 옥천군 청산면 정순철 생가.

정순철은 동학혁명으로 인해 세상에 태어나게 되었고 경술국치와 3·1운동과 해방의 역사를 살다가 6·25전쟁으로 인해 생애를 마쳤다. 그 속에서 어린이 문화운동에 이 나라의 미래가 있다는 화두를 붙잡고 격변의 역사를 헤쳐나간 선구적인 인물이다.

수운 최제우

해월 최시형

의임 손병희

정순철의 외할아버지가 동학의 제2대 교주인 해월 최시형이다. 해월 선생의 "아이 치는 것이 곧 한울님을 치는 것이니라"의 가르침이 어린이 운동 정신에 스미어 있다.

1918년 서울 가회동 사랑채에 모인 해월의 가족들. 앞줄 오른쪽 세 번째가 해월의 부인 손씨,
왼쪽 두 번째가 해월의 딸이자 정순철의 어머니인 최윤, 왼쪽 끝이 정순철의 부인 황복화,
뒷줄 오른쪽 첫 번째가 정순철이다.

해월의 후손들. 앞줄 왼쪽부터 해월의 둘째 아들 최동호, 의암 손병희의 외손자 이태훈,
손병희의 사위 소파 방정환, 그리고 맨 끝이 해월의 외손자인 정순철이다.

소파 방정환

색동회 창립 모임. 앞줄 왼쪽부터 조재호, 고한승, 방정환, 진장섭, 뒷줄 왼쪽부터 정순철, 정병기, 윤극영, 손진태.

색동회의 어린이 문화운동은 어린이를 비로소 인격적 존재로 대하기 시작한 운동이면서 문화운동이요, 구국운동이었다.

정순철이 1922년부터 1924년 학비 체납으로 수업을 중단하기 전까지 공부했던 동경음악학교.

동경음악학교를 그만두고 귀국 직후 『신여성』에 발표한 「동요를 권고합니다」.

"아무리 바쁘거나 복잡한 일에 파묻혀 있을 때라도 고운 동요를 한 구절 부르면 마음이 시원하고도 고요해지고 깨끗해지는 것을 느낍니다."

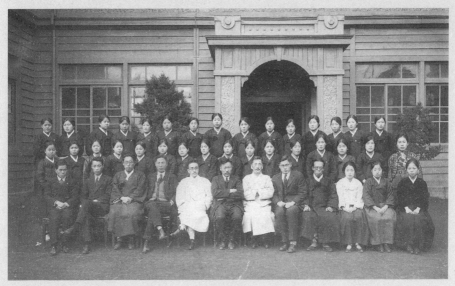

동덕여고 교직원과 졸업생. 앞줄 왼쪽 끝이 정순철이다.

동덕여고 학생들과 금강산 수학여행을 간 정순철(오른쪽 동그라미 안).

1929년 개벽사에서 발행된 동요작곡집 『갈닢피리』.

1929년 6월 8일 『조선일보』에 처음 발표된 「우리 애기 행진곡」 악보. 나중에 「짝짜꿍」으로 제목이 바뀌었다.

경성보육학교 녹양회 시절. 정순철(동그라미 안) 옆으로 이헌구, 정인섭 등이 보인다.

1928년 색동회가 개최한 세계아동예술전람회에 모여든 관람객들.

"조선에서 처음 되는 계획인 세계아동예술전람회는 금일부터 열리게 되었다. 소년소녀의 자유스러운 상상력으로 하야금 광활한 지구의 저 끝까지 자유롭게 놀게 함으로 그 안목과 포괄력을 확대케 하는 등 일상교과 이상의 다대한 효과가 있으리라고 생각한다."

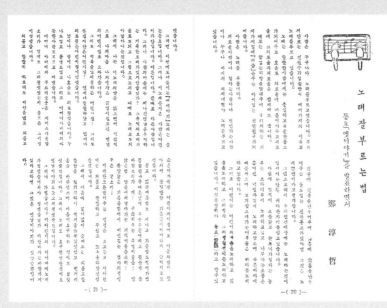

정순철이 『어린이』에 기고한 「노래 잘 부르는 법」.

피아노 앞에 앉은 정순철(1935년).

중앙보육학교에 근무할 때의 정순철(앞줄 오른쪽에서 세 번째).

8·15해방 이듬해에 전국에 인쇄 배포된 「졸업식 노래」 악보.

노래 속에 나오는 꽃다발 때문에 졸업식에서 꽃다발을 선물하는 축하 방식이 생겨났고, 물려받은 책으로 공부를 잘 하겠다는 노랫말 때문에 실제로 책을 후배들에게 물려주던 시절이 있었다.

정순철의 어머니 최윤이 25년간 홀로 지킨 용담정.

최수운 묘소 남쪽에 있는 근수당 최윤의 묘.

종로 수운회관 앞에 있는 '세계어린이운동발상지' 조형물. 서 있는 분은 정순철의 아들 정문화 옹.

두 번째 일본 유학 시절의 정순철.

# 어린이를 노래하다

# 어린이를 노래하다
## 한국 동요의 선구자 정순철 평전

초판 1쇄 발행 2022년 5월 5일

| | |
|---|---|
| 지은이 | 펴낸곳 |
| 도종환 | (주)미디어창비 |
| 펴낸이 | 등록 |
| 강일우 | 2009년 5월 14일 |
| 본부장 | 주소 |
| 윤동희 | 04004 서울 마포구 월드컵로12길 7 |
| 책임편집 | 전화 |
| 이지은 홍지연 | 02-6949-0966 |
| 조판 | 팩시밀리 |
| 신혜원 | 0505-995-4000 |
| 디자인 | 홈페이지 |
| 로컬앤드 | books.mediachangbi.com |
| | thechaek.com |
| ⓒ 도종환 2022 | |
| ISBN | 전자우편 |
| 979-11-91248-63-0  03990 | mcb@changbi.com |

한국 동요의 선구자
정순철 평전

# 어린이를 노래하다

도종환
지음

ᄬ창비
Media Changbi

## 개정판 서문
# 어린이 곁에 선 작곡가

다시 봄입니다. 지난해 우리에게 왔던 봄꽃이 다시 왔습니다. 얼마나 냉혹한 시간을 지나왔는지 아는 바람이 꽃들과 무슨 이야기를 주고받는 게 보입니다. 지난해 우리에게 왔던 상사화 푸른 잎이 다시 왔습니다. 얼마나 혹독한 시간을 지나왔는지 아는 햇살이 이파리 위에 앉아 투명하고 맑은 빛을 만들고 있습니다. 하늘이 빛의 기운, 바람의 기운, 빗줄기의 기운, 흙의 기운으로 사물의 생에 하루하루 관여한다면 사물의 내면에는 한울님의 깊은 존재가 모셔져 있을지도 모릅니다. 그러므로 사물 하나하나를 공경하게 됩니다. 그것이 경물(敬物)입니다.

경물(敬物), 경인(敬人), 경천(敬天)을 삼경사상이라 합니다. 글 쓰는 사람인 나는 해월 선생의 이 삼경사상을 가슴에 모십니다. 해월 최시형의 외손자인 정순철이라는 인물을 만나게 된 것도 그런 인연 때문이 아닌가 하는 생각이 들 때가 있습니다. 또 오래전 내가 사범대학을 졸업하고 처음으로 발령받아 아이들을 가르친 곳이 충북 옥천군 청산면 청산고등학교입니다. 정순철이 태어난, 바로 그곳 청산입니다.

정순철은 동요 작곡가이자, 우리나라 근대음악의 선구자입니다. 윤극영, 홍난파, 박태준과 함께 우리나라의 동요 전성기를 이끈 4대 작곡가의 한 사람입니다. 노래는 쓸쓸한 사람에게 유순한 동무가 되어준다고 말하는 사람입니다. 그는 외로울 때 외로움을 잠재워주는 것도 노래요, 아프고 괴로울 때 괴로움을 잠재워주는 것도 노래요, 삶에 끝없는 희망을 주는 것도 노래요, 삶에 리듬을 주는 것도 노래라고 했습니다. 노래야말로 다시없는 내 친구라고 정순철은 말합니다.

정순철은 어린이 운동가입니다. 아동문학가 소파 방정환과 한집에서 살았고, 함께 천도교소년회 활동을 했으며, 일본 유학도 같이 했습니다. 거기서 윤극영 등과 의기투합하여 어린이 운동 단체인 색동회를 만들었고 어린이 문화운동을 시작했습니다. 방정환이 '어린이'라는 말을 만들고, 『어린이』 잡지를 만들고, 어린이 문화운동을 할 때 그도 늘 함께 했습니다. 그리고 윤극영과 더불어 어린이들이 부를 노래를 만들었습니다. 「짝짜꿍」「졸업식 노래」「새 나라의 어린이」 등이 그가 만든 노래입니다.

그들이 시작한 어린이 운동의 바탕에는 해월의 사상이 있습니다. 어린이 가슴속에도 한울님이 모셔져 있다고 그들은 생각했습니다. 어른 중심의 삶에서 어린이 중심의 삶으로 바뀌어야 한다고 주장했습니다. 가옥 구조나 가정생활이 어린이를 배려하는 방식으로 바뀌어야 하고, 어린이를 보살피고 어린이를 위하는 방식으로 변해야 한다고 말했습니다. 어린이를 윤리적 압박과 경제적 압박에서 벗어날 수 있게 해야 하고 어린이를 바라보는 인식 자체를 변화시켜야 한다고 요구했습니다. 경인 (敬人)해야 한다는 것입니다. 우리나라의 어린이 운동은 세계적으로 매우 앞섭니다. 유엔이 스위스 제네바에서 '어린이권리선언'을 채택한 것이 1924년이니까 그보다 빠릅니다.

1922년 5월 1일 천도교소년회가 중심이 되어 첫 번째 '어린이의 날' 행사를 개최했습니다. 그러니 2022년은 어린이날 100주년이 되는 해입니다. 100년 전에 이런 일들을 전개한 분들이 자랑스럽습니다. 그리고 고맙습니다. 어린이의 날 행사를 시작한 지 100년이 되는 해에 정순철 평전을 다시 내게 되어 기쁩니다.

『어린이를 노래하다』는 2011년 충청북도·옥천군·정순철기념사업회의 지원을 받아 펴낸 『정순철 평전』(비매품)을 새로이 간행하는 것입니다. 새로 펴내는 책에서는 어린이날 관련 자료를 다시 살피고 내용을 보완했습니다. 기존의 글 가운데 너무 어려운 내용은 덜어내고 준거를 다시 찾고 정리하는 일도 했습니다. 이 일을 위해 오랜 시간 동안 애써주신 미디어창비의 이지은 팀장님께 특별한 감사의 인사를 올립니다. 이지은 팀장님이 계셔서 책이 잘 정리될 수 있었습니다. 언젠가 또다시 정순철의 생애를 더 보완하고 복원하게 되는 날이 오기를 바랍니다.

　고맙습니다.


2022년 봄꽃이 또 피고 지는 날
도종환

## 정순철의 생애를 복원하며

이번 겨울은 정말 추웠습니다. 저는 겨우내 문을 걸어 잠그고 정순철과 함께 지냈습니다. 전화기도 꺼놓았습니다. 저를 찾는 사람들의 원성이 들려도 그냥 미안하다고 말하고는 정순철의 생애를 복원하는 일에 매달렸습니다. 지난 1년 동안 저는 정순철을 찾아다녔습니다. 도서관으로, 고향 청산으로, 일본으로 돌아다니며 정순철의 흔적을 찾았습니다. 가는 곳마다 정순철의 흔적은 이미 지워지고 없는 경우가 많았습니다. 6·25전쟁은 가장 많이 그의 생애를 지워버렸습니다. 납북되었다는 사실도 그의 이름을 역사에서 지우는 데 기여를 했습니다. 분단된 나라에서 살아야 했기 때문에 사람들은 정순철이란 이름을 잘 거론하지 않게 되었고, 그런 세월 속에서 정순철의 이름은 잊혀갔습니다. 일본에서는 간토대지진이 그의 흔적을 찾는 데 방해를 했고, 도쿄대공습이 또한 자료를 불태워버렸다는 걸 알았습니다.

정순철은 지금부터 110년 전에 태어났던 인물입니다. 그의 출생에 대해 기술하려면 동학혁명 직후 강제로 결혼을 해야 했던 그의 어머니 최윤과 그렇게 될 수밖에 없는 운명을 살게 했던 그의 외할아버지 해월 최시형의 생애에 대해서 알아야 했습니다. 160여 년 전의 역사의 흔적을 찾아야 했습니다. 쉬운 일이 아니었습니다. 그러나 해월 최시형의 생애와 사상을 찾아나서는 동안 저는 많은 공부를 할 수 있었습니다. 수운 최제우의 신학과 해월의 신학 그리고 손병회의 천도교와 김연국의 상제교로 분화되어가는 과정에 대해 공부할 수 있어서 감사했습니다.

세계적으로 앞선 우리나라 어린이 운동과 그 초기 역사에 대해 상세히 알 수 있는 계기가 되어 참으로 고마웠습니다. 대한민국 어린이 운동의 사상적 배경이 해월의 사상에서 비롯되었다는 것을 알게 되었습니다. 세계 어느 곳에 내어놓아도 자랑스러운 어린이 운동을 이끌고 실천한 인물이 방정환과 정순철 같은 색동회 회원들이었다는 걸 알 수 있었습니다.

정순철과 윤극영은 일본에서 음악공부를 하고 돌아와 동요를 작곡했습니다. 성악을 하고 싶어 했고, 근대적인 음악공부를 하면서 다른 꿈도 있었을 텐데 정순철은 방정환의 권유를 받아들여 어린이를 위한 노래를 작곡했습니다. 그것이 우리나라 동요황금시대를 열게 된 것입니다. 윤극영, 홍난파, 박태준과 더불어 정순철은 우리나라 동요 전성기의 4대 작곡가로 음악사에서는 기술하고 있습니다.

그런 정순철이란 이름을 처음 만났을 때의 떨림을 저는 잊을 수가 없습니다. 박사논문을 쓰는 동안 오장환 시인의 동시와 관련된 자료를 찾기 위해 우리나라 동요동시문학사를 뒤적이고 잡지 『어린이』를 찾다가 정순철이란 이름을 만났습니다. 이분의 노래를 그렇게 자주, 그렇게 많이 불렀으면서도 작곡가의 이름을 가르쳐준 사람이 한 명도 없었다는 사실에 놀랐습니다. 어떻게 이렇게 한 사람의 이름이 역사에서 지워질 수 있는가 하는 사실도 저를 놀라게 했습니다.

지난 1년 동안 정순철 평전을 집필하면서 저는 그동안 제가 썼던 글의 오류를 여러 군데 바로잡아야 했습니다. 초기에 쓴 글 중에는 사실관계가 틀린 곳이 여러 군데 있었습니다. 제가 인용한 글의 사실관계가 틀린 것을 이번에 다른 자료를 대조하면서 확인하게 되었기 때문입니다. 대표적인 것이 정순철의 어머니 최윤이 최윤의 어머니인 김씨부인과 함께 옥에 갇혔다는 글이었습니다. 동학 관련 자료를 다시 찾고 대조해보니 민보단에 붙잡혀 옥에 갇힌 사람은 손씨부인이었습니다. 김씨부인은 그때 이미 세상을 뜬 상태였습니다. 그런 작은 사실이 최윤과 정순철의 생애에 왜 중요한가는 이 책의 내용에서 상세히 밝혔습니다.

정순철은 동학혁명으로 인해 세상에 태어나게 되었고 경술국치와 3·1운동과 해방의 역사를 살다가 6·25전쟁으로 인해 생애를 마친 인물입니다. 그는 나라의 멸망이라는 아픔과 근대적 변화라는 시대적 요구 사이에서 무슨 일을 해야 할 것인가를 진지하게 고민했으며, 그 속에서 어린이 문화운동에 이 나라의 미래가 있다는 화두를 붙잡고 격변의 역사를 헤쳐나간 선구적인 인물입니다. 그러면서 출생과 종말이 기구하고 비극적인 인물입니다.

저의 평전 작업도 정순철의 비극적인 생애에서 비롯되었습니다. 남아 있는 우리의 과제도 거기서 출발한다고 생각합니다. 그에게 갚아야 할 민족적·문화적인 빚이 있다고 저는 생각합니다. 우리는 한 번도 그에게 감사한 마음을 가져본 적이 없는 채 그의 노래를 불렀습니다. 누가 만들어준 노래인지도 모른 채 그의 노래를 부르며 기뻐하고 눈물 흘리곤 했다는 게 미안합니다. 이 책이 그런 미안함을 조금이라도 갚는 계기가 되었으면 좋겠습니다.

평전 출간의 정해진 기한이 있어서 자료조사를 다 하지 못한 부분이 있습니다. 악보도 조금 더 찾아야 하고 사실관계 확인도 더 해야 할 부분이 있는데 다 하지 못한 채 원고를 넘기게 되었습니다. 새로운 자료가 나오면 수정하거나 보완해야 할 부분이 있을 거라고 생각합니다.

평전 작업을 하는 동안 많은 분들의 도움을 받았습니다. 특히 정순철 선생의 장남이신 정문화 옹이 가족관계 자료를 많이 제공해주셨습니다. 감사의 말씀을 드립니다. 도쿄예술대학의 하시모토 구미코 연구원과 재일교포 음악인 이정미 씨께도 감사드립니다. 동덕여자고등학교 앨범에서 사진 자료를 찾아주신 손인희 동덕여중고 동창회 부회장님, 정순철기념사업회 김승룡 회장님과 황길상 사무국장님을 비롯한 회원 여러분들의 도움도 컸습니다. 고맙습니다. 국립중앙도서관과 신문사 마이크로필름을 일일이 찾아 확인하며 자료 수집에 도움을 주신 분들께도 깊은 감사의 말씀을 드립니다. 참으로 많은 분들의 도움으로 정순철의 생애가 복원될 수 있었습니다.

고맙습니다.

2011년 꽃 지는 봄날
도종환

# 차례

# 1장

## 정순철은 누구인가

정순철. 이 이름은 우리에게 낯설다. 정순철에 대해 이야기를 꺼내면 사람들은 멀뚱하게 말하는 사람을 쳐다본다. 정순철을 아느냐고 물으면 사람들은 대답을 잘 못한다. 그러다 「짝짜꿍」과 「졸업식 노래」를 작곡한 분이라고 말하면 사람들은 금세 '아!' 하고 고개를 끄덕이며 얼굴 표정이 환하게 바뀐다. 그의 노래를 불러보지 않은 사람이 없기 때문이다.

이 땅에 태어나 어린 시절을 보내며 "엄마 앞에서 짝짜꿍" 하는 「짝짜꿍」이란 노래를 부르지 않은 사람은 없을 것이다. "빛나는 졸업장을 타신 언니께 / 꽃다발을 한 아름 선사합니다" 이 노래를 모르는 이는 없을 것이다.

작곡가 정순철은 1901년 충북 옥천군 청산면 교평3길 23에서 태어났다. 그의 어머니 최윤은 동학의 제2대 교조(敎祖)인 해월 최시형의 딸이다. 동학의 창도자인 수운 최제우가 1864년 참수형을 당하고 난 뒤부터 30여 년의 세월 동안 최시형은 몸을 피해 쫓겨 다니며 포교를 해야 했고, 가족들도 마찬가지였다. 부인 김씨는 그 와중에 병으로 세상을 떠났고 딸 최윤은 동학혁명이 일어나던 1894년 옥천의 민보단에 붙잡혀 관아에 갇히고 말았다. 그 후 현감은 통인(通引, 수령의 시동 혹은 사환)인 정주현에게 최윤을 데려가 살라고 내주었고, 정순철은 이 두 사람 사이에서 태어났다.

최윤은 정주현과는 끝까지 살지 못하고 집을 나와 손병희가 마련해준 서울 가회동 집에서 살다가 나중에 딸과 함께 충남에 있는 계룡산으로 들어갔다. 당시 해월의 양사위인 김연국이 상제교(上帝敎)*라는 새로운 종파를 세우고 계룡산 신도안에서 교주로 있었기 때문이다. 몇 년

후 최윤은 다시 계룡산을 떠나 경북 경주 월성군으로 내려가 구미산 자락에 있는 용담정에서 홀로 수도하며 살았다. 용담정은 수운 최제우가 득도하여 동학을 창시하고 포덕을 시작한 성지다. 최윤은 방치된 용담정에 조그만 집을 짓고 1931년부터 1956년까지 25년간 용담성지를 지키며 도력이 높은 수도부인으로 포교를 하며 살았다. 경주 일대에서 최윤은 '용담할머니'로 불렸다.[1] 그 동네에서는 가을에 수확을 하면 제일 먼저 용담할머니에게 가져다 드릴 정도로 최윤은 마을 사람들의 존경을 받았다. 최윤이 세상을 뜨면서 천도교는 최윤에게 근수당(謹守堂)이라는 도호(道號)를 내렸고, 최윤의 묘소는 최수운 묘소 옆에 있는 최수운의 부인과 아들의 묘 사이에 있다.

보통학교를 다니던 정순철은 학교를 중퇴하고 집을 나와 옥천역에서 화물차를 몰래 숨어 타고 서울로 올라갔다. 1909년에는 흩어져 있는 해월 최시형의 가족들을 위해 손병희가 마련해준 가회동 집에서 어머니 최윤, 해월의 부인 손씨 등 여러 식구들과 함께 살았다. 그리고 1917년 4월 방정환이 손병희의 셋째 딸 용화와 결혼하여 장인이 있는 가회동 집으로 들어오면서 한집에서 살게 되었다. 정순철은 1919년 4월[**] 보성고등보통학교를 졸업했는데 차웅렬은 정순철의 재학 시절의 별명이 '장안 멋쟁이'였다고 한다.[2]

정순철은 방정환과 절친하게 지내며 '천도교소년회' 활동을 같이 했다. 천도교소년회는 1921년 5월 1일 김기전, 방정환 등의 주도로 천도교청년회 산하에 결성된 모임이었다. "당시 어린이들은 교육의 기회조차 얻지 못했고 온전한 인간으로서 대우받지 못하고 멸시와 구타, 각종 질

---

[*]  상제교는 1925년 김연국이 친일종교인 시천교(侍天敎)에서 나와 세운 교파다.
[**]  차웅렬의 글에는 1918년으로 되어 있으나 실제 확인 결과 1918년이 아니라 1919년 4월에 졸업했다.

병과 배고픔에 노출되어 있었다. 이에 천도교소년회는 지덕체를 겸비한 쾌활한 소년을 양성하는 것을 목적으로 창립되어, 1923년 3월부터 월간 『어린이』를 창간하고 소년계몽운동에 나섰다. 이는 해월의 '사인여천(事人如天)'의 정신을 이어받는 것이기도 했다."[3]

천도교소년회의 이 운동은 우리나라에서 처음으로 시작된 어린이 문화운동이자 어린이 인권운동이었다. 사람을 한울님(하느님)처럼 섬겨야 한다면 어린이도 역시 한울님처럼 섬겨야 하며, 사람의 마음속에 한울님이 모셔져 있다면 어린이 마음속에도 한울님이 있다. 그러므로 사인여천하고 경인(敬人)해야 한다는 생각은 어린이에게도 똑같이 적용되어야 한다고 보았던 것이다.

그리고 1922년 정순철은 일본으로 유학을 가 동경음악학교 선과에서 음악공부를 하다가 방정환 등과 함께 '색동회'를 만들었다. 정순철이 방정환과 함께 어린이 운동 단체인 색동회 창립에 참여한 것은 일본 유학 중이던 1923년이었다. 색동회는 1923년 3월 16일 발족하여 1923년 5월 1일 일본 도쿄에서 방정환·손진태·정순철·고한승·진장섭·정병기·조재호·윤극영 등이 창립하고, 뒤에 최진순·마해송·정인섭·이헌구 등이 가입했다. 색동회는 1923년 3월 20일 『어린이』를 창간했으며, 국내에 있는 천도교소년회와 연락하여 어린이날 행사를 비롯한 어린이 운동을 주도적으로 이끈다. 이들의 어린이 문화운동은 어린이를 비로소 인격적 존재로 대하기 시작한 운동이면서 문화운동이요, 구국운동이었다. 색동회는 도쿄에서 유학생들끼리 만든 작은 연구 모임이 아니라, 어른을 상대로 한 운동이 불가능한 상태에서 일제의 눈을 피해 어린이들에게 민족의 자주독립 정신을 배양하자는 목표를 가진 운동으로 시작된 모임이었다.

이들은 그해 여름방학 기간인 7월 23일부터 28일까지 소년단체의 대표, 유치원 및 소학교 교사들을 대상으로 서울 종로구 경운동에 있는 천도교당에서 전조선소년지도자대회를 개최했다. 동화와 소년문제에 대해서는 방정환, 동화극은 조준기·고한승, 아동교육과 소년회는 조재호, 동요이론은 진장섭이 맡았는데, 윤극영과 정순철은 동요를 실제로 지도하는 일 중에서 '동요 취택(取擇)에 관한 주의' '발성 교수에 관한 주의'를 맡았다. 이 모임은 매우 조직적이며 뚜렷한 목적을 가지고 알찬 내용으로 준비한 우리나라 최초의 소년지도자대회였다.

윤극영과 정순철은 도쿄에 유학하여 같은 시기에 음악을 공부했으며 함께 자취를 하면서 생활했다. 윤극영을 방정환에게 소개한 사람이 정순철이고, 윤극영에게 동요를 작곡하도록 부탁한 사람은 방정환이다. 방정환과 함께 색동회 활동을 하며 동요를 작곡한 윤극영과 정순철은 『어린이』에 어린이들이 부를 창작 동요를 만들어 발표하고 동요를 보급하는 데 앞장선다.

"도쿄 유학을 마치고 귀국한 후에도 정순철은 색동회 멤버들과 함께 천도교소년회와 연계하여 종로구 경운동의 천도교대교당을 중심으로 각종 어린이 운동을 역동적으로 전개해나갔다. 그때 천도교대교당은 서울의 3대 건물의 하나였고, 대교당 옆에 근대식 극장형 건물(수운 최제우 탄생 백년 기념관)이 또 하나 있었기 때문에 당시 거의 모든 문화운동이 이곳에서 이루어졌다."[4]

정순철의 장남인 정문화 옹*은 "일요일마다 청년들이 북을 치면서 '학도가' 등을 부르며 종로 일대를 돌면 아이들이 줄을 지어 따라다니

---

* 정문화 옹은 정순철의 장남으로 1926년 서울에서 태어났다. 조흥은행 안동지점장을 지냈으며, 천도교유지재단 이사와 감사를 역임했다.

다 천도교회로 들어오고, 그러면 방정환 선생이 이야기를 해주고 정순철 선생이 노래를 가르치고, 함께 노래를 부르다가 울기도 하고 그랬지"라고 당시를 회고한다. 그런가 하면 이들은 지방강연을 함께 다니기도 했다.

1925년 섣달그믐께, 그때 경기도 수원에는 '화성소년회'라는 어린이 모임이 있었다. 화성소년회에서는 해마다 서울에서 소파 방정환 선생을 모셔다가 동화회를 열었는데 그해에도 모셔다가 공회당에서 열 작정이었다. (…) 이번에는 방선생뿐만 아니라 '엄마 앞에서 짝짜꿍' 노래를 작곡하신 색동회 동인 정순철 선생도 오시어 동요를 불러주시게 되었고, 이정호 선생의 동화도 있고 하여 수원이 발끈 뒤집혔다. (…) 어린이, 어른 합해서 2천 명 이상이 들끓었다.[5]

방정환과 함께 다니며 방정환은 이야기를 들려주고 정순철은 노래를 가르쳐주며 어린이들을 위한 동화회 등의 행사를 한 것이다. 방정환의 아들 방운용 옹은 생전에 "방정환 있는 데 정순철 있고, 정순철 있는 데 방정환 있다. 정순철은 방정환의 그림자다" 이렇게 말했다고 정문화 옹은 전한다.

1929년 정순철은 동요작곡집 제1집 『갈닢피리』를 출간한다. 이 작곡집에는 「우리 애기 행진곡」을 비롯해 「까치야」 「길 잃은 까마귀」 「여름비」 「봄」 「나뭇잎 배」 「늙은 잠자리」 「물새」 「헌 모자」 「갈잎피리」 등이 수록되어 있다.

1928년 1월 19일 『조선일보』에 발표된 「자상가」도 정순철이 직곡한 것이며, 동덕여고(전신 동덕여자고등보통학교)에 재직하면서 1932년에 엮은 동

요집 『참새의 노래』에도 「참새」 「어미 새」 「옛이야기」 등 수십 편의 동요
가 수록되어 있다.

두 작곡집에 수록된 서른여섯 곡의 노래 외에도 해방 후 윤극영, 윤
석중 등과 '노래동무회' 활동을 하며 작곡한 「어린이 노래」 「어머니」 등
을 합하면 사십여 곡의 노래가 정순철에 의해 작곡되었음을 확인할 수
있다.

이 중에 「우리 애기 행진곡」은 나중에 「짝짜꿍」으로 제목이 바뀌었
다. 이 곡은 경성방송국 전파를 타고 라디오에서 방송되어 전국 방방곡
곡에서 어른 아이 가리지 않고 따라 부를 만큼 대단한 인기를 끌었다.
방송국에는 재방송 요청이 들어오고 유치원과 소학교의 학예회와 나들
이 놀이에서 이 곡에 맞추어 유희하는 것이 대유행이었다고 한다.

정순철은 1930년대 초에 색동회 회원인 정인섭, 이헌구와 함께 경성
보육학교에서 보육 교사들을 가르치며 '녹양회(綠陽會)'라는 동요동극단
체를 만들어 「소나무」 「백설공주」 「파종」 「금강산」 등의 동화극과 학교
극을 발표했다. 정인섭이 각본을 쓰고, 정순철이 작곡과 노래 지도를 하
고, 이헌구가 동극을 지도했다. 이 동극 안에는 수많은 노래가 들어 있
다. 모두 정순철이 작곡한 노래들이었다.

「반달」의 윤극영, 「짝짜꿍」의 정순철, 「오빠 생각」의 박태준, 「봉선화」
의 홍난파, 이들은 1920년대와 1930년대 우리나라를 대표하는 동요 작
곡가였다. 『사랑의 선물: 소파 방정환의 생애』를 집필한 이상금은 이 네
사람을 당시의 4대 동요 작곡가라고 일컫는다.[6] 1924년 윤극영이 작곡
한 「반달」과 같은 동요는 어린이 노래를 넘어 누구나 부르는 보편적인
노래가 되어 있었다. 우리나라 최초의 대중가요인 「사의 찬미」를 윤심덕
이 레코드에 취입한 때가 1926년인 것을 생각하면 당시에는 동요가 곧

국민 모두가 부르는 노래였다고 해도 지나친 말이 아닐 것이다. 이들과 함께 「새야 새야 파랑새야」의 김성태, 「누가누가 잠자나」의 박태현에 이르기까지 많은 동요들이 채보되고 작곡되어 불리어지자 총독부가 제동을 걸기 시작했고 1938년에는 아예 '어린이날' 행사를 전면 중단시켜버렸다.

정순철은 1927년부터 동덕여고에 재직하며 학생들을 가르쳤다. 1931년 방정환이 별세한 후에는 색동회 회원들과 함께 경성보육학교 운영과 교육에도 관여했고, 1939년 다시 도쿄로 건너가 1941년까지 음악공부를 하고 귀국하여 1942년부터 1950년 납북되기 전까지 중앙보육학교, 무학여고(전신 무학공립여자중학교), 성신여고(전신 성신여자중학교)에서 음악 교사로 재직했다. 학교에 재직할 때 그의 별명은 '한국의 베토벤' '면도칼'이었다. '면도칼'은 대쪽 같은 성품과 불의를 보고는 못 참는 불 같은 성격 때문에 붙여졌다고 한다.

정순철은 훌륭한 음악 교사이기도 했다. 그는 「옛이야기」라는 노래에 대해 쓴 글에서 "그 노래의 내용(내적 생명) 모든 문제는 생각할 필요도 없이 자기의 목소리만 아름답게 내고자 한다면 그 노래는 생명을 잊어버린 노래가 되고 마는 동시에 생명 없는 노래를 하는 성악가도 생명이 없는 것입니다"라고 말했다. "명석한 머리, 풍부한 지식, 예민한 감정과 감각 그리고 열렬한 열정과 통찰력"을 가지고 "노래의 온 생명을 다시 재현시키는" 노래를 하라고 가르쳤다.[7]

음악에 대한 원론적인 생각과 자세만 바르게 가르친 게 아니라 구체적으로 노래하는 방법을 가르치는 데 있어서도 그는 자상하고 분명했다.

이 노래 전체를 노래하는 음색(音色)은 명요하야서도 안 되며 슳허서도 안 됩니다. 조금 조용한 음량(音量)으로 음의 폭(幅)을 넓혀 입에서 내는 소리보다는 목넘어소리로 부르십시요.

처음 버선 깁는 우리 엄마 졸라 졸라서…

이 멜로듸를 부를 때─… 성량을 적게 하고 타임(拍子, 템포)은 천천히 시작하십시요. 그리고 다음 줄

옛이야기 한마듸만 해달냇드니…

여긔와서 소리를 조곰 크게 그러나 최초의 음색을 잊어버리지 말고서 '옛이야기 한마듸만'을 불른 뒤에 '해달냇드니'는 점점 크게 소리의 폭을 더 넓혀서 부르고 다음

저긔저긔 아랫마을 살구나무집…

'저긔저긔 아랫마을' 이 여덟 자의 노래는 강하게 그러나 전체의 긔분을 버서나지 안는 모든 조건에서 노래하여야 합니다. 그리고 음색(흥분)을 달리 소리가 좀 뒷처서 나오게 하여야 합니다.

'살구나무집'─은 조용히 저긔저긔 아랫마을이(큰 소리로 하얏슴으로) 천천히(듸미넨도) 적게 소리가 하행(下行)하여야 그 줄의 멜로듸 아니 전체의 노래가 바란스(平衡)가 되는 것이니 '살구나무집'─이 멜로듸에서 이야기하는 그 이야기의 자미가 절정에 이른 것과 갈치 긴장한 태도 천천히 차차 하행하십시요.[8]


노래의 한 소절 한 소절을 어떻게 불러야 하는지, 왜 그렇게 불러야 하는지를 자상하게 설명하는 이 글은 우리 음악사에서도 매우 귀중한 자료다. 1930년대 초에 상당히 근대적인 방식으로 음악교육을 했음을 알 수 있다. 그는 노래가 멜로디만으로 끝나지 않고 노랫말이 지니는 의

미를 음미하고 해석하며 부를 것을 강조했다. 또한 노래가 주는 정서적이고 정신적인 힘에 대해서도 매우 중요하게 생각했다.

> 노래는 쓸쓸한 사람에게는 충실하고 유순한 동모가 되어주고 호올로 외로울 때 마음이 아푸고 괴로울 때 그 외로움과 괴로움을 잠재여도 줍니다.
> 때로는 끝업는 히망을 말해주며 우리의 하는 가지가지 일에 '리즘'을 주는 다시업는 친한 친구가 되어줍니다.[9]

정순철은 노래가 가진 정신적 힘과 위안을 잘 알고 있었고, 노래의 사회적 효용과 어린이의 삶에서 우러난 동요에 대해서도 깊이 생각하고 고민하는 사람이었다.

정순철의 곡 중에 음악적으로도 좋은 평가를 받고 사회적으로도 널리 알려진 노래는 주로 윤석중의 동시나 노랫말을 작곡한 곡이 많은데 「졸업식 노래」도 윤석중이 노랫말을 썼다.

6·25전쟁이 터졌을 때 정순철은 성신여중(혹은 성신여고)에 있었는데 이숙종 교장이 피난을 가면서 정순철에게 학교를 부탁해서 학교에 남아 있었다. 장남 정문화 옹은 아버지가 집에 와서 "학교를 인수하러 온 인민군이 제자이더라"고 말하는 걸 들었다고 한다. 그리고 9·28수복 이후 인민군이 후퇴할 때 납북되었고 그 뒤의 종적은 알 수 없다. 전쟁 이후 납북이든 월북이든 북으로 간 사람들을 거론하는 것이 금기시되면서 그의 이름과 행적은 서서히 우리들의 기억 속에서 잊혀갔다. 그가 작곡한 노래를 그렇게 많은 국민들이 그렇게 오랜 세월 동안 기쁨으로 부르고 눈물로 불렀으면서도 우리는 그의 이름을 모르고 살아왔다. 전

쟁과 분단의 비극이 아니었다면 그는 많은 이들의 사랑을 받는 작곡가로 우리 곁에 있었을 것이다.

「졸업식 노래」의 작곡가 정순철, 그는 어린이 운동의 선구자이면서 훌륭한 음악인이며 교사였지만 비극적 운명을 살다 간 작곡가였다.

# 2장

## 해월 최시형의 도피생활과 동학

## 수운의 순도와 영해교조신원운동

동학의 교조인 최수운은 참형을 당하기 몇 주 전인 1864년 2월 20일
즈음 다리뼈가 부러질 정도의 혹독한 심문을 받았다. 그날 밤 수운은
옥바라지를 해주던 동학도인 곽덕원이 찾아오자 최경상(해월)에게 두 가
지를 전하라는 부탁을 했다. 하나는 멀리 도망치라는 말이었고, 다른
하나는 시 한 수였다.

『최선생문집도원기서(崔先生文集道源記書)』를 보면, 수운이 곽덕원에게
"경상(해월)이 지금 성중에 있는가. 머지않아 잡으러 갈 것이니 내 말을
전하여 고비원주(高飛遠走)하게 하라. 만일 잡히면 매우 위태롭게 될 것
이다. 번거롭게 여기지 말고 내 말을 꼭 전하라"고 하였고, 곽덕원은 "경
상은 이미 떠났다"고 답했다. 그러자 수운은 다음의 시를 한 수 읊으며
이 시를 외워 해월에게 알려주라고 했다.

燈明水上無嫌隙(등명수상무혐극)

柱似枯形力有餘(주사고형역유여)


혐의를 잡아내려 물 위에 등불을 밝혀보나 혐의할 틈새가 없도다.
기둥은 말라버린 모습이나 그 힘은 여전히 남아 있도다.[1]


앞 구절은 조선왕조가 나를 처형하려고 없는 죄목을 만들어 뒤집어
씌우려 하지만 혐의를 잡을 틈새가 없다는 뜻이며, 뒷 구절은 결국 자
신은 그들의 손에 죽겠지만 그의 가르침은 밀라버린 기둥과 같으니 그
힘은 여전히 남아 있으리라는 뜻이었다. 이 시는 결국 수운의 유시(遺詩)

가 되었다.

수운은 1864년 3월 10일(양력 4월 15일) 오후 2시경 대구 남문 앞 개울가에 있는 관덕당 뜰에서 참형되었다. 같이 붙잡힌 제자들은 엄형 후 절해고도에 종신 정배를 보내거나 원지에 정배를 보냈다. 그러나 수제자인 최경상을 체포하지 못해 관의 감시는 계속되었다. 해월은 낮에는 숨고 밤에만 움직였다. 겨우 은신처를 마련했다 싶으면 포졸이 쫓아왔다. 해월은 동해안 쪽으로 방향을 잡아 4월 초에 경북 영덕에 있는 강수*의 집을 찾아갔고, 영해, 평해를 거쳐 이듬해에는 울진군 죽변으로 자리를 옮겼다. 두 달 후에는 일월산 동쪽 깊은 산중 용화동 윗대치에서 농사를 짓거나 짚신을 삼거나 멍석을 만들며 지냈다.

수운이 순도한 후 모든 동학도들은 숨을 죽이고 살았다. 해월 역시 수운의 가족들을 돌보며 농사일에만 전념했다. 그러다 1865년 가을부터 동학에 대한 탄압이 뜸해지자 동학조직 재건을 모색했다. 1865년 10월 28일 수운탄신기념제례를 통해 인내천(人乃天)을 주제로 한 강론을 했다. 1866년 3월 10일에는 수운의 순도기념제례를 올렸고 적서차별 철폐에 대해 강론했다. 1865년부터 약 5년간에 걸친 꾸준한 포덕의 결과 무너졌던 접(接)조직이 되살아나기 시작했고, 영덕, 양양, 인제, 정선, 영월, 단양 지역에도 새로운 조직이 생겨나고 있었다.

그런데 영해에 이필제라는 인물이 나타나 교조신원운동을 하자며 동학도들을 찾아다녔다. 다섯 번이나 사람을 보내 해월의 동의를 구하고자 했으며 영해부성을 쳐들어가 관을 징계하자고 주장했다. 해월은 큰

---

* 강수는 1863년 동학에 들어가 해월 최시형을 도와 동학의 교세를 추스르는 데 큰 역할을 했다. 영해 교조신원운동 이후 최시형과 함께 도피생활을 했다. 동학의 제2인자인 차도주(次道主)에 임명된 뒤 강시원으로 개명했으며, 『최선생문집도원기서』를 집필하고 『동경대전』 『용담유사』 등 동학 경전의 간행을 주도했다.

일을 서두르면 실패하기 쉬우니 가을로 연기하자고 했으나 동학도인들이 거의 다 이필제에 동조하고 있어서 교조신원운동을 허락할 수밖에 없었다. 영해, 평해, 울진, 진보, 영양, 안동, 영덕, 청하, 홍해, 연일, 경주, 울산, 장기, 상주, 대구 등지에서 참가한 500여 명의 동학도들은 1871년 3월 10일 영해부성을 공격하여 점령했다. 그러나 영해부사 이정을 치죄하는 자리에서나 동민들을 타이르는 자리에서도 수운의 신원에 대한 말은 한마디도 없었다. 그리고 다음 날 정오가 넘자 일제히 읍성을 빠져나와 제 갈 길로 가고 말았다.

　이후 관과 유생과 교졸 들은 동학도들을 잡아들여 가혹하게 심문을 했고 그 과정에서 스스로 목숨을 끊거나 물고를 당한 이가 부지기수였다. 참형당한 이가 45명, 정배간 이가 21명이나 되었다. 고향을 버리고 떠돌이가 된 이도 200명이 넘었다고 한다. 그렇게 해서 1871년 영해교조신원운동은 실패로 끝나고 말았다. 어렵게 되살린 동학조직도 다시 지하로 숨어들 수밖에 없었다. 이제 해월을 비롯한 동학지도부에게는 포교는 고사하고 생존이 큰 과제였다. 해월의 도피생활은 표영삼의 책 『동학 1: 수운의 삶과 생각』에 자세히 기술되어 있다.[2]

　윗대치에서 간신히 탈출한 해월과 이필제, 강수 등은 일월산 북쪽 대치를 넘어 경북 봉화군 춘양으로 넘어왔다. 날이 밝으면 사람의 눈을 피해 숲속으로 들어갔다 해가 지면 다시 길을 나섰다. 며칠씩 굶주리며 피해 다녀야 했다. 강원도 영월 중동면 화원리 소마원 마을까지 갔다가 노루목을 지나 베틀재의 준령을 넘어 충북 단양의 영춘으로 갔고, 영춘에서 가곡면 보발리 산길을 통해 천동계곡을 지나 밤중에 풍기읍 삼가리 정기현의 집을 찾아갔다. 여기서 일행은 각각 다른 사람들의 집으로 나누어 흩어졌는데 해월은 단양 대강면 쪽으로 짐작되는 정석현의 집으로 갔다. 그곳에서 해월은 자신이 동학을 잘못 지도한 것을 통탄하면서 농사일에 힘을 기울였다. 이를 본 정석현은 해월의 인간다움에 감화를 받아 해월의 가족들을 데려와 함께 살 수 있도록 거처와 살림을 마련해주었다.

그러나 그것도 잠시, 1871년 5월 어느 날 강수가 해월을 찾아와 "관에서 지목하고 뒤따르니 이곳에서 급히 피신해야 한다"고 알려왔다. 강수는 금방이라도 교졸들이 뒤따라오는 것처럼 서둘렀다. 사태가 급박하다는 것을 알아챈 해월은 손씨부인에게 피신 간다는 한마디만 남기고 강수를 따라나섰다. 얼마 후 단양 교졸들이 들이닥쳐 해월이 살던 집을 포위했다. 교졸들은 해월이 보이지 않자 대신 손씨부인을 잡아갔다.

8월 2일에는 이필제가 문경 초곡에서 군창을 습격하다 잡히는 사건이 벌어졌다. 해월과 강수는 이필제가 심문을 못 이겨 자신들을 거론하지 않을까 염려하지 않을 수 없었다. 거기다 해월을 머물게 해주었던 정석현을 관이 파악하고는 그의 일족인 정진일의 가산을 몰수하고 정사일의 처를 잡아가기까지 했다. 신변의 위협이 점차 커지고 있음을 감지한 해월 일행은 서둘러 산속으로 숨어들어가 몸을 피했다. 도피의 여정은 녹록지 않았다. 해월 일행은 좁은 암반 위에 초막을 치고 낙엽을 깔았다. 여러 명이 비좁게 모여 앉았음에도 높은 산중이라 새벽이 되자 온몸에 한기가 몰려왔다. 음력 9월이었으니 늦가을인데, 얇은 옷 한 장만 걸친 채 길을 나섰던 탓이었다. 밤새 불을 피워도 잠을 이룰 수 없을 정도였다. 가지고 온 식량 역시 소금 몇 줌과 장 몇 숟가락뿐이었다. 하루 종일 근처에서 구한 곤드래라는 풀잎과 나무뿌리를 씹으며 허기를 달랬다.

태백산 산중에 숨어들었을 때 13일간이나 굶주리며 지내야 했던 해월은 비장한 마음을 먹기도 했다. 『최선생문집도원기서』에는 당시 해월과 강수가 둘이서 암벽에 올라가 같이 품고 떨어지자는 대화를 나눈 내용이 기록되어 있다.

> 손을 끌어가며 암벽 위로 올라가다 서로 돌아보고 돌아보며 우리 두 사람 중 누가 먼저든 누가 뒤이든 보듬고 떨어져서 죽는 것이 가할 듯하였다. 강수가 대답하기를 형님 말씀이 비록 가하다 하겠으나 죽을 지경에 이르러서도 반드시 살아날 구석이 있다 합니다. 우리 두 사람이 만일 하나같이 죽어버리면 뒷날 우리의 명성은 10여 년 안에 잊어버려질 것입니다. 한울님을 공경하고 스승님을 위한 이 도는 누가 설원(雪寃)하며 그 이름은 누가 세상에 드러내게 할 것입니까. 목숨을 보존하는 것이 또한 마땅하지 않겠습니까 하였다.[3]

산으로 피한 지 13일째 되던 날 함께 도피 중이던 황재민은 영남으로 떠나고, 14일 만인 9월 15일 삼경(밤 11시에서 새벽 1시)에 해월과 강수도 산에서 내려와 박용걸의 집을 찾았다. 박용걸은 해월과 강수를 따뜻이 방안으로 모셨다. 그리고 박용걸의 도움으로 겨울을 나게 되었다. 이때 해월은 49일간의 기도를 올렸다.

1872년 1월 5일 해월은 박용걸의 집에서 영해교조신원운동 당시의 잘못을 깨닫고 뉘우치는 제례를 올렸다. 전적으로 자신의 그릇된 판단과 지도로 인해 많은 도인이 희생되었고, 동학 활동마저 위기에 빠지게 된 것을 뼈저리게 반성한 것이다. 해월은 영해교조신원운동의 실패를 교훈 삼아 이후 모든 일을 너욱 신중하게 고민하고 결정했다. 일례로 1890년대의 교조신원운동 때나 1894년의 동학혁명 때 해월은 주변에서 지나치다 할 만큼 신중한 태도로 일관했다. 영해교조신원운동의 실패를 떠올렸기 때문이다. 사실 영해교조신원운동 때 해월이 신중하지 않았다고 볼 수는 없다. 이필제가 다섯 번이나 사람을 보냈던 것에서도 알 수 있다. 다만 그 전에 영해 도인들이 이필제의 의견에 찬동하는 것부터 막지 못한 일은 못내 후회가 되었을 것이다.

그러나 언제고 과거를 복기하며 탄식만 하고 있을 수는 없었다. 모든 사람이 신처럼 대접받을 수 있는 세상을 만들자는 동학의 꿈을 실현하기 위해 해월은 다시 한번 힘을 내고자 했다.

## 수운과 해월

1863년 8월 13일 자신이 수행하던 검등골에서 아침 일찍 길을 떠난 최경상은 정오가 좀 지나서 용담에 도착했다. 최경상이 갑자기 찾아오자 수운은 "추석이 멀지 않았는데 그대는 어찌하여 급히 왔는가" 하며 반갑게 맞아주었다.

경상은 선생님과 함께 추석 명절을 지내려고 왔다고 했다. 홀로 명절을 보내실 선생을 염려한 것이다. 그날 저녁 수운과 경상은 여러 일을 의논했다. 14일 밤이 되자 수운은 최경상을 불렀다. 이날의 일을 『최선생문집도원기서』는 이렇게 기록하고 있다.

경상에게 그대는 무릎을 단정하고 평좌해보라 하였다. 경상은 이 말씀에 따라 앉았다. 선생은 이르기를 그대는 수족을 임의로 굽혔다 폈다 해보라고 하였다. 경상은 갑자기 대답을 하지 못했으며 정신이 있는 듯 없는 듯하여 몸을 굽혔다 폈다 할 수가 없었다. 선생은 이를 바라보시고 웃으시며 몸을 쳐다보다가 이르기를 그대는 어찌하여 이러하나 하였다. 이 말을 듣자 곧 굴신이 되었다. 선생은 이르기를 그대의 몸과 수족을 좀 전엔 펴지 못하더니 지금은 펴니 왜 그러한가. 경상은 대답하기를 그 까닭을 모르겠다고 하였다. 선생은 이르기를 이것이 바로 조화가 대단함이로다. 후세에 난을 당한들 무엇을 걱정하랴. 신중하고 신중하라.[4]

수운은 이날의 의식을 통해 해월에게 도통을 전수했다. 즉 수운의 마음과 해월의 마음이 하나가 되는 경지에 이르도록 하여 단전(單傳)의 도통전수를 행했던 것이다. 수운은 15일 새벽에 해월을 재차 불러 "이 도는 유불선 삼도의 가르침이 겸하여 있다"라고 설명했다. 뒤이어 수심정기(修心正氣) 네 글자와 부도(符圖), 수명(受命)이라고 쓴 글씨를 내려 주었다. 그리고 "구용담수류사해원(口龍潭水流四海原), 검악인재일편심(劒岳人在一片心)" 즉 "용담 물이 흘러 흘러 네 바다의 근원 되고 검악에 사람 있어 일편단심이로다"라는 시를 지어주면서 "그대의 장래를 위한 강결(降訣)이니 길이 잊지 말라"고 했다. 시구의 검악인(劒岳人)은 검등골에 사는 해월 최경상을 상징한다. 이렇게 해월 최경상은 37세 되던 1863년 8월 14일에 수운의 도통을 물려받았다.

수운 최제우는 해월에게 도통을 전수하기 3년 전인 1860년 4월 5일(양력 5월 25일) 오전, 수행을 시작한 지 6년 만에 한울님을 만나는 종교체험을 했다. 수운의 나이 37세였다. 수운의 종교체험은 여러 곳에 기술되어 있는데, 「포덕문(布德文)」에서는 뜻하지 않게 4월에 이르러 마음이 섬뜩해지고 몸이 떨리므로 무슨 증세인지 말로 표현할 수 없었다고 했고,

「논학문(論學文)」에서도 몸이 몹시 섬뜩해지고 떨리더니 밖으로부터 신령한 기운이 접해왔고 안으로부터 가르치는 말씀이 내렸다고 했다. 수운은 이 종교체험을 통해서 이루어진 신념체계(무극대도)를 받았다, 얻었다, 닦아냈다고 표현했다.

이듬해인 1861년 4월경에 이르러 수운은 주문과 심고법을 만들어 수행하는 방법을 정했고 교리체계도 세우게 되었다. 수운은 자신의 신념체계를 무극대도(無極大道) 또는 천도(天道)라고 했다. 이에 대해 표영삼은 "여기서 말하는 도는 사람으로서 사람답게 사는 길을 말하고 있다. 사람이 사람답게 살아가자면 아무렇게나 살아갈 수는 없다. 나름대로 바르고 참되고 뜻있는 길이 어느 길인가를 가리는 일을 해야 한다. 그러자면 세계와 사람과 선악을 보는 기준을 마련해야 하고 역사를 보는 눈을 가져야 하며 이상사회의 꿈을 가지고 있어야 한다. 나름대로 세계관의 틀을 가지고 살아가야 한다. 수운은 이것을 일러 무극대도라 하였고 천도라 하였다. 결국 무극대도니 천도니 하는 것은 살아가는 신념의 틀이라 할 수 있다"라고 상세한 설명을 덧붙인다.[5]

수운이 생각하는 틀을 이루는 핵심을 표영삼은 다음과 같이 기술했다.

> 수운은 흔눌님(한울님)을 생각하는 씨앗 중의 씨앗으로 보았다. 이 흔눌님 관념은 동학의 신념체계의 핵이라 해도 과언이 아니다. (…) 수운이 생각하는 한울님(천주, 天主)은 (…) 첫째로 인격적인 분이며, 둘째로 유일하신 분이며, 셋째로 시간적으로 되어져가는 과정에 있는 분이며, 넷째로 온 천지 안에도 내재해 있으며 모든 개체에도 내재한 분이다. 한마디로 인격성, 유일성, 시간성, 내재성을 지닌 한울님으로 생각하였다. 그런데 시천주(侍天主)라는 내재성에 대해 수운은 「논학문」에서

시천주의 시(侍) 자에 대해 자세히 설명하였다.

"한울님을 모셨다는 것(시자, 侍者)은 내 몸 안에 한울님 신령이 모셔져 있다는 것이며(내유신령, 內有神靈), 밖으로는 항상 기화하고 있다(외유기화, 外有氣化)"는 것을 말하는 것이라고 하였다. (…) 네 몸에 모셨다는 말에는 세 가지 뜻이 들어 있다. "부모님을 모셨다" "어른을 모시고 다녀왔다" "선생님을 사랑방에 모셨다"는 식으로 세 가지 의미가 내포되어 있다. "부모님을 모셨다"는 것은 부모님을 봉양한다는 뜻이다. "어른을 모시고 다녀왔다"는 것은 어른이 편안하도록 시중들었다는 뜻이다. 그리고 "선생님을 사랑방에 모셨다"는 것은 선생님을 사랑방이란 곳에 있도록 하였다는 뜻이다. 이 중 "한울님을 네 몸에 모셨다"는 말은 바로 "선생님을 사랑방에 모셨다"는 말과 같은 뜻을 지니고 있다. 즉 선생님을 사랑방이라는 장소에 있도록 했듯이 한울님(신령)을 내 몸 안이란 장소에 좌정하게 하였다는 뜻이다. (…)

시천주의 신 관념은 한울님이 각 생명체의 개체마다 내재해 있다고 믿는 신 관념이다. (…) 그리고 시천주의 신 관념은 실천적인 면에서 사인여천의 가치 기준을 만들게 된다. 모든 사람은 몸 안에 한울님을 모시고 있으므로 "사람은 한울님처럼 존엄하게 보게 되며" 따라서 "사람 섬기기를 한울님 섬기듯이 해야 하게 된다"는 것이다. 그리하여 모든 사람은 한울님처럼 대접받을 수 있어야 한다는 당위성을 도출한다.[6]

1861년 6월 어느 날 경주 용담으로 찾아가 수운에게 제자가 되기를 청한 이후 최경상은 한 달에 두세 번씩 용담에 가서 가르침을 받았다. 8월 10일경 용담에 가니 도인들이 모두 천어(天語)를 들었다고 자랑을 하는 것이 아닌가. 자신만 천어를 듣지 못했다 생각해 부끄러운 마음이 들었던 최경상은 스승인 수운에게 돌아가겠다는 뜻을 밝혔다. 수운은 만류했으나 그는 뜻을 굽히지 않고 그날 밤에 70리 밤길을 걸어 검등골로 돌아왔다. 최경상은 검등골로 돌아온 후에 밤낮으로 주문을 외웠다. 한 달이 지났는데도 천어가 들려오지 않자 문에 멍석을 드리우고 수도를 이어갔다. 다시 한 달이 지났으나 여전히 천어는 들려오지 않았다. 급기야 단식까지 해보았으나 20여 일간 몸만 축나고 천어는 여전히 들려오지 않았다.

정성이 부족했던 것일까. 최경상은 추운 겨울날 밤마다 얼음을 깨고 목욕을 하는 일을 두 달이나 계속했다. 그러고도 열흘이 더 지날 즈음, 공중에서 "찬물에 갑자기 들어가 앉는 것은 몸에 해롭다" 하는 말이 들려왔다. 최경상은 곧바로 찬물로 목욕하는 것을 그만두었다. 그 이후에도 수행을 계속했는데 이번에는 종지의 기름이 마르지 않는 이적을 경험했다. "여러 달 동안 계속해서 밤새도록 등잔불을 켜두어도 기름 반 종지가 그대로 남아 있었고 다시 21일이 지나 밤이 되어도 조금도 줄지 않았다"고 한다.

최경상은 수운을 찾아가 자신이 겪은 천어 이야기와 마르지 않는 등잔 기름 일을 말씀드렸다. 이에 "대선생께서 크게 기뻐하시며 말씀하시기를, 이는 천리의 자연이다. 그대는 큰 조화를 받은 것이니 마음으로 기뻐하고 자부하라"고 했다고 『해월선생문집』은 전한다. 공중에서 들려온 "양신소해 내한천지급좌(陽身所害 乃寒泉之急座)" 즉 "찬물에 갑자기 들어가 앉는 것은 몸에 해롭다"라는 말은 수운 자신이 남원에서 「수덕문(修德文)」을 초 잡아 읊은 것과 같다고 말씀하셨다.

수운의 말을 들은 최경상은 자신이 들은 것이 천어가 아님을 알게 되었다. 더불어 천어의 참뜻이 무엇인지도 깨달았다. 그는 천어를 "양심에 거리낌이 없을 정도로 순수한 마음과 바른 기운으로 성실하게 행한 뒤에 내려진 판단을 언어로 표출한 것"이라고 새롭게 해석할 수 있게 되었다. "천어란 공중에서 들려오는 것이 아니라 내 안에서 내려진 가르침(내유강화지교, 內有降話之敎)이라는 것을 깨달았다. 이로부터 최경상은 천어의 뜻을 넓게 해석하여 어린이도 부인도 사심 없이 말을 하면 그것이 바로 천어라고 하였다."[7]

## 해월의 동학사상

1865년 가을, 동학의 탄압이 뜸해지면서 해월은 조심스럽게 동학조직의 재건을 도모해갔다. 1865년 10월 28일은 첫 번째 수운탄신기념제례일이었다. 이날 기대보다 많은 수십 명 도인들이 모여 그들의 여전한 마음을 확인할 수 있었다. 해월은 제례에서 앞으로 동학 공동체가 나아가야 할 방향을 제시했다. 인내천을 주제로 한 강론에서 그는 참석자들에게 우리 동학은 귀천의 신분차별을 타파해야 한다고 강하게 주장했다. 해월의 첫 번째 강론이자 대단히 큰 의미를 지닌 강론이었다.

1921년에 간행된 『천도교서』에는 이날의 강론 요지를 다음과 같이 기록하고 있다. "인(人)이 내천(乃天)이라. 고로 인은 평등하여 차별이 없나니 인이 인위로써 귀천을 분(分)함은 한울님 뜻에 어긋나는 것이니라. 우리 도인들은 일체 귀천의 차별을 철폐토록 하여 스승님의 본뜻에 따르도록 하자."[8]

인내천이란 무슨 뜻일까. 이는 사람이 곧 하늘, 즉 '사람이 한울님'이라는 의미이다. 표영삼은 이 강론을 듣기 위해 "모였던 도인들 모두 놀랐을 것이다. 사람이 어떻게 한울님이란 말인가 하고 의아스러워했을 것"이라 말했다.[9] 그만큼 해월이 말한 시천주의 신 관념은 보통 사람들의 생각을 뛰어넘는 새롭고 놀라운 발상이었다. 수운이 「교훈가」나 「주문」 등에서 "한울님을 네 몸에 모셨다" 즉 한울님이 각 생명체의 개체마다 내재해 있다고 믿는 시천주 신 관념을 말한 적은 있지만 "사람이 곧 한울님이다"라고 표현한 적은 없다. 해월은 수운이 제창한 시천주의 신 관념을 일상생활에 적용할 수 있도록 재해석한 것이라고 표영삼은 해석한다.

1890년 해월은 「내수도문(內修道文)」을 발표했다. 「내수도문」에는 "어린 자식 치지 말고 울리지 마옵소서. 어린아이도 한울님을 모셨으니 아이 치는 것이 곧 한울님을 치는 것이오니"라는 표현이 있다. 해월의 신 관념으로 보면 마땅히 어린아이도 한울님을 모시고 있다. 그러므로 "아이 치는 것이 곧 한울님을 치는 것"이라는 논리 또한 자연스러운 결론이 된다.

해월은 사람이라면 누구나 몸 안에 한울님을 모시고 있으므로 모두가 한울님과 같이 존엄하다고 말했다. 그것이 바로 '인내천'이다. 이 의미를 일상생활로 확장하면 양반과 상놈이라는 신분제는 수운의 가르침에 반한다. 그래서 동학도인들은 신분제를 타파하고 귀천의 차별을 철폐해야 한다고 외쳤던 것이다.

1866년 3월 10일에는 수운의 순도기념제례를 올렸다. 많은 도인들이 찾아온 이 제례에서 해월은 신분제의 하나인 적서(嫡庶)의 차별을 철폐하자는 내용의 강론을 했다. 그는 "양반과 상놈을 차별하는 것은 나라를 망치게 하는 일이오, 적자와 서자를 구별하는 것은 집안을 망치게 하는 일이니 우리 도인들은 앞으로 적서의 차별을 철폐해야 한다"고 강조했다.

표영삼은 해월의 이런 강론이 "조선왕조체제의 근간이 되는 신분제에 정면으로 도전하는 것"이라 평가하며, "해월은 동학을 재건하는 데우선 수운이 제시한 신념체계를 실생활에 맞도록 재해석하여 실천하게하는 일이 중요한 과제라고 생각하였다"고 강론의 의의를 설명했다.[10] 해월은 동학의 신념체계를 민중들의 일상에 뿌리내리게 하기 위해 구체적인 실천을 강조했고, 그런 동학 실천의 생활화는 동학이 민중들 사이에자연스럽게 자리 잡게 하는 데 큰 역할을 했다.

한편 해월의 마음의 철학에 대해 연구한 김용휘는 해월의 천관(天觀)을 "만물이 곧 하늘"이라는 범천론적 성향이 강한 것으로 보고 있다."만물만사는 한울의 기운이 화해져 나온 것이지만, 이것을 다른 측면에서 보면 신의 작용으로 볼 수 있다"는 것이다.[11] 해월의 천 개념이 범천론적인 속성이 강한 것은 사실이지만, 사람에게 감응하여 가르침을 주기도 하는 영적인 존재, 혹은 초월적인 존재의 모습을 완전히 없앤 것은아니다. 해월은 인격적인 절대자로서의 한울님에 대한 관념 또한 가지고 있었다. 이는 해월이 직접 지은 「내수도문」에 잘 드러나 있다.

부모님께 효를 극진히 하오며, 남편을 극진히 공경하오며, 내 자식과 며느리를 극진히 사랑하오며, 하인을 내 자식과 같이 여기며, 육축(六畜)이라도 다 아끼며, 나무라도 생순을 꺾지 말며, 부모님 분노하시거든 성품을 거슬리지 말며 웃고, 어린 자식 치지 말고 울리지 마옵소서. 어린아이도 한울님을 모셨으니 아이 치는 것이 곧 한울님을 치는것이오니, 천리를 모르고 일행 아이를 치면 그 아이가 곧 죽을 것이니 부디 집안에 큰 소리를 내지 말고 화순하기만 힘쓰옵소서. 이같이 한울님을 공경하고 효성하오면 한울님이 좋아하시고 복을 주시나니, 부디 한울님을 극진히 공경하옵소서.[12]

여기서 해월이 명확히 표현한 '한울님'은 "인격적이고 의지적인 교감을 할 수 있는 영체로서 한울님"이다. 해월은 「천지부모」에서 천지 섬기기를 부모와 같이 하라고 하면서, "그 아들과 딸 된 자가 부모를 공경치 아니하면, 부모가 크게 노하여 가장 사랑하는 아들딸에게 벌을 내리나니, 경계하고 삼가라"고 했다. 여기서의 '천지'도 단순한 하늘, 땅이 아니라 인격적인 존재로 해석해야 맞는다.

해월은 또 물물천(物物天), 사사천(事事天)을 자주 언급했다. 모든 존재에 다 천이 내재한다는 의미다. 모든 존재에 한울님이 내재해 있으므로, 당연히 사람에게도 천이 내재하고 있다. 해월은 이를 '심령'이라고 불렀다. 해월은 이 심령이 일신의 주재일 뿐만 아니라 본래 나의 마음(한울)이라고 했다.

마음이란 것은 내게 있는 본연의 한울이니 천지만물이 본래 한마음이니라. 마음은 선천 후천의 마음이 있고 기운도 또한 선천 후천의 기운이 있느니라. 천지의 마음은 신신영령하고 천지의 기운은 호호창창하여 천지에 가득 차고 우주에 뻗쳐 있느니라.[13]

마음이 일신의 주재라는 것과, 마음이 기(氣)라는 것은 성리학에서도 하는 말이지만, 여기서의 마음은 하늘의 영이 내 안에 들어와 있는 심령을 말한다. 그렇기 때문에 천지만물이 본래 한마음이라는 것이다.

해월은 "심령이 생각하는 것이요, 육관(눈·귀·코·혀·몸·뜻)으로 생각하는 것이 아니니라. 심령으로 그 심령을 밝히면 현묘한 이치와 무궁한 조화를 가히 얻어 쓸 수 있으니"라고 나의 주체가 심령임을 명확히 했다. 감각에 이끌리지 말고 마음(심령)의 작용으로 모든 일을 하라고 강조했다. 해월이 「양천주(養天主)」에서 양(養)하라는 것도 이 심령이요, 「수심정기(守心正氣)」에서 지키라고 하는 마음도 이 심령이다. '마음이 곧 한울'이라는 것을 직접적으로 언급한 부분도 있다.

> 마음은 어느 곳에 있는가 한울에 있고, 한울은 어느 곳에 있는가
> 마음에 있느니라. 그러므로 마음이 곧 한울이요 한울이 곧 마음이니,
> 마음 밖에 한울이 없고 한울 밖에 마음이 없느니라. 한울과 마음은
> 본래 둘이 아닌 것이니 마음과 한울이 서로 화합해야 바로 시(侍)·정
> (定)·지(知)라 이를 수 있으니, 마음과 한울이 서로 어기면 사람이 다 시
> 천주라고 말할지라도 나는 시천주라고 이르지 않으리라.[14]

김용휘는 "여기서 해월은 '마음이 바로 한울(심즉천, 心卽天)'이라고 하였다"고 해석하며, "이 마음(심령)이 인간의 본질이며, 생명이며, 주체이므로, 이제는 한 걸음 더 나아가 '사람이 바로 한울이요 한울이 바로 사람이니, 사람 밖에 한울이 없고 한울 밖에 사람이 없느니라'라고 하였다. 여기서 직접 '인내천(人乃天)'이라고 하지는 않았지만, '인시천(人是天)'이라는 표현이 나타난다. 해월은 초월적인 존재로서의 천령도 부정하지 않지만, 이 심령이 바로 동학에서 일차적인 신앙의 대상인 한울님으로 생각하였다. 그리고 이것이 나의 본마음이며, 참 나라고 생각하였다. 따라서 해월의 수양은 주로 이 한울님을 내 안에서 잘 봉양해야 한

다는 '양천주'에 초점을 맞추고 있다"고 설명한다.[15]

마지막으로 해월은 우리 일상에서의 행복과 불행이 외부로부터 정해지는 것이 아니라 자신의 마음에 따라 달라진다고 보았다. 여기서 한울님은 "인간의 운명을 주재하는 존재"가 아니라, "마음이 짓는 바에 따라 기운으로 형상화시켜주는 존재"로 이해할 수 있다. 그래서 해월에게 중요한 것은 마음을 잘 쓰는 것이다. 외면적인 행위보다 내면적인 마음의 상태가 중요하다. 이를 잘 유지하기 위해 항상 심고(心告)로써 마음을 살피고, 주문을 통해서 한울님과 내 마음이 떨어지지 않게 해야 한다. 해월이 「내수도문」에서 강조하는 점도 여기에 있다.

> 잘 때에 '잡니다' 고하고, 일어날 때에 '일어납니다' 고하고, 물 길러 갈 때에 '물 길러 갑니다' 고하고, 방아 찧으러 갈 때에 '방아 찧으러 갑니다' 고하고, 정하게 다 찧은 후에 '몇 말 몇 되 찧었더니 쌀 몇 말 몇 되 났습니다' 고하고, 쌀 그릇에 넣을 때에 '쌀 몇 말 몇 되 넣습니다' 고하옵소서.[16]

또한 생활에서 마음이 화평하기 위해서 가장 필수적인 것이 부화부순(夫和婦順), 즉 부부가 화목한 것이다. 해월은 도의 완성이 부화부순에 달렸다고 보았다. 부화부순이 안 되면 수심정기가 될 수 없으며 훌륭한 아이를 포태할 수 없기 때문이다. 마음은 곧 한울의 영이기 때문에 마음이 기운을 일으키며 화복을 지을 뿐만 아니라, 아이의 선천적 기질도 마음관계에서 결과한다고 해월은 생각했다.[17]

## 김씨부인과 최윤의 출생

해월 최경상은 1827년 3월 21일(양력 4월 5일)에 외가인 경주 동촌 황오리
(현 경북 경주시 원효로 119)에서 태어났다. 아버지는 최종수, 어머니는 월성
배씨이다. 최경상이 6세 되던 해에 어머니 배씨가 돌아가셨고, 이후 영
일정씨라는 양어머니 밑에서 자랐다. 유년기는 경북 영일군 신광면 터
일(현 경북 포항시 북구 신광면 기일리)에서 보냈으며 15세까지 서당에 다녔다.
최경상의 고난은 15세에 아버지가 돌아가시면서 시작되었다. 아버지가
돌아가시자 계모가 사라져버린 것이다. 어쩔 수 없이 누이동생과 함께
먼 친척 집에 가서 기탁해야 했다.

『시천교역사』에 따르면, 해월은 남달리 힘이 셌다고 한다. 10세 때에
30민의 동전을 지고 70리 길을 거뜬히 갈 수 있을 정도였다. 17세가 되
자 이해 가을부터 마을 안쪽에 있는 조지소(造紙所)에 가서 일을 했다.
19세가 되던 1845년 가을에 먼 일가의 중매로 흥해 매곡에 사는 밀양
손씨와 부부가 되었다.* 결혼 후의 구체적인 행적은 알려져 있지 않다.
약 10년이 지난 28세 때에 신광면 마북리로 이사했고 집강(執綱)을 맡
았다. 집강은 이장 격이지만 어떤 일을 했는지는 알 수 없다.

최경상이 35세 되던 1861년 6월 초 경주 용담에 신인이 나타났다는
소문이 돌았다. 몇몇 친구들과 함께 용담으로 찾아갔다가 경상은 그 자
리에서 수운의 제자가 되기를 청했고 용담에서 입도식을 올리게 되었
다. 이때부터 입에서 주문을 떼지 않았으며 가르침에 따라 성실히 수도
하고 실천했다. 그로부터 2년 후인 37세에 수운은 경상에게 북도중주인

---

* 『해월선생문집』에는 '배월성손씨(配月城孫氏)'라 했다.

(北道中主人, 경주 북쪽을 관할하는 주인)이란 직책을 하사했다.

1874년 가까이 지내던 적조암의 철수자 스님이 입적하신 뒤 해월은 스님이 있을 만한 곳이라고 일러주었던 단양 도솔봉 밑 절골로 이사를 했다. 이 절골(사동, 寺洞) 안들은 단양군 대강면에 있으며 소백산맥에 있는 도솔봉과 묘적봉 바로 아래 갈내골이란 계곡 안쪽에 있다. 골짜기 안쪽에는 경상도 풍기와 통하는 묘적령 고갯길이 있다. 그리고 대강 방면으로 1킬로미터쯤 아래엔 예천으로 넘어가는 길도 있다. 산골이지만 삼면으로 교통이 통하는 곳이다.

당시 해월은 1871년 영해교조신원운동 때 헤어진 손씨부인을 찾지 못한 상태였다. 김연순의 집에 머물면서 3년이 넘도록 손씨부인을 찾았으나 행방이 묘연했다. 주변에서는 해월에게 그만 기다리라며 다시 부인을 들일 것을 권했다. 이때 마침 권명하라는 도인이 중매를 섰다. 그는 제자들과 의논하여 해월에게 안동김씨를 소개했다. 김씨부인은 권명하의 인척으로 이미 홀몸이 된 지 오래였으며, 같이 사는 딸이 하나 있었다. 해월과 김씨부인은 1874년 4월 초에 혼례를 치렀고, 권명하가 절골에 집을 마련해주었다. 훗날 상제교를 연 김연국과, 해월과 함께 도피생활을 했던 강수도 이곳으로 와서 동거했다 한다. 김연순과 형제인 김연국은 2년 전인 1872년 3월 25일 인제로 찾아온 해월을 모시고 입도식을 한 바 있다.

해월은 결혼한 지 1년 만인 1875년 1월 24일에 첫아들을 얻었다. 도솔봉의 정기를 받았다 하여 이름을 솔봉(率奉)이라 지었다. 본명은 양봉(陽鳳)이고 자는 덕기(德基)이다.

관의 지목이 뜸해지자 단양 절골로 찾아오는 도인들이 점차 많아졌다. 여러 사람이 자기에는 장소가 비좁아 2월에 골짜기 입구에 있는 송두둑(송고동, 松皐洞)에 큰 집을 마련했다.

1876년 7월, 해월의 본부인 손씨가 송두둑에 찾아왔다. 손씨부인은 5년 전에 헤어진 후 어린 두 딸을 데리고 이곳저곳을 다니며 어렵게 생활해왔다. 이날도 일거리를 찾아 발길 닿는 대로 송두둑까지 왔다가 우연히 해월의 거처를 찾게 된 것이다. 손씨부인은 매우 여위었으며 해소(咳嗽)의 기미까지 있었다. 『시천교종역사』에는 다음과 같이 기록되어 있다.

> 7월에 부인 손씨가 송두둑에 찾아왔다. 스승님과 손씨는 조난(1871년의 영해교조신원운동) 이후 6년이나 서로 떨어져 안부가 끊겨 생사를 몰랐다. 이제 부인이 여러 곳을 다니다가 찾아오기 어려운 곳에 곧장 이르렀으므로 스승님은 신기하게 여겼다. 나는 종적을 감추고 여기 엎디어 세월을 보냈으므로 아는 사람이 없다. 부인께서는 누구의 말을 듣고 찾아왔는가 물었다. 부인은 꿈에 선동이 나타나 앞을 인도해 가르쳐주는 대로 따라왔더니 거침없이 이곳에 이르렀다고 하였다.[18]

손씨부인이 안동 김씨와 같이 지내게 되면서 식구가 8명으로 갑자기 늘어나자 빈방이 없었다. 도인들이 찾아오면 으레 여기서 숙식을 했으나 이제는 어려워져 중요한 모임은 강원도 정선에 있는 유시헌의 집에서 이루어지는 경우가 많아졌다.

나중에 손씨부인과 딸은 충북 보은에 전답을 마련하여 분가를 시켰다고 한다. 손씨부인에게서 소생한 두 딸 중 큰딸은 경북 영양 옥졸의 아들 김성도에게 시집을 갔고, 둘째는 경기도 이천군 앵산동(현 경기도 이천시 설성면 수산리)에 살던 동학 접주 신택우의 아들 신현경에게 시집갔다.

이들은 신태호란 아들을 두었는데 후에 가회동에서 해월 가족과 함께 살았다.

그런데 표영삼의 책을 보면 큰사위가 옥졸의 아들이 아니라 옥졸이라고 나온다. "옥졸인 큰사위 집을 찾아가 내일(10일)은 돌아가신 부친의 생신 제례날이라고 속이고 약간의 음식을 차려놓고 스승님의 환원 제례를 봉행하였다. 1871년 3월 영해교조신원운동 때 해월이 집을 떠나 피신하자 큰딸은 영양 관아 옥리에게 시집을 가게 되었다"고 하고 있다.[19]

최정간은 손씨부인이 보은으로 분가한 이유가 김씨부인과 손씨부인의 관계가 좋지 않아서라고 보았다. 그럴 개연성은 있다. 손씨부인은 남편이 붙잡히면 사형을 면할 수 없는 처지인지라 피신을 할 수밖에 없는 것을 이해하지만, 그로 인해 딸들을 먹이고 입히고 돌보는 일을 혼자 떠맡아 말할 수 없는 고난을 겪으며 지내왔고, 몸은 병들었는데 남편을 찾아가니 새 부인을 얻어 자식 낳고 살고 있는 모습을 보고 얼마나 가슴이 아팠을 것인가. 김씨부인 역시 힘들기는 마찬가지였을 것이다. 개벽 세상을 꿈꾸다 처자식 다 잃고 의지할 데 없는 종교지도자인 줄 알고 다시 결혼해서 살기 시작한 지 이태 만에 본부인이 딸들을 데리고 나타났으니 정신적으로 얼마나 힘들었을 것인가.

그런데 『해월선생문집』에 보면 "을유년(1885년) 2월에 서인주가 돈을 내고 황하일이 주선하여, 선생의 초취부인 손씨를 보은 장내의 한 전장(田庄)에 모시었다. (…) 이때 모시고 있던 사람은 오직 장한주 한 사람뿐이었다. 얼마 후에 청주 사는 안서경 도인이 이웃에 이사 와서 상종하였다"라고 나와 있다.[20] 이때 손씨부인은 해소병으로 가사를 돌볼 수가 없었다. 1876년부터 보은으로 분가한 1885년까지 약 10년간은 온 가족이 모여 산 것이다. 그렇다고 안정된 생활을 한 것이 아니라 수시로 이사를 하며 옮겨 다니거나, 가족을 남겨두고 해월 혼자 피신하는 때도 많았다. 해월의 별호를 최보따리라 붙인 것도 수시로 이사를 했고 봇짐을 지고 다니기 때문이었다.

박용옥은 "해월이 손부인 출현 후 중혼적(重婚的)인 생활을 하였는지의 여부는 잘 알 수 없으나, 1887년 2월 24일에 김씨부인이 사망하고 그 이듬해인 1888년 봄에 손병희의 누이동생을 셋째 부인으로 맞이한 점과 또 도인이며 사돈인 서인주가 황하일과 더불어 1885년 2월에 손씨부인 거처를 보은 장내에 주선한 점 등을 볼 때 손부인과의 실질적 부부관계는 더 없었던 것으로 생각된다"고 말하고 있다.[21]

이런 어려운 상황 속에서 1878년 10월 18일 딸 최윤이 출생한다.

해월은 이 시기에 중요한 강론을 많이 했다. 천주직포설(天主織布說), 이천식천설(以天食天說), 사인여천, 천인합일 등이 그것이다. 부부화목에 대해서도 "일배이배(一拜二拜)하고, 온언순사(溫言順辭)로 성내지 않으면, 비록 도척(盜跖)의 악이라도 반드시 화할 것이니" 하고 강론을 했다.

박용옥은 이를 다음과 같이 풀이했다.

도인이 실행해야 할 첫 번째가 부부의 화순이고, 도인의 도가 통했느냐 아직도 통하지 못하였느냐도 모두 부부가 화하냐 그렇지 못하냐에 있다고 하였다. 부부간의 화불화(和不和)는 남편에게 달려 있음을 설파하여 아내를 남편의 위력과 포학으로 다스렸던 전날의 생각과 행위를 버려야 한다는 것이다. (…) 지아비는 아내를 온언순화로써 감화를 시킬 수 있어야 하고 아내 앞에서 자신을 최대로 낮추고 아내 인격을 최상으로 높이는 자세를 실천하라는 것이다. 그런 고로 지아비 말을

듣지 않을 때는 정성을 다하여 아내에게 절을 하라고 하였다.[22]

　도인들에게 부부화순이 동학도의 첫걸음이라고 강론하면서 자신은 실천하지 않았을 리 없다는 점을 생각하면 부인들에게 온언순사로 대했을 것으로 짐작된다. 늘 절하는 자세, 겸손하고 낮은 자세로 부부가 화목할 수 있는 길을 찾았을 것으로 보인다.

　1887년 1월 15일에는 13세가 된 아들 덕기가 충북 청주 율봉에 사는 음선장(陰善長)의 둘째 딸과 결혼식을 올렸다. 서인주(별칭 서장옥)의 중매였다. 서인주는 그전에 음선장의 첫째 딸과 결혼했고, 음선장은 1884년에 사위인 서인주의 권유로 입도했다. 이로서 해월의 장남 덕기는 서인주와 동서간이 되었고 해월은 서인주와 인척이 되었다.

# 3장

# 동학혁명과 최윤과 정순철

## 동학혁명과 충청도

김씨부인이 죽고 1887년 2월 그믐경 해월은 첫째 부인인 손씨가 있는 충북 보은 장내리로 와 살림을 합쳤다. 그해 3월 하순경에 장한주에게 손씨부인과 식구들을 맡기고 강원도 정선으로 떠나 갈래사(정암사, 靜岩寺)에서 49일간 기도를 드렸다. 그리고 5월 하순에 다시 장내리로 돌아온 후에는 천식으로 고생하는 손씨부인의 간호에 전념을 다했다. 육임직*을 맡고 있는 동학도인들은 손씨부인의 병간호에 매달려 있는 스승을 안타깝게 여겼다.

　1888년 2월 하순에 지도자들이 의논한 끝에 해월에게 새 부인을 맞아 살림을 맡기도록 권하기로 의견을 모았다. 어떤 분을 맞을 것인가 고민하고 있을 때 손병희가 나서서 본인의 누이동생이 어떻겠냐고 제안했다. 이 말을 들은 해월은 본인은 이미 환갑을 지낸 나이인 데다 김씨부인이 돌아간 지 겨우 1년이 되었는데 새 부인을 맞는다는 것은 도리가 아니라며 거절했다. 스승의 승낙은 가망이 없다고 판단한 손병희는 3월 초 어느 날 청주에서 누이동생을 가마에 태워 보은으로 데려왔다. 해월은 62세의 나이로 26세인 손씨부인을 세 번째 부인으로 맞아들였다. 전해지는 말에 의하면 손씨부인은 출가했다 남편상을 당해 친정에 와 있었다. 몇 차례 해월신사의 옷을 지어드렸으며 그때마다 해월은 손씨의 바느질 솜씨를 칭찬했다고 한다.

　1889년 10월 병으로 고생하던 첫째 부인 손씨가 결국 세상을 떠났다. 그리고 1890년에는 셋째 부인 손씨가 아들 봉조(鳳朝, 나중에 동희東曦

---

*　동학의 교구제도인 포(包)를 운용하는 직책으로 교장(敎長)·교수(敎授)·도집강(都執綱)·집강(執綱)·내정(大正)·중정(中正) 등을 두었다.

로 고침)를 낳았다.

　1889년에는 정선과 인제에서 민란이 일어났다. 각지의 관아들이 민란의 주모자로 다시 동학을 지목하기 시작하자 보은 장내리에 있던 해월은 7월에 육임소를 파하고 괴산으로 피신했다. 강한형, 정현섭 등 동학지도자들이 체포되어 사형되었고 서인주와 신정엽은 정배되었다. 해월은 장남 덕기와 김연국과 함께 음성으로 피신했다가 인제를 거쳐 태백산맥을 넘어 간성(현 강원도 고성)으로 갔다. 1890년 관의 지목이 조금 풀리자 손병희 형제는 충주 외서촌 보뜰에 집을 마련한 후 3월에 해월의 가족을 옮겨 왔다. 그리고 7월에 가족들은 다시 충남 공주 정안면 활원으로 이사를 갔다. 그해 10월에 해월은 내수도(여자도인)를 위한 유명한 「내칙」과 「내수도문」을 찬제하여 발표했다.

　1891년에 조병식이 충청도 관찰사로 부임했다. 1876년에도 충청도 관찰사를 역임했던 조병식은 탐학한 행위를 하다 1878년에 전라도 나주 지도에 1년간 유배됐던 인물이다. 그 후 1883년에는 형조판서로 복직되었으나 죄인을 함부로 처형한 책임을 물어 다시 유배되었다가 또다시 복직되어 경기감사를 거쳐 충청감사에 임명된 것이었다. 그는 부임하자마자 곧 동학 탄압에 나섰다. 1892년 1월부터는 탄압이 더욱 강화되었다.

　정부는 1864년 수운을 처형한 바 있다. 죄목은 사도난정(邪道亂正), 즉 요사한 가르침으로 세상을 어지럽힌 죄였다. 동학을 서학과 마찬가지로 이단이라고 보았던 것이다. 정부는 지속적으로 동학을 탄압했고, 그 강도는 동학도인이 점차 늘어나 활동이 활발해지자 관의 눈에 띄게 되는 1890년 이후 더욱 심해졌다. 1892년 5월이 되자 충청도와 전라도의 일부 동학도들은 토호와 관원의 탄압을 견디지 못해 살던 곳을 버리고 떠나기에 이르렀다. 마땅히 갈 곳이 없었던 충청도 도인들은 보은 장내리로 모여들었다. 전라도 도인들은 금구 원평(현 전북 김제시 금산면 원평리)으로 갔다. 보은 장내리에는 동학도소가, 금구 원평에는 김덕명 대접주의 도소가 있었기 때문이다. 하나둘 모이기 시작하다가 점차 수가 늘어나 각기 모여든 인원이 100명이 넘었다고 한다.

1892년부터는 교조신원운동 또한 본격화된다. 1892년 10월 공주와 11월 삼례에서, 그리고 1893년 2월 광화문까지 가서 복합상소를 올리기에 이른다. 이 과정은 이동초의 글에 잘 나와 있다.

1892년 7월 접주인 서병학과 서인주는 최시형을 찾아 관의 탄압을 막고 최제우의 신원을 탄원하는 상소를 할 것을 간청하였는데 최시형은 아직 때가 아니라는 이유로 이를 승낙하지 않았다. 그러나 관의 탄압이 더욱 심해지자 서병학과 서인주를 비롯한 교도들이 10월에 최시형을 다시 찾아와 교조신원운동의 시행을 간청하였다. 이에 10월 17일 최시형은 드디어 결심을 하고 "교조신원운동이 최제우의 신원과 탄압받는 교도들의 생존권을 보장하는 방도"라는 입의문(立義文, 의리를 세우는 글)을 지어 각지에 보내어 공주에 모이도록 명하였다. 10월 27일 공주에 설치된 의송소(議送所)에는 입의문을 받은 1천여 명에 달하는 각지 교도들이 모여 지방 관리의 수탈 행위가 극심했던 충청도 지방의 충청감사 조병식에게 교조신원을 위한 장사(狀辭, 각도동학유생의송단자)를 보냈다.

이와 같은 입의문을 받은 충청감사는 10월 22일 "동학은 조정에서 금하는 이단이라, 영문(營門)은 조정의 명령을 따를 뿐이니 각기 집으로 돌아가 각자의 직업에 충실토록 하라. 그러지 않으면 법으로 다스

리겠다"는 제음(題音)을 발표하였다. 아울러 10월 24일에 각 고을에 감결(甘結)을 보내어 비록 조정에서 동학을 칙령으로 금하고 있으나 이를 빙자하여 동학도인들에게 무고한 침탈 행위를 못하도록 아전들에게 주지하도록 지시하였다. 그러나 충청감사의 이러한 지시에도 불구하고 지방 관리들의 동학도인들에 대한 탄압은 조금도 줄어들지 않았다. 하지만 공주신원운동을 통해 조정의 동학에 대한 인식이 다소 변화를 가져오게 되었다. 그것은 전과 같이 탄압으로 일관하던 관행을 깨뜨리고 동학도인들이 보낸 장사에 대해 제음으로 회신을 하고 지방 관리들에게 감결을 보내는 조치를 취하는 것으로 나타나고 있었다.

동학교단은 공주신원운동에 이어 조직적인 신원운동을 펴기 위해 삼례에 도회소(都會所)를 설치하였다. 그리고 1892년 10월 27일 삼례 도회소에서는 각 포에 강력한 경통(敬通, 통유문)을 보내어 충청감영과 전라감영에 소장을 보내기 위해 삼례역으로 모이도록 하였다. 삼례 도회소의 경통을 받은 강시원, 손천민, 김덕명, 전봉준 등 각 포 접주들은 수천 명의 교인들을 이끌고 삼례에 모여 11월 2일 전라감영의 이경직에게 최제우의 신원을 위한 '각도동학유생의송단자'를 발송하였다. 그러나 전라감사 이경직은 이를 묵살하고 6일이 지나도록 아무런 회답도 해주지 않았다. 이에 삼례 도회소에서는 다시 이를 촉구하는 단자를 전라감영에 보냈다. 그러자 전라감사 이경직은 마지못해 11월 9일에서야 "동학은 조정에서 금하는 것인데 어찌 정학을 버리고 이단을 좇아 스스로 죄를 지으려 하는가 미혹치 말라" 하는 내용의 제음을 보냈다. 이와 같은 전라감사의 고압적인 태도에 분개한 교도 수천명은 삼례역과 전라감영 일대에서 시위를 계속하였는데 그때서야 전라감사는 할 수 없이 11월 11일 각 고을에 관속들의 토색을 금하도록 하는 감결을 내려 보냈다. 동학 도회소에서는 감결을 얻어내는 성과가 있자 11월 12일에 경통을 발하여 이번에 비록 신원을 이루지 못했으나 최시형의 지휘를 기다리기로 하고 일단 귀가시켰다. 이때 삼례에 모인 도인들은 최시형을 법헌(法軒)으로 추존하고 법헌의 지휘를 따르기로 하였다. 그런데 상주 왕실촌(旺實村)에 머물던 최시형은 말을 타고 오던 중 낙상으로 인해 삼례신원운동에는 직접 참여하지 못하였다.

공주와 삼례에서 교조신원을 시도한 동학지도부는 충청과 전라감사로부터 똑같은 회신을 받게 되자 조정을 상대로 한 직접적인 신원운동을 전개하기로 하였다. (…) 1893년 1월 서병학 등은 청주군 산동면 용골 권병덕의 집에 머무르고 있는 최시형을 찾아가 광화문에서 복합(伏閤, 엎디어 상소를 올리는 것)상소를 할 것을 간곡하게 주청하자 승낙을 하였다. (…) 2월 8일 손병희와 박인호를 비롯하여 강시원, 손천민, 김연국 등은 과거를 보러 가는 선비 차림으로 변장하고 한성으로 올라가 한성 남부 남소동에 있는 최창한의 집에 봉소도소(奉疏都所)를 정하는 등 준비를 마치고 2월 10일에는 치성식을 거행하였다. 그리고 이튿날에는 광화문에 나아가 자리를 깔고 엎드려 상소문을 받들고 통곡을 하면서 임금에게 봉소를 하였다. (…) 광화문에서의 복합상소는 아침부터 오후 5시까지 진행하였는데 3일째가 되는 날에서야 상소에 대한 임금의 전교(傳敎)가 있었다. 전교에는 "너희들은 집으로 돌아가 생업을 하면 원하는 바를 조치한다"는 것이 전부였는데 동학지도부는 숙의한 결과 일단 칙령을 믿고 광화문에서 철수하기로 하였다. 그러나 서병학 등 일부 강경파는 이런 기회에 무력으로 조정의 간당들을 소탕하고 개혁을 하자는 주장을 하기도 하였다. (…)

1893년 3월 10일 최시형은 동학지도부와 함께 청산군 거포리 김연국의 집에서 최제우의 순도 향례식을 행하였다. 이때 향례에 참석했던 손병희, 김연국, 이관영, 권재조, 권병덕, 임정준, 이원팔 등이 최시형에게 최제우의 신원운동을 이루고, 또한 도탄에 빠져 있는 각지 동학교도들의 생명과 재산을 보호하기 위한 방책을 마련할 것을 간청하였다. 최시형은 이를 승낙하고 즉시 각지에 최제우의 신원운동과 함께 외세로부터 나라를 보호하려는 보국안민의 계책을 강구하고자 하는 내용의 발문을 띄우게 하여 교도들을 장내리로 모이도록 지시하였다. 이때 보은 관아와 삼문(三門) 밖에는 척양척왜를 부르짖는 동학인 괘서(掛書)가 붙었다. 3월 11일 최시형이 이곳에 도착하자 15일경에는 충청, 전라, 경상, 경기 등 각지에서 교도들이 몰려들어 그 수가 3만여 명에 이르렀다.* (…)

각 포에서는 포기(包旗)를 세우고 새로 쌓은 방형의 석성(石城) 안에서 집단으로 행동하며, 교도들은 의관을 갖추어 규율을 엄격하게 하였다. 그리고 대도소를 중심으로 해서 사방의 성문에는 '척양척왜'라는 깃발을 세우고 그 안에서 집단으로 주문을 외우며 수행을 하거나 경전을 강독하였다. (…)

17일 조정에서는 호조참판 어윤중을 양호도어사로 임명하여 사태를 수습토록 하고 보은군수에게도 해결을 종용하였으나 사태가 수습되지 않자 충청감사 조병식을 파직시키는 한편 어전회의를 열어 강제해산을 위한 청국군 차병(借兵) 문제까지 거론하였다.

---

* 장내리에 모인 인원에 대한 기록은 제각각이다. 많게는 8만여 명이고 적게는 2만여 명이다. 『오하기문』(동학농민혁명사료총서)에는 8만 명이라 했고, 어윤중 선무사 장계에는 수만이라 했다. 그리고 일본 외교문서에는 2만 3천 명으로, 북양대신에 보낸 전보와 『속음청사』에는 2만 7천여 명이라 했다. 동학에 관한 자료를 비교적 정확하게 비교 연구 대조하며 글을 쓴 표영삼은 보은군수의 3월 21일자 보고에 나오는 "매 1인당 돈 1푼씩을 거두었는데 모두 2백 3십여 냥이 되었다고 한다"는 구절을 근거로 2만 3천여 명이 모인 것이 분명하다고 주장한다.

26일에는 선유사로 어윤중이 보은군수를 대동하고 대도소를 찾아와 해산을 요구하는 담판을 하여 조정에 그 결과를 보고하였다. 어윤중은 이 보고에서 "동학도들이 몸에 무기를 가지고 있지 않으며 오직 최제우의 신원을 바라며 척양척왜의 뜻으로 보국안민을 하려는 것뿐인데 방백과 장리들이 비류(匪類)로 취급, 침탈 학대함이 지나치다"는 동학교도들의 주장을 조정에 장계하였다. 그리고 보은군수가 다시 찾아와 왕명으로 퇴산(退散)할 것을 요구하였으나 지난번의 윤음이 만족스럽지 못하므로 정확한 윤음을 내려달라면서 물러나지 않았다.

3월 28일 어윤중의 장계를 검토한 조정에서는 임금의 윤음을 내리는 한편 무력으로 해산시키기 위해 장위영 영관 홍계훈에게 병력 600명을 주어 3월 30일 청주로 급파했다. 어윤중은 병영군과 보은군수를 대동하고 장내리로 달려와 동학교도들에게 관리의 탐학 살상은 응당 엄히 징계할 것이니 도인들은 집에 돌아가 생업에 편안하라는 임금의 윤음을 낭독하고 해산할 것을 명령하였다. 동학지도부에서는 조정이 무력에 의한 강경책을 쓰자 3일 내로 해산하기로 약속하고 4월 2일부터는 노약자들을 진중으로부터 주변으로 철수시키는 것을 신호로 질서정연하게 장내리를 떠나기 시작하였다. (…) 그렇지만 동학지도부가 조정의 약속을 믿고 해산을 하였음에도 불구하고 무능하고 부패한 조정에서는 동학교도에 대한 탄압을 계속하여 사태의 국면을 악화시키고 있었다.[1]

한편 표영삼은 당시 동학도들의 질서정연함을 보여주는 일화 한 가지를 소개했다. "보은집회 때 사람이 많이 모이자 구경꾼과 떡장수, 엿장수들도 많이 모였다고 한다. 점심때가 되면 몇백 명이 일시에 떡 광주리가 있는 곳이나 엿판이 있는 곳으로 몰려들었다. 제각기 집어가자 순식간에 광주리가 비었고 엿판이 비었다. 장사치들은 불한당들에게 모두 털렸다고 생각했다. 그런데 광주리와 엿판에 놓고 간 돈을 계산해보니 한 푼도 어김이 없었다. 다음 날부터 장사치들은 떡 광주리와 엿판을 내려놓고 멀찌감치 물러나 있다가 돈만 거두어갔다고 한다. 이뿐이 아니었다. 수만 명이 모였지만 대소변의 흔적을 찾아볼 수 없었다. 공주에서도 삼례에서도 서울에서도 도인들이 모인 장소에는 어디를 가나 대소변을 보고 나면 반드시 땅에 묻었다. 자취가 남아 있을 리가 없다. 오래전부터 해월은 각종 집회 때마다 대소변 처리를 엄격히 타일러 몸에 배게 하였다. 가래침도 함부로 뱉지 못하게 하였다. 뱉으면 바로 땅에 묻도록 하였다. 이후부터 동학도인들의 모임에는 이런 규칙이 엄격히 지켜졌다. 잠깐이라도 머물고 간 자리에는 아무 자취도 찾아볼 수 없게 하였다. 보은 장내리는 물론 원평에서도 1만여 명이 모였으나 주위 환경은 너무나 깨끗했다. 동학도인들이 지나간 자리에는 검불 하나 떨어뜨리지 않는다는 입소문이 퍼졌다."[2]

해월은 4월 2일 해산명령 이후 4월 15일 즈음에 아들 덕기와 김연국과 함께 낙동강을 건너 인동(현 경북 구미 지역)으로 갔다. 그곳에 있던 배성범의 집에서 보름 동안 머물면서 이 지역 도인들을 수습했다. 5월에는 경북 칠곡군 율림리로 갔다가 7월 중순경에 다시 인동 배성범 집으로 돌아왔는데 어느 날 아들 덕기가 경기를 하더니 갑자기 병이 났다. 병증이 그리 심하지는 않아 다른 이의 집에 보내 요양하게 했다. 8월에 조재벽이 찾아와 해월에게 충북 청산군 문암리 김성원의 집으로 이사하면 어떻겠냐고 물었다. 대접주였던 조재벽의 권유를 따라 해월은 청산 문바윗골로 이사하게 된다. 문바윗골은 지금의 충북 옥천군 청산면 한곡리에 있다. 이곳으로 이사하고 얼마 되지 않아 아들 덕기의 병세가 악화되더니 10월 15일에 19세의 나이로 숨을 거두고 말았다. 덕기의 시신은 골짜기 안쪽 문암리 저수지 위의 산기슭에 매장했다고 한다. 후사가 없어 덕기의 처는 친정으로 가버렸다.

지금 한곡리 문바윗골 너븐바위 앞쪽 산기슭 나무하러 다니는 길 옆에는 동네 사람들이 '동학군의 묘'라고 부르는 묘가 있는 것을 2010년 4월 11일 정순철기념사업회 회원들과 답사하면서 볼 수 있었다. 최시형 아들의 묘라고 부르기도 하고 사위의 묘라고 부르기도 한다는데, 그곳에 있는 동학유적지 안내판에는 "사람들이 '최부풀이 아들의 묘'라 하였는데 이는 최시형의 동학교단 직함인 '최법헌' 아들의 묘라는 데에서 나온 말이다"라고 적혀 있다. 그동안 천도교 본부에서 벌초도 해주고 관리도 해주었다고 전한다. 이 묘가 표영삼이 "묘소는 골짜기 안쪽 우편 산기슭에 모셔져 있다"고 말한 최덕기의 묘인 것으로 보인다.[3] 한곡리에서 골짜기로 오르다보면 묘소는 오른쪽 산기슭에 있다.

▲ 충북 옥천군 청산면 한곡리에 있는 최덕기의 묘.

해월은 아들을 잃었지만 오래 슬퍼할 수 없었다. 1893년 11월에 해월은 동학조직을 정비하고자 새로운 제도를 제정했다. 각 포에 법소(法所)를 두고, 포가 있는 본포 소재지에는 따로 도소(都所)를 두게 한 것이다. 『시천교종역사』에는 "어른이 계신 곳을 법소라고 하며 또는 법헌이라고 한다. 김연국은 법소를 문암리에 정했으며 손병희와 이용구는 충주군 외서촌 황산리에 정했으며 손천민은 청주 송산리에 정했다. 그 나머지인 박석규는 옥천에, 임규호는 보은에 (…) 법소를 두었다"고 기록하고 있다.[4]

교조신원운동 과정에서 관의 지목으로 장내리 대도소를 폐쇄할 수밖에 없었던 해월은 문암리에 임시로 대도소를 만들었다. 그리고 각 포에서 법소 또는 도소 설치를 마친 뒤 12월 중순경 본격적인 활동 준비를 시작했다. 1894년(갑오년) 음력 새해, 해월은 문암리로 지도자들을 불러 강론을 했다. 해월이 사는 바로 옆에 숙식도 하고 강론도 듣는 강석(講席)을 마련한 것이다. 해월이 살았던 집 자리에는 현재 박승재라는 이가 살고 있다. 필자 역시 이곳을 방문한 적이 있다. 문암리 대도소 자리에 세워진 집에는 충북 옥천군 청산면 한곡1길 105-1(한곡리 215번지)이라는 주소가 문 앞에 붙어 있다.

1894년은 동학혁명이 일어난 해이기도 하다. 그전부터 곳곳에서 민란이 일어나는 등 농민들의 어려운 삶은 나아질 기미가 보이지 않았다. 1894년 2월 고부군수 조병갑의 도를 넘는 가렴주구로 인해 농민들의 분노가 폭발했고, 이는 동학혁명의 서막이었다.

조병갑은 만석보(萬石洑)를 새로 만들겠다며 과도하게 세금을 걷고, 일을 시키고도 삯을 제대로 주지 않았다. 아버지의 비각을 짓겠다며 강제로 돈을 걷고, 농민들에게 불효, 음행 등 온갖 죄를 뒤집어씌워 재물

▲ 충북 옥천군 청산면 한곡리 박승재 씨 댁. 왼쪽에서 두 번째가 박승재 씨.

을 빼앗았다. 농민들이 몇 번이나 억울한 사정을 호소했으나 조병갑의
행태는 전혀 변함이 없었다. 이에 참다못한 농민들이 동학 접주 전봉준
의 지휘 아래 군청을 습격하고 새로 만든 보를 파괴해버렸다. 정부에서
농민을 달래고자 이용태를 파견했으나 그 역시 사태를 수습하기보다는
농민들을 더욱 강하게 탄압했다. 이미 촉발된 혁명의 기운은 이제 잠재
울 수 없이 커졌다.

　전봉준 외에도 여러 지역의 동학 대접주들이 합세하여 보국안민의
기치를 세우고 혁명에 동참할 것을 호소했다. 동학교도뿐만 아니라 일
반 농민과 노비까지 합세해 그 규모가 점차 커졌고 이들은 동학군으로
불리며 활동하게 되었다. 동학군이 가는 곳마다 이에 합류하는 농민들
의 숫자가 늘어났고 동학군은 그 기세를 몰아 여러 곳에서 승리를 거두
었다. 전주성을 점령하고는 전라감사에게 13개조 폐정개혁안을 제시하

기도 했다.

당황한 정부는 청국에 지원을 요청했고, 이를 빌미로 일본군까지 들어와 동학혁명은 새로운 국면을 맞게 된다. 8월 초 청일전쟁이 발발하고 이 전쟁에서 승리한 일본은 조선 정부군과 함께 동학군 토벌에 나섰다. 그리고 12월 우금치 전투에서 동학군은 일본군에게 패하고 말았다.

## 최윤과 정주현

이 와중에 해월의 가족들은 옥천 관아에 체포되어 모진 악형을 받았다. 표영삼은 "신사의 가족은 옥천 민보군(民堡軍)의 두목인 박정빈이 동학군 토벌로 공을 세워 군수가 되자 신사의 가족을 체포했다. 그는 신사의 행방을 추궁하면서 악형을 가해 손씨 사모님의 정강이를 부러뜨리고 이빨도 상하게 했다 한다"고 기술하고 있다.[5]

이와 달리 김응조는 『온세종교』에 게재한 천도교 비화에서 "해월의 김씨부인은 동학혁명이 일어나던 1894년 가을에 외동딸 최윤과 함께 충청도에서 관가에 잡혀 옥천 감옥에 갇히는 몸이 되었다. 이렇게 하염없이 옥살이를 하던 어느 날 옥천군수는 아전인 정주현에게 최윤을 데려다 살라고 주어버렸다. 그렇게 되자 최윤은 시집 식구들로부터 '역적의 딸'이라는 눈총을 받으면서 굴욕적인 생활을 감내할 수밖에 없었다"고 기술하고 있다.[6] 필자도 김응조의 기록을 인용하여 글을 쓴 바 있다.[7] 그러나 『시천교역사』와 『천도교회사』 등의 자료에는 김응조의 글과 다르게 나와 있다.

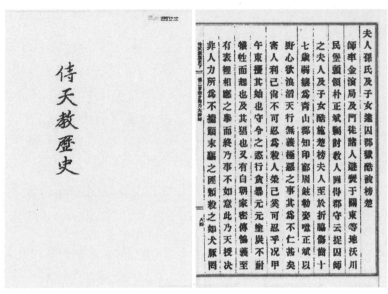

▲ 『시천교역사』 표지와 하 84면.

부인 손씨 및 자녀들이 잡히어 군옥(郡獄)에 갇혔으며 심하게 매질을 당했다. 스승께서 김연국과 문도 여러 사람들을 거느리고 병화(兵火)를 피해 관동 지방으로 가셨다. 옥천 민보군의 두령 박정빈이 교도들을 토벌하여 군수 자리를 얻었다고 했다. 스승의 부인과 자녀들이 혹독하게 매질을 당하여 부인은 뼈가 부러지고 이빨이 부서졌다. 17세의 어린 딸은 청산군 지인(知印)인 정주현이 강제로 데려가 아내로 삼았다.

아! 박정빈이 야심이 넘쳐 매우 무의(無義)하고 극악한 일을 자행하니 그 어질지 못함이 심하다. 다른 사람을 해치고 자기를 이롭게 하는 것도 오히려 참을 수 없는데, 다른 사람을 죽여 자기의 명예를 누리고자 하니 어찌 참을 수 있겠는가.[8]

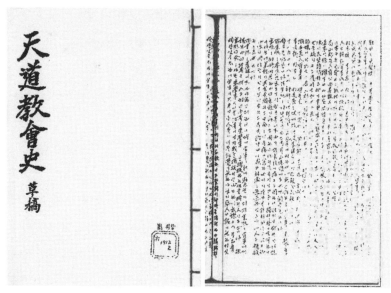

▲ 『천도교회사』표지와 본문.

옥천 민보 두령 박정빈이 동학군을 초멸(剿滅)한다 언(言)하고 청산 군수를 도득(圖得)하여 신사의 부인 자녀를 착수(捉囚)하고 엄형(嚴刑)을 가하여 부인은 임신 중 누월(累月) 체인(滯因)되어 옥중에서 유산되고 십 칠 세 된 약양(弱孃)과 외손녀는 청산군 통인(通引) 정주현과 박재호에게 늑가(勒嫁)한 바 되었더라.[9]

두 자료에서 공통으로 발견되는 것은 해월 선생의 가족이 동학혁명 의 와중에 피신을 하다 옥천 민보단 두령인 박정빈에게 잡혀 옥에 갇혔 다는 것, 함께 붙잡힌 가족들은 손씨부인과 해월의 딸 최윤과 외손녀 등 주로 여성들이었다는 것,* 해월의 가족이기 때문에 해월의 행방을 알 것으로 생각하고 이를 추궁하는 과정에서 심한 매질과 악형을 당했다는 것, 특히 손씨부인(당시 32세)은 고문으로 인해 정강이뼈가 부러지고 이가 부러지는 등 가장 많은 악형을 받고 유산까지 했다는 것, 17세의 어린 딸 최윤과 외손녀가 통인인 정주현과 박재호에게 늑가하게 되었다는 것 등이다.

최윤의 어머니 김씨부인은 동학혁명이 일어나기 7년 전인 1887년 2월 24일 운명했기 때문에 그 자리에 있을 수가 없다. 김응조의 기록은 사실과 부합하지 않는다. 1894년 가을에 충청도 관가에 잡혀 옥에 갇혔다는 것도 확실치 않다. 손병희와 해월의 동학군이 북상하면서 용산전투에서 승리하고 12월 12일에 청산현을 점령하고 18일에 북실에서 큰 전투를 치렀기 때문이다. 그 전에 잡혀 있었다면 이때 구출되었을 것이다. 짐작건대 청산에 살던 해월의 가족들이 잡힌 것은 북실전투에서 패배하고 난 1894년 12월 18일(양력 1895년 1월 13일) 이후부터 정부에서 민보단 해산령을 내린 1895년 1월 18일(양력 2월 12일) 사이가 아닐까 한다.

외손녀가 누구인지는 지금으로서는 확인할 수 없다. 외손녀는 해월의 딸이 낳은 여자아이를 말하는데 첫 번째 부인인 손씨부인의 두 딸중 한 사람이 낳은 딸이 거기 함께 있다 잡혔다는 뜻이 된다. 앞에서 기술한 것처럼 손씨부인에게서 소생한 큰딸은 영양 옥졸의 아들 김성도에

---

\* 당시 손씨부인이 낳은 아들 최동희는 다섯 살이었는데 최정간의 저서 『해월 최시형가의 사람들』에 보면 동희가 일곱 살 때 피신 중에도 손천민에게 글을 배운 것으로 나와 있고, 아버지 해월과 같이 있었다고 한다. 그러나 다섯 살 어린 나이에 아버지와 함께 전쟁터를 옮겨 다니며 있었다기보다는 어머니와 같이 있었을 가능성이 있다. 『해월선생문집』 등에는 해월이 헤어진 가족을 다시 만난 것은 1896년 2월로 나와 있다. 부인을 다시 만났나고 하지 않고 손병희가 가족들을 충주 외서촌으로 옮겼다고 한다. 1896년은 아들 최동희가 일곱 살이 되는 해다. 그 이후에는 해월의 순도 전까지 같이 있었던 것으로 보인다.

게 시집을 갔고, 둘째는 이천군 앵산동에 살던 동학 접주 신택우의 아들 신현경에게 시집갔다. 이들은 신태호란 아들을 두었다고 한다. 이천군 앵산동은 해월이 피신 중이던 1897년 2월 삼경사상과 향아설위(向我設位)를 설법한 곳이기도 하다.

손씨부인을 비롯한 해월의 가족들이 잡혀서 갇힌 옥은 어디일까? 김응조는 '충청도 관가에서 잡혀 옥천 감옥에 갇히는 몸이 되었고 하염없이 옥살이를 했다'고 기술했다. 최정간도 '충청도 옥천 땅에서 모진 고문을 당했다'고 하고 있고, 『시천교역사』에는 '군옥에 갇혔다'고 했는데 어느 군옥인지는 정확하게 기술하지 않았다. 그런데 『천도교회사』에는 박정빈이 청산군수를 한 것으로 기록되어 있다. 그리고 『시천교역사』 『천도교회사』, 표영삼의 논문 등 대부분의 기록에 최윤이 '청산현 아전인 정주현과 억지로 결혼했다'고 나온다. 그렇다면 가족들이 잡혀 있던 옥이 옥천현의 감옥이 아니라 청산현의 감옥이었을 것으로 짐작된다. 대도소가 있던 청산 문암리에 가족들이 살고 있었던 점으로 미루어 보면 더욱 그럴 개연성이 있다. 1914년 일제에 의해 행정구역이 조정되기 전까지 옥천현과 청산현은 분리되어 있었다. 1914년에 청산현이 옥천현으로 통합되었는데 1920년대 이후 동학혁명에 대한 기록을 정리하면서 뭉뚱그려 옥천으로 기록하거나 이야기를 전한 것이 아닐까 한다.

그리고 김응조는 "하염없이 옥살이를 하던 어느 날 옥천군수는 아전인 정주현에게 최윤을 데려다 살라고 주어버렸다"고 기술하고 있고, 『시천교역사』에서는 "17세의 어린 딸은 청산군 지인인 정주현이 강제로 데려가 아내로 삼았다"고 표현했고, 『천도교회사』에는 "십칠 세 된 약양과 외손녀는 청산군 통인 정주현과 박재호에게 늑가한 바 되었더라"고

썼다. 늑가란 늑혼(勒婚)이라고도 하며 억지로 맺는 혼인을 말한다. 김응조의 말은 역사의 기록이라기보다 전해지는 이야기에 개인적인 생각이 덧붙여진 정서적 표현이라고 생각한다. 그리고 『시천교역사』를 기술한 사람 역시 관과 민보군 특히 민보군 두령인 박정빈에 대한 분노를 강하게 드러낸 채 기술하고 있음을 문맥을 통해 알 수 있다.

『천도교회사』가 짧지만 역사적 사실로 기록하려고 애쓴 흔적이 엿보인다. 보통 억지로 맺는 혼인을 말할 때는 늑혼이란 표현을 많이 쓰는데 『천도교회사』에서는 이보다 좀더 구체적으로 늑가라고 표현했다. 약양, 즉 어리고 약한 소녀였기 때문에 이렇게 표현했을 것이다. 늑혼도 혼인이라면 양가가 최종적으로는 동의를 해서 이루어지게 될 테지만 당시의 상황은 어린 소녀 혼자 아전에게 늑가를 가야 하는 상황이었을 것이다. 모진 고문과 악형은 17세 소녀가 감당하기엔 너무나 공포스러웠을 것이다. 계모인 손씨부인이 당하는 고문과 유산으로 인해 고통스러워하는 모습을 감옥 안에서 속절없이 지켜보는 것 또한 참혹했을 것이다. 아버지 해월과 함께 오랜 피신생활을 하면서 관에 붙잡히면 죽는다는 것은 이미 알고 있었을 터였다. 더구나 당시의 상황은 동학농민군과 관군의 실제 전쟁 상황이었고, 전쟁 중에 잡혀 옥에 갇혔다. 얼마든지 사형을 당할 수 있는 상황이었다. 조선 사회에서 반역죄인의 가족은 참형을 당하거나 노비로 삼았다. 이미 수십만의 동학군과 그 가족들이 죽었고, 해월은 도피 중에 있으며, 전봉준 등 장수들이 잡혔고, 김개남은 효수당했다. 전쟁 중에 김개남에게 장살당한 고부군수 양필환의 아들 양재만이 사형한 김개남의 배를 갈라 간을 꺼내 씹는 일까지 있지 않았던가.

이런 끔찍한 상황 속에서 김응조의 표현대로 군수가 데려다 살라고

068

했을 수도 있고, 정주현이 최윤을 데려다 살겠다고 제안했을 수도 있다. 당시 정주현은 최윤보다 한 살 위인 18세였고, 혼인하지 않은 상태였으며, 직책은 통인이었다. 통인(通引)은 조선시대 지방 관아에 딸린 이속(吏屬)으로 수령의 시동(侍童), 사환(使喚)이다. 수령의 행차 수행이나 명령 전달 등의 일을 보았다. 수령의 인(印)과 관물을 관리하는 임무도 맡아 지인(知印)이라고도 했다. 급료 대신 봉족(俸足)을 주는 경우도 있으나 대우는 지방마다 달랐다. 대개 관헌 밑에서 일을 보던 이서(吏胥)의 자제들이 자원했고 공노(公奴)의 자제들도 자원했다. 순조 때인 1830년대에 발간된 것으로 추정되는 『옥천읍지(沃川邑誌)』에 보면 "통인 등은 매 명마다 1년에 드는 비용이 거의 10량이나 되나 빈잔(貧殘)한 류(類)가 많아서 실제 지급할 길이 없다. 참으로 저 청(廳)의 보직(保直)이 가련하다"고 하고 있다.[10]

박정빈은 동학혁명의 와중에 옥천 민보단 두령을 맡았고 이 과정에서 도득(圖得)하여 군수가 된 사람이다. 도득했다는 것은 꾀하여 얻었다는 말이다. 정상적으로 조정으로부터 보직을 임명받았다기보다 동학군을 초멸하는 일에 앞장선 공으로 갑자기 군수가 된 것이다. 청산은 대도소가 있던 곳이고 동학도가 가장 많이 모여 있던 곳인 데다 교조 해월 선생의 가족을 사로잡은 공이 있으니 군수 자리를 요구했을 수도 있다. 본인은 군수가 되었으니 측근들에게도 무슨 보상이든 해야 했을 것이고, 급여를 줄 수 없는 통인에게 보상으로 내린 것이 동학 교조의 딸을 데려다 살라고 허락하는 일이었을 수도 있다.

이런 비극적인 운명을 어린 최윤은 어떻게 받아들였을까? 선뜻 동의하고 늑가를 통한 방면(放免)을 받아들였을 것 같지는 않다. 차라리 죽는 쪽을 선택하고 싶었을 것이다. 그렇다면 누가 이 과정에서 어린 최윤과 해월의 외손녀를 설득했을까? 함께 있던 손씨부인일 가능성이 있다. 물론 이것은 사실이라기보다 필자의 추측이다. 목숨을 버릴 것인가, 살아서 훗날을 도모할 것인가를 선택해야 하는 기로에 서 있는 어린 소녀들을 다독이고 설득하고 위로한 사람이 있다면 같은 감옥 안에 갇혀 있는 손씨부인 말고는 없다. 뒤에서 다시 기술하겠지만 감옥에서 살아난 뒤 격랑의 역사와 주어진 운명을 살아가는 손씨부인과 최윤의 성품과 인격을 지켜보면서 하는 추론이다.

최수운과 해월이 감옥에 갇혀 있을 때의 기록을 보면 목숨을 걸고 옥바라지를 하는 동학도인들이 있었다. 옥에 갇힌 해월의 가족들을 그렇게 목숨 걸고 옥바라지한 인물이 있었다면 기록에 남아 있을 것이다. 그러나 아직까지 어떤 기록에서도 그런 인물이 있었다는 사실을 확인하지 못했다. 해월을 비롯한 동학지도부는 절체절명의 상황에서 쫓기고 있었고 손씨부인을 비롯한 가족들의 운명은 전쟁을 일으킨 남자들에 의해서가 아니라, 승리한 관의 판단과 당사자들 스스로의 판단에 의해 결정지어질 수밖에 없는 절박한 상황이었던 것이다. 만약 손씨부인이 강력하게 반대했는데 최윤과 외손녀가 관의 제안을 받아들였다면 나중에 손병희가 마련해준 서울 가회동 집에 손씨부인을 비롯한 해월의 가족들과 최윤과 정순철이 한집에서 다시 모여 살 수가 없었을 것이다.

최윤의 결혼은 최윤 개인만의 선택이 아니라 감옥에 갇혀 있는 모두의 운명과도 직결되는 문제였을 것이다. 이런 상황에서 가장 가슴 아픈 사람 역시 당사자인 최윤이 아니었을까. 더구나 손씨부인은 다리가 부러져 거동할 수 없고, 치아가 부서졌으니 제대로 먹을 수도 없고, 유산까지 했으니 옥 안에서 얼마나 고통스러워하며 방치되어 있었을 것인가. 그런 참혹한 모습을 지켜보는 어린 소녀들의 심정은 또 얼마나 아프고 두렵고 고통스러웠을 것인가. 손씨부인을 비롯한 모두가 살아날 수 있다면 그 길을 선택해야 하지만 그 결정을 내리는 과정이 얼마나 힘들었을 것인가. 역사는 정주현이 최윤을 강제로 데려가 살았다고 기술하고 있지만 드러난 기록의 문맥 뒤에는 훨씬 더 많은 것들이 생략되어 있다. 뒷날 동학의 역사를 기록·정리한 사람들 중에는 이 부분을 못마땅한 시선으로 기록한 사람도 있고, 동정과 연민의 마음으로 기록한 사람도 있으며, 최윤의 생애와 정순철을 비롯한 그 후손들을 싸늘한 시선으로 바라보고 차별하거나 소외시킨 사람들도 있었으리라. 하지만 동학의 대도(大道), 해월의 사상에 비추어 보아도 최윤을 욕할 수는 없다.

최윤은 이런 생사의 기로에서 정주현에게 늑가를 가게 되었다. 그것을 일컬어 우리는 운명이라 한다. 그리고 1901년 두 사람 사이에서 태어난 이가 정순철이다.

### 해월의 죽음과 정순철의 어린 시절

동학혁명이 실패한 후 해월은 강원도 인제군 남면 신풍리에 있는 최영서의 집에 은신했다. 손병희는 함경도와 평안도, 강계 등지를 다니며 장사를 했으며, 살아남은 각지 두목들도 1년간은 산중이나 타지로 피해 은신해 있었다. 인제군 남면이 고향인 김연국이 혼자 남아 신사를 모시게 됐다. 1896년 2월에야 해월은 가족들을 만날 수 있었다. 『해월선생문집』에는 "2월 초순이 되자 손병희가 사람을 보내어 아뢰기를 큰댁 가족들을 충주 외서촌 등지에 옮겼다"고 했다. 1894년 겨울부터 1896년 2월까지 1년이 조금 넘는 기간 동안 가족들과 헤어져 있었던 것이다.

충주군 외서촌 마르택(馬樓垈)으로 가족들을 옮긴 사람이 손병희인 것을 보면 손씨부인은 그 전에 옥에서 풀려나 청산에 있으면서 오빠인 손병희에게 연락을 했거나 아니면 가족들과 함께 오빠가 있는 청주로 찾아갔을 것으로 보인다. 악형으로 다리뼈가 부러졌기 때문에 바로 움직이기가 쉽지 않았을 것이고 몸이 회복되는 데는 시간이 걸렸을 터이다. 마르택은 충북 음성군 금왕읍 구계리의 한 마을이다.

4월 초에는 가족과 더불어 마르택을 떠나 음성읍 동쪽 보현산 서남쪽 골짜기인 동음리 아래 창골로 깊숙이 들어가 이춘백의 집에 머물게 되었다. 다시 도인들의 왕래가 잦아지자 1897년 초에는 손병희가 주선한 음죽군 앵산동으로 이사를 했다. 앵산동은 경기도 이천군 설성면 수상 1리에 있다. 해월의 사돈인 신택우(신현경의 부친)가 살고 있으며 전에 거처했던 마르택과도 멀지 않은 곳이다. 8월에 손병희는 연로한 해월이 편하게 지낼 수 있는 곳을 물색해 원주 전거론(현 경기도 여주시 강천면 도전리)으로 이주를 한다. 해월은 전거론에 와서 9월 14일에 아들 성봉(聖鳳, 나중에 동호東昊로 고침)을 낳았다. 그러나 해월은 학질 같은 병을 앓으며 고생을 했다. 다섯 달 동안이나 대소변을 받아내면서 간호했지만 차도가 없었다고 한다.

1898년 충주 외서촌 지역의 지도급 도인들이 체포되는 일이 벌어졌다. 『시천교역사』에 의하면 "이천 주재병은 충주 외서촌 두의동에서 이상옥을, 음죽군 앵산동에서 신택우를, 이천 보통리에서 권성좌"를 체포했다. 이 세 사람은 가혹한 고문을 당했고, 권성좌는 결국 고통을 이기지 못하고 신사의 소재를 털어놓았다. 권성좌로부터 자백을 받은 군인 20명이 1월 4일 오후 전거론에 들이닥쳤다.

군인들이 최법헌이 누구냐고 소리치자 의암이 나서 "팔십 노인이 몇 달째 병환으로 누워 계신데 이렇게 무도할 수 있는가"하고 꾸짖었다. 그러자 의암을 불러내어 권성좌와 대질시켰다. 의암은 목침을 들어 문지방을 내리치면서 "네가 누군데 자세히 나를 봐라. 알거든 안다고 해라"하며 호통을 쳤다. 권성좌는 손을 내저으며 아니라며 물러섰다. 군인들은 권성좌를 끌고 나가 매질을 하며 어서 말하라고 다그쳤다. 권성좌는 면전에서 차마 바른대로 고할 수 없었다. 결국 횡설수설하다가 삿갓봉 마을에 있다고 거짓말을 했다.

위기를 넘긴 해월 일행은 방아재를 거쳐 강원도 원주군 호저면 고산리 송골로 옮겼다. 그곳에서 3개월 정도 관을 피해 숨어 있을 수 있었다. 『해월선생문집』에는 "2월 그믐께 원주 송동(松洞)에 도착하니, 가족들이 이미 여기에 와 있어서 단란하게 모여 거처를 정하고 편안히 모셨다"고 기록하고 있다. 그러나 4월 초에 다시 충청도 옥천에서 자취가 드러나 관군이 동원되었다. 결국 해월은 옥천 보은 관졸에 의해 체포되었고, 72세에 끝내 대신사의 뒤를 따라 순도하고 말았다. 1898년 6월 2일이었다.

해월은 옥에서 편지를 보내 "여러분의 안부를 몰라 궁금했노라. 내게 관한 일은 조금도 염려 말고 수도에 극진하라. 이번 일은 천명이니 마음 편안하게 최후를 기다리노라. 우리 도의 장래는 대도탕탕할 것이니 내 뜻을 이어 형통케 하라. 그리고 긴요히 쓸 곳이 있으니 엽전 50량을 넣어달라"고 했다. "그 돈으로 당신의 몸을 위하여 쓰신 일은 없고 그 감옥 안에 같이 갇혀 있는 여러 사람들이 너무도 배가 고파하는 것을 당신이 배고프신 것과 같이 안타깝게 여기셔서 그 돈을 다 들여서 떡을 많이 하여서 그 안에 있는 여러 사람이 다 같이 배부르게 먹었다 한다."[11]

해월의 죽음 이후 우직스럽게 동반 순도를 고집하던 손천민은 1900년
에 체포되어 청주에서 교수형에 처해졌고, 김연국도 1901년에 체포되어
무기징역을 언도받고, 같은 해 손병희도 일본으로 떠났다.

최윤의 남편 정주현은 1877년 9월 6일에 출생했다. 초명은 용달(龍達)
이고 자는 윤경(允卿)이다. 최윤이 1878년 10월 18일생이니까 최윤보다
한 살 위다. 연일정씨 지주사공파(知奏事公派) 29세손이다. 조상 중에 뛰어
난 인물로는 포은 정몽주가 있다. 최윤이 정주현에게 늑가를 가게 된 것
은 1894년 말에서 1895년경이었을 것으로 추측한다. 손씨부인이 풀려
나 해월과 가족 상봉을 한 것이 1896년 2월이니까 그 전에 정주현에게
갔을 것이다. 그런데 정순철이 태어난 것은 최윤이 24세 때인 1901년이
다. 6, 7년 만에 자식을 얻은 셈이다. 결혼생활이 순탄하지만은 않았음

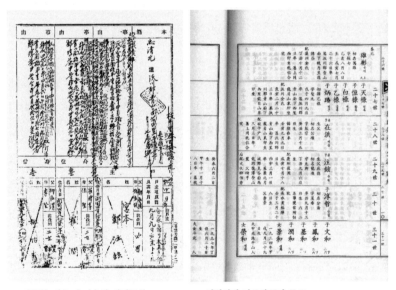

▲  정주현, 최윤, 유이수의 제적등본.　　　▲  연일정씨 지주사공파 족보.

을 짐작할 수 있다. 정주현은 새 부인을 얻는다. 후처 유이수는 1883년생이니까 최윤보다 다섯 살 아래다. 유이수는 1903년 2월 23일 아들 순익을 낳는다. 그러니 정주현은 1902년 이전에 두 번째 부인을 얻었을 것이다. 그 뒤 유이수와의 사이에서 딸 순옥(1909년생), 아들 순창(1913년생), 아들 순탁(1915년생), 딸 순금(1918년생), 딸 순애(1924년생) 등 3남 3녀를 낳는다. 최윤은 1919년에 딸 순렬을 낳는다.

연일정씨 지주사공파 족보에는 최윤이 배(配), 즉 아내로, 유이수가 후배(后配)로 기록되어 있다. 붓으로 쓴 필사본 연일정씨 세보(世譜)에는 최윤이 배(配)로 유이수는 후실(後室)로 기록되어 있다. 그리고 제적등본에는 최윤이 처로 유이수가 첩으로 기록되어 있으며, 자녀들도 정순철은 장남이지만 순익과 순옥 등은 서자남(庶子男), 서자녀(庶子女) 등으로 기록되어 있다. 그러나 실제 생활에서 소외감을 느끼며 살았던 이는 오히려 최윤과 정순철이었을 것이다.

김응조는 "최윤은 시집 식구들로부터 역적의 딸이라는 눈총을 받으

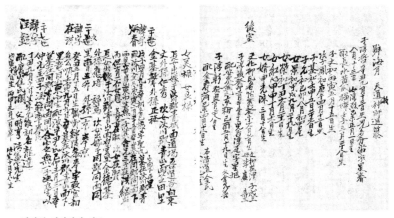

▲ 필사본 연일정씨 세보.

면서 굴욕적인 생활을 감내할 수밖에 없었다" "역적의 딸이라는 멸시와 굴욕적인 생활로 인한 최윤의 고통이 어느 정도였는지는 불문가지일 것이다"라고 말하고 있다.[12]

최정간은 『해월 최시형가의 사람들』에서 "아버지 해월이 1898년 6월 2일 경성감옥에서 순도를 하자 그의 마음은 한없이 슬펐다. 그 후 아이들을 데리고 남편과는 별거를 하게 되었다. 어떻게 보면 남편은 당시 관가의 녹을 먹고 있는 상태라 역적의 딸과 함께 산다는 것은 그를 위해서도 좋지 않은 일이었다. 최윤은 여자 혼자 몸으로 산중에서 아이들을 데리고 농사를 짓는 등 만고에 없는 고생을 하던 중 의암의 배려로 가회동에서 소수(손씨부인의 첫째 아들 동희-필자 주)와 함께 살게 되었다"라고 적었다.[13]

이 글을 보면 최윤이 남편과 별거를 하고 혼자 아이들을 데리고 농사를 지으며 산 것으로 되어 있다. 그리고 주관적인 해석이 덧붙여져 사실과 혼재된 부분도 눈에 띈다. 남편과 별거를 한 시기가 언제인지는 정확지 않다. 해월의 순도 직후는 아닐 것이다. 정순철이 태어난 곳은 충북 옥천군 청산면 교평리 310-1번지 정주현의 집이기 때문이다. 최정간은 최윤이 아이들을 데리고 농사를 지었다고 했지만 정순철의 글을 보면 자신은 언제나 혼자였다고 한다. 그때 여동생 순렬은 아직 태어나기 전이었다. 정순철은 자신의 어린 시절을 이렇게 회고한다.

그리도 행복슬업지 못하든 어린 시절! 그리도 질겁지 안튼 어린 시절! 언제나 쓸쓸하얏고 언제나 외로웟든 어린 시절이엿섯습니다.
낮이나 밤이나 나 호올로 외로웟섯습니다. 누나도 업고 동생도 업고 그리고 어머니 아버지의 따뜻한 사랑도 모르고 지냇습니다.

어머니 아버지의 부드러운 웃음, 자미스러운 말소리가 엇지도 그리
웟섯는지 몰르든 그 시절이엿섯습니다.

외롭고 쓸쓸히 하로 해도 서산을 넘고 외롭고 슯흠이 가득 찬 어린
이의 이 집에도 어둠의 밤이 찾아와서 팟알만 한 기름불이 히미하게
끔벅이고 잇섯습니다.

꿈고 짧을 여름밤도 지나고 가을밤도 짙어가면 뜰 앞 감나무 마른
닢이 우수수 흘어지고 뒷산 속 솔바람 소리가 쇄- 구슯히 우는 부엉
이 울음- 달 밝은 밤 달을 시처 날라가는 기력이 울음소리-

팟알 같은 기름불 밑에서 버선 깁는 엄마의 청성구즌 군소리-

이러한 모든 밤이 주는 정경을 보고 듯고 이 어린이는 외롭고 쓸쓸
하고 무섭고 또 우울하얏섯슬 것입니다.[14]


정순철은 어린 시절이 행복하지도 않았고 즐겁지도 않았다고 말하고
있다. 언제나 쓸쓸하고 언제나 외로웠다고 말하고 있다. 누나도 없고 동
생도 없고 언제나 혼자였다고 한다. 그래서 외로웠다고 한다. 실제로는
바로 두 살 아래 이복 남동생도 있고 또 여러 해 뒤에 이복 여동생이 태
어났지만 형제가 없이 외로웠다는 것은 어머니와 단둘이 살았다는 것
을 뜻하는 대목이기도 하다.

어머니 아버지의 따뜻한 사랑도 모르고 지냈다고 한다. 어머니 아버
지의 부드러운 웃음, 재미있는 말소리가 어찌나 그리웠는지 몰랐다고 하
고 있다. 그의 어린 시절은 단란하고 행복한 가정생활과는 거리가 멀었
다. 아버지는 곁에 없었고, 어머니는 자신의 처지 때문에 슬픈 모습으로
살았을 것이다. 최윤의 생모는 최윤이 10세 때 돌아가셨고, 6년 뒤에 오
빠도 병으로 세상을 떴다. 그리고 아버지도 결국 처형을 당하고 말았으

니 고아나 다름없는 처지가 된 것이다. 천지에 의지할 사람 하나 없는 외톨이가 되어 억지로 결혼해 눈총 받으며 살고 있는 자신의 처지, 자신의 운명이 얼마나 감당하기 힘들었을 것인가. 어떻게 웃음소리와 재미있는 말소리가 입에서 나올 수 있었겠는가.

나중에 도력 높은 수도자로 산 최윤은 아버지 해월의 가르침을 잘 따른 신앙심이 깊은 사람이다. 해월은 「내칙」을 통해 아이를 갖게 되면 이렇게 하라고 가르쳤다.

포태하거든 육종을 먹지 말며 해어(海魚)도 먹지 말며 논에 우렁도 먹지 말며 거렁에 가재도 먹지 말며 고기 냄새도 맡지 말며 무론 아무 고기라도 먹으면 그 고기 기운을 따라 사람이 나면 모질고 탁하니 일삭이 되거든 기운 자리에 앉지 말며 잘 때에 반듯이 자고 모로 눕지 말며 침채와 채소와 떡이라도 기울게 썰어 먹지 말며 울새 터논 데로 다니지 말며 남의 말 하지 말며 담 무너진 데로 다니지 말며 지름길로 다니지 말며 성내지 말며 무거운 것 들지 말며 무거운 것 이지 말며 가벼운 것이라도 무거운 듯이 들며 방아 찧을 때에 너무 되게도 찧지 말며 급하게도 먹지 말며 너무 찬 음식도 먹지 말며 너무 뜨거운 음식도 먹지 말며 기대앉지 말며 비켜서지 말며 남의 눈을 속이지 말라. 이같이 아니 말면 사람이 나서 요사도 하고 횡사도 하고 조사도 하고 병신도 되나니 이 여러 가지 경계하신 말씀을 잊지 말고 이같이 십삭을 공경하고 믿어하고 조심하오면 사람이 나서 체도도 바르고 총명도 하고 지국과 재기가 옳게 날 것이니 부디 그리 알고 각별 조심하옵소서.[15]

아버지 해월은 딸에게 이렇게 가르쳤지만 딸의 처지는 축복받은 결혼생활이 아니었다. 운명적인 결혼이었으며 기쁨과 웃음이 넘치는 생활은 더욱이 아니었을 것이다. 주위 사람들의 애정 어린 관심과 보살핌을 받는 생활도 못 되었을 것이다. 혼자 한울님께 심고하고 혼자 판단하고 혼자 결정하고 혼자 책임져야 하는 생활이었을 수도 있다. 아이를 포태하고 난 뒤에도 많은 갈등과 고뇌를 안고 열 달을 보냈을 것이다. 다만 아버지 해월의 가르침을 버리지 않았다면 아버지의 가르침을 순간순간 떠올리며 배 속의 아기에게도 시천주했을 거라고 믿었을 것이다. 생명 그 자체를 소중하게 키우자고 마음먹었을 것이다. 그러나 슬픔만은 어찌할 수 없었을 것이다.

어린 시절 정순철에게 각인된 어머니 이미지는 기름불 밑에서 버선을 깁는 모습과 청승맞은 군소리가 입에서 흘러나오는 모습이다. 신세를 한탄하는 소리일 수도 있고 어쩌면 아버지가 가르쳐준 동학의 주문일 수도 있다. 어머니의 이런 모습은 어린 정순철에게 외롭고 쓸쓸하고 무섭고 우울한 장면으로 머릿속에 각인되었을 것이다. 그러나 이런 트라우마가 어린 정순철을 음악가가 되게 했는지도 모른다. 그는 어린 시절을 외롭고 쓸쓸하게 보냈지만 동시에 그 외로움은 자연을 섬세한 눈으로 바라보게 했다.

> 뜰 앞 감나무 마른 닢이 우수수 흩어지고 뒷산 속 솔바람 소리가
> 쇄— 구슬히 우는 부엉이 울음— 달 밝은 밤 달을 시처 날라가는 기럭
> 이 울음소리—

이런 서정적인 정경을 볼 수 있는 눈은 외로움이 가져다준 선물이다. 외롭지 않으면 마른 잎 흩어지는 소리, 솔바람 소리, 구슬픈 부엉이 울

음소리, 가을밤 달을 스쳐 날아가는 기러기 울음소리가 어떻게 어린 소년의 귀에 들리겠는가. 외로움 속에 스며 있는 아름다운 소리를 들을 줄 아는 귀를 가졌기 때문에 예술가의 길로 가게 되는 것이다.

그래서 마음에 깊이깊이 숨여드는 외롭고 쓸쓸함을 잊기 위하야 질거움을 찾앗섯고 번거러움을 바랏섯스며 마음이 요구하는 양식도 찾앗섯슬 것입니다. 그래서 노래도 요구햇섯슬 것이요 옛날이야기도 듯고저 햇섯슬 것입니다.

그러나 가엽습니다. 이 어린이의 나라에 노래가 잇섯슬 이치야 잇겟습닛가 다만 바라는 바 한 가지 잇다고 하면 그것은 옛날이야기가 잇섯슬 뿐입니다.

그래서―

"엄마! 옛날이야기 하나만 해주"

하고 바누질하면서 콧노래하는 어머니를 졸르든 그때의 그 생각이 지금도 잊을 수 업시 생각에 떠올읍니다.

"호랑이가 잡아먹자 하고 나오지―"

하면서 호랑이 이야기를 들으며 히미하게 껌벅이는 불을 무심히 넋을 일코 바라보든 그때 일이 잊을 수 없습니다.[16]

외로움과 쓸쓸함을 잊기 위해 즐거움을 찾았고 번거로움을 바랐지만 채워지지 않았다고 한다. 집 안에서도 같이 놀 형제가 없었지만 밖에서 놀아주는 친구도 없었던 것 같다. 그래서 찾게 되는 것이 노래나 이야기 같은 마음의 양식인데 당시 이 나라에는 어린이들이 부를 노래가 없었다. 바느질하는 어머니를 졸라서 옛날이야기를 해달라고 하면 어머니는 "호랑이가 잡아먹자 하고 나오지" 하는 호랑이 이야기를 해주었다. 그래도 옛날이야기 해달라고 조르는 아들하고 있을 때는 어머니의 입에서 콧노래가 나왔던 것 같다.

# 4장

## 정순철의 가출과 손병희

## 정순철의 가출과 가회동 집

외로운 어린 시절을 보내던 정순철은 학교를 중퇴하고 서울로 올라온다. 이 부분에 대해 기술한 자료들을 보면 옥천역에서 화물차를 몰래 타고 서울로 올라왔다고 한다.

고향의 소학교를 중퇴하고 청운의 뜻을 품고 약간의 용돈과 옷 보따리를 들고 옥천역 구내에 멈춰 있던 화물차 안에 숨어 들어가 그리던 서울로 올라와 천도교인인 친척 집에 머물게 되었다. 독학으로 소학교 과정을 마치고 그리던 서울의 보성중학교에 입학했다. 천도교 3세 교조 손병희 선생의 셋째 사위인 방정환과는 천도교회나 집안 관계로 인해 아주 절친한 사이였으므로 '천도교소년회'에 입회하여 방정환의 옆을 떠나지 않고 늘 같이 행동하면서 사회생활을 해나갔다.[1]

보통학교(초등학교)에 다니던 순철이는 이러한 질곡을 견디다 못해 무작정 집을 뛰쳐나와 옥천역에 멈춰 있던 화물차를 몰래 숨어 타고 서울로 올라왔다. 당시 동학은 3세 교조 의암 손병희에 의해 1905년 12월 1일 '천도교(天道敎)'라는 이름으로 재탄생하여 신앙의 자유를 얻게 되면서 서울에 천도교중앙총부를 설치하고 바야흐로 욱일승천의 기세를 돋구던 시기였다. 정순철은 천도교인인 친척 집에 머물면서 의암의 배려로 당시 천도교에서 경영하던 보성중학교에 입학했다.[2]

첫 번째 글은 자웅렬, 두 번째 글은 김응조의 것이다. 두 사람의 글을 보면 옥천역에서 화물열차를 몰래 타고 서울로 올라왔다는 사실은 일치하지만 나머지는 약간씩 차이가 있다. 가출의 동기에 대해 차웅렬은 청운의 뜻을 품고 행한 가출이라 했고, 김응조는 질곡을 견디다 못해 무작정 뛰쳐나왔다 말하고 있다.

앞에서 살펴본 것처럼 정순철이 외롭고 쓸쓸하고 우울한 어린 시절을 보낸 것은 사실이다. 그런데 소학교를 다니다 갑자기 청운의 뜻을 품고 가출하여 서울로 갔다는 것은 앞뒤 맥락이 맞지 않는다. 가정에서의 질곡을 견디다 못해 집을 뛰쳐나왔다는 것이 더 설득력 있어 보인다. 그렇다고 하더라도 청산에서 옥천역까지는 30킬로미터도 넘는 거리다. 어린이가 걸어서 가기에는 무리일뿐더러 당시에는 지금보다 길도 훨씬 험했을 것이다. 더구나 아무 준비 없이 무작정 서울로 간다는 건 잘 납득이 되지 않는 부분이 있다. 어떻게 해서 서울을 그리워하게 되었는지, 그리고 어떻게 천도교인의 집을 찾아갔는지도 설명이 되지 않는다. 두 사람이 공통으로 이야기하는 천도교인 친척은 누구이며 어린 소년이 어떻게 손병희의 배려를 받을 수 있는 길을 찾게 되었는지도 설명이 생략되어 있다.

이런 의문을 풀어줄 수 있는 고리는 바로 어머니 최윤이다. 정순철이 소학교를 다니다 가출을 해서 서울로 올라왔다면 10세 전후한 나이였을 것이다. 그러면 1910년대 전후가 된다. 서울을 그리워한 사람은 정순철이라기보다 어머니 최윤이었을 가능성이 더 높다.

1905년경 최윤은 손병희에게 불려 간 적이 있다. 최수운의 묘지를 두고 진위논쟁이 벌어졌을 때 사실 여부를 가리기 위한 자리에 불려 가 손병희를 만났던 것이다. 그 일을 계기로 동학이 천도교로 개신하면서 다시 조직을 정비하고 교세를 늘려나가는 것을 확인했다.

그리고 1909년 손병희는 가회동에 해월의 가족들이 살 수 있는 집을 마련해놓고 있었다.

1909년 봄 그동안 의암의 거처와 천도교총부 자리가 마땅치 않아 여러 군데 물색하던 중, 마침 부호 홍순찬의 소유인 가회동 170번지의 대지 2천 평에 1백여 칸이 넘는 대저택이 일본인에게 8천 원에 저당 잡혀 넘어간다는 소식을 듣고 이 집을 반값에 매입, 수리하여 의암이 임시로 천도교당 겸 사저로 사용하게 되었다. 또한 의암은 이 집 바로 옆에다 대지 1천 평, 52칸 반의 저택을 해월의 유가족을 위해 마련해주었다. 이날 이후부터 그동안 전국에 흩어져 이산의 아픔을 삼켜가며 살아가고 있던 해월의 가족은 재회의 기쁨과 함께 가회동 79번지에서 함께 살 수가 있었다. 이때의 식구들은 줄잡아 30여 명으로 해월의 딸 최윤의 가족, 생질 임도여 가족, 경주의 집안 식구들이었다. 이 많은 식구들의 생활비는 천도교총부에서 매달 150원씩 보조해주었다.[3]

가회동에 집이 마련되었다는 소식을 듣고 최윤이 먼저 아들 정순철의 등을 떠밀어 서울로 올려 보낸 것은 아닐까 생각한다. 어린 정순철이 스스로 가출을 결행한 게 사실이라면 최윤이 손병희와 동학과 서울 가회동 집 이야기를 아들에게 수없이 되풀이하여 이야기했기 때문에 그걸 듣고 정순철이 가출을 감행했을 것이다. 아들이 가출을 하자 혼자 남은 최윤도 남편에게 이야기를 하고 서울로 올라갔을 수도 있다. 가회동 집이 마련된 것이 1909년 봄이니까 정순철과 최윤이 서울로 올라온 것은 그 이후가 될 것이다.

최정간의 책에는 그 이후의 과정에 대해서도 기술하고 있다.

최윤은 여자 혼자 몸으로 산중에서 아이들을 데리고 농사를 짓는 등 만고에 없는 고생을 하던 중 의암의 배려로 가회동에서 소수와 함께 살게 되었다. 소수는 하나뿐인 누이에게 따뜻한 인정을 베풀었고 조카인 정순철을 보성중학교에 입학시켜서 신식공부를 하게 하였다.[4]

최정간에 의하면 청산에서 고생하며 살던 최윤을 가회동에 와서 살게 해준 것은 손병희였고, 정순철을 보성중학교에 입학시켜서 공부하게 해준 사람은 소수이다. 소수는 손씨부인에게서 출생한 해월의 아들 최동희다. 최윤의 열두 살 아래 이복동생이고 어려서 한집에서 같이 살았다. 해월이 쫓겨 다니는 험난한 피신생활 중에 태어나 함께 어려운 시절을 헤쳐온 이복남매 사이이다. 가회동 집에서 손씨부인과 최윤이 다시 만난 것이다. 만나서 한집에서 살게 된 것이다. 피신 중에 함께 붙잡혀 감옥에서 모진 고문을 받고 헤어진 뒤 거의 15년 만이다. 광제창생, 후천개벽의 큰 뜻을 품은 아버지 때문에, 남편 때문에 가혹한 운명을 살아야 했던 여인들이다. 위대한 인물의 생애와 고난의 여정을 이야기할 때 가족들이 겪어야 했던 고통에 대해서는 크게 비중을 두지 않는 경우가 대부분이다. 그러나 이 여인들이 겪어야 했던 고

▲ 1918년 서울 가회동 사랑채에 모인 해월의 가족들. 앞줄 오른쪽 세 번째가 해월의 부인 손씨, 왼쪽 두 번째가 최윤, 왼쪽 끝이 정순철의 부인 황복화, 뒷줄 오른쪽 첫 번째가 정순철이다.

▲ 해월의 큰아들 최동희.

난은 남편을 잃은 것, 아버지를 여읜 것에서 그치지 않았다. 고통은 평생 계속해서 그들의 인생을 따라다녔다. 그들이 가회동 집에서 함께 찍은 사진이 전해져오고 있다.

소수 최동희는 손병희의 배려로 와세다대학에서 유학을 했고 최수운의 양손이 되었으며, 고려혁명당을 결성하여 독립운동을 하다가 1927년 상하이에서 병사했다. 동생 최동호도 3·1운동에 앞장서는 등 독립운동을 하던 중 집에 권총을 숨겨놓은 것이 발각되어 감옥살이를 하다 고문의 후유증으로 1923년 타계했다. 해월의 아들 둘 다 독립운동을 하다 안타깝게 세상을 뜨고 말았다.

## 손병희와 천도교

손병희는 1902년 다시 일본으로 건너가 그곳에서 동학의 재건을 위한 여러 활동을 벌였다. 이후 1905년 12월 1일에 동학을 종교의 이름인 천도교로 바꾸고, 1906년 귀국하여 실질적으로 동학교단을 이끌게 된다. 해월 사후의 동학을 후기동학이라 일컫는 최종성은 동학이 천도교로 자리 잡아가는 과정에 대해 이렇게 기술하고 있다.

의암의 입장에서 서양의 종교와 같이 포교의 자유를 얻으면서도 반국가적 비적(匪賊)이자 친일의 주구(走狗)라는 비난에서 벗어나는 길은 근대적인 종교의 틀에 적응하는 길 이외에 다른 선택이 없었을 것이다. (…)

교단을 근대적인 체질로 개신한다고 해서 무작정 근대화만을 고집할 수만도 없던 것이 후기동학의 고민이었다. 근대적 종교로 발돋움하기 위해서는, 즉 근대사회에 걸맞은 종교로 안착하기 위해서는 무엇보다 중요한 것이 초기동학의 종교적 정통성과 근대화를 양립시키는 일이었다고 할 수 있다. 근대적인 종교조직으로 개편되기 위해서는 서양종교의 체제와 양식을 도입하는 것도 중요하지만 그에 못지않게 도통론을 확립하여 조직의 리더십을 강화하는 것이 급선무였다고 할 수 있다. 거국적인 친일조직인 일진회를 주도하던 이용구와 해월의 최측근이었던 김연국이 위력을 떨치고 있는 상황에서 천도교의 도통론을 세워 종교조직의 권위와 위상을 강화하는 것은 피할 수 없는 선택이었다.[5]

1905년 12월 1일 손병희는 『제국신문』에 천도교의 등장을 알리면서 교단의 종지(宗旨)를 인내천(人乃天)이라고 밝혔다. 전통적인 동학에서 근대적인 종교인 천도교로 바뀐 후기동학의 시작에 핵심 개념으로 인내천을 주창한 것이다. 최종성은 인내천을 새로운 이름의 시천주라 정의하며 수운과 해월의 시천주가 손병희의 인내천으로 발전했다고 보았다.

수운이 초월적인 신성과 신중심적 신학을 강조한 것에 비해, 해월은 내재적인 신성과 인간중심적 신학을 강조했다. 시천주의 용법으로 말하자면, 수운은 '위대한 천주를 모시라'는 종교윤리적인 당위에 초점을 두었다면 해월은 '내재화된 하느님을 모시고 있는 (인간)존재'에 보다 주목하였다. 그런데 의암은 내면화된 하느님이 거하는 터전으로서의 인간의 마음을 강조했던 해월을 뛰어넘어 하늘과 인간을 동일하게 일체화시키고 있다.

수운-해월-의암에 이르는 과정을 신의 초월에서 내재화의 과정이라고 단순화시킨다면 의암은 해월의 인간중심적 시천주의 신학을 더욱 철저하고도 일관되게 내재화시킨 것이라 할 수 있다. 그뿐만 아니라 천인의 관계를 이해하는 데에 있어서도 합덕(合德)의 과정을 중시하기보다는 본래적인 동덕(同德)의 상태를 전대보다 더욱 분명하게 강조하였다고 볼 수 있다.[6]

이렇듯 천도교는 동학의 사상을 이어받으면서도 종교로서의 틀과 사상을 개편하고 정립해나갔다. 그러나 1906년 손병희 일행이 일본에서 고국으로 돌아왔을 무렵 천도교의 상황은 좋지 않았다. 러일전쟁이 벌어진 1904년 동학교도들은 진보회(進步會)를 조직해 정치개혁을 하고자 했으나 손병희를 배반한 이용구의 주도하에 친일세력인 송병준의 일진회(一進會)와 합치면서 친일단체화되고 말았던 것이다. 그러나 손병희는 이를 타개하고자 정치와 종교를 분리하고 종교로서의 정체성을 강화하는 데 주력했다. 중앙총부와 지방교구 조직을 정비하여 교회의 체계를 갖추고 일진회에 대항하여 교우구락부를 조직하는 한편 이용구 등 62명을 출교 처분하면서 쇄신을 단행했다.

1910년 일제가 한반도를 병탄하면서 당시의 대부분의 정치단체와 사회단체가 강제해산되었지만 나행히 천도교는 종교단체로서 명맥을 유지할 수 있었다. 게다가 지식인들부터 일반 민중까지 천도교에 입교하는 사람들이 대대적으로 증가하여 1910년에만 2만 7,760호가 입교를 했고 이듬해 1월에서 5월에 무려 4만여 호가 입교하는 대포덕이 이루어졌다.

손병희와 박인호는 교단의 조직과 제도를 정비해나가는 한편, 국권을 회복하고 국민들을 계몽하기 위한 수단으로서 언론의 역할에 주목했다. 그에 따라 교회 기관지 창간을 추진하여 1906년 6월 17일부터 1907년 6월 29일까지 일간지 『만세보』를 발행했다. 그밖에 천도교 기관지 『천도교회월보』와 『신인간』을 발행하여 일제의 탄압에도 새로운 지식 보급에 앞장섰다.

천도교에서는 여러 교육기관을 운영했는데, 그중 하나가 바로 보성학교다. 1906년 8월 22일 개교한 사립 보성학교는 한성부 중서 박동 10통 1호(현 서울 종로구 수송동 조계사 자리) 김교헌의 가옥을 사들여 교사(校舍)로 사용했는데 신입생은 246명이었다고 한다. 설립자 이용익이 6개월 만인 1907년 2월에 죽자 손자인 이종호가 이어받아 학교를 운영했다. 그러나 여러 학교를 운영하다보니 재정의 어려움을 겪게 되었다. 그러다 한일병합 후인 1910년 3월 이종호가 망명하면서 더 이상은 학교 운영이 어렵게 되었다. 이에 1910년 12월 20일 천도교회에서 보성학교의 부채를 변상하고 설립자에 관한 일체의 권리를 인도받아 박인호를 설립자로 변경 신청했다. 1913년 12월 사립학교규칙에 따라 '사립 보성학교'로 개칭한 후, 1914년 7월 5일에 고등보통학교 허가를 얻어 교명을 '사립 보성고등보통학교'로 개칭했다. 이후 1923년 조선불교총무원에 학교를 양도하기 전까지 13년 동안 학교를 운영했다.

정순철은 서울에 올라와 손병희의 도움으로 천도교에서 운영하던 보성중학교에 입학하여 1919년 4월, 개칭된 사립 보성고등보통학교 10회 졸업생으로 졸업을 했다.

손병희는 이와 같은 종교 활동으로 천도교의 교세를 확장시키는 동시에 호화생활로 인해 비난을 받기도 했다. 쌍두마차나 고급 승용차를 타고 다니거나, 천도교 간부들과 명월관 기생집에 출입하기도 하고, 박영효 등 구한말 귀족들과 어울려 활을 쏘는 등 풍류를 즐겼다. 1916년 9월 해월의 큰아들 소수 최동희는 의암에게 4개항의 건의를 했다.

1. 천도교 내부의 개혁과 부패를 척결할 것
2. 동학의 분파주의를 극복하고 시천교와 통합할 것
3. 갑오년 동학혁명 당시 불쌍하게 산화한 이름 없는 무수한 영혼
   들을 생각해서라도 항일운동을 전개할 것
4. 호화사치 생활 청산 및 주산월(朱山月) 낙적(落籍, 명월관 기생 주농파가
   의암의 작은부인이 되는 것) 반대[7]

하지만 의암은 이 같은 건의를 받고도 수심정기에 힘쓰라는 당부 외에 자신의 문제에 관해서는 묵묵부답으로 일관했다. 최정간에 의하면 주산월은 평양 출신 기생으로 기명이 주농파요, 본명은 옥경인, 18세의 총명하고 단아한 기생으로 소수 최동희 일행의 주연에 자주 동석하여 주흥을 돋우곤 했다고 한다. 정광조와 최린 등이 의암과 이강 공, 박영효 등을 모시고 명월관에서 연회를 베푸는 자리에서 주농파를 의암에게 소개했고 의암은 그에게 산월(山月), 취미(翠眉)라는 예명을 지어주기까지 했다. 손씨부인까지 나서서 이 일만은 절대 안 된다고 말렸으나 주산월은 결국 의암의 작은부인이 되었다. 의암이 옥중에서 발병해 병보석으로 석방되어 요양할 때 주산월이 지극정성으로 의암의 병간호를

했다고 한다.

한편 일본에 망명했다가 손병희를 처음 만나 천도교에 입도한 권동진은 1918년 11월『대판매일신문』에서 우드로 윌슨 미국 대통령이 발표한 '14개조 평화원칙'의 '민족자결' 조항을 보게 되었고 조선 역시 이 문제의 범위에 들어가야 한다고 생각했다. 권동진은 교단의 중진인 오세창을 방문하여 이 문제를 의논한 뒤 손병희를 찾아가 보고하고 승낙을 구했다. 손병희 역시 변화하는 국제 정세에 주목하고 있었다. 손병희는 그들의 요구에 "나도 조선인의 한 사람이므로 나랏일에 투신한다면 일신을 희생하여 진력하겠다. 장차 우리 면전에 전개될 시국은 참으로 중대하다. 우리들이 이 천재일우의 호기를 무위무능하게 간과할 수 없는 일이다. 내 마음이 정한 바 있으니 제군은 십분 분발하여 대사를 그릇됨이 없도록 하라"며 쾌히 승낙했다.

한일병합 후 모든 정치단체와 사회단체가 강제해산되고 지식인들의 활동이 제한되었다. 많은 지식인들이 망명을 택하거나 교육계 또는 종교계를 통해 활동을 전개해나갔다. 그렇기에 천도교는 3·1운동 준비 과정에서 중심이 될 수밖에 없었다. "천도교는 운동의 계획과 준비를 주도하였고, 각 종단과 학생 측을 포섭하여 통합시키는 일을 주선하였으며, 기독교 측에 거사자금을 조달하는 등 운동자금을 전액 부담하였

▲ 운명하는 순간의 손병희.

▲ 임종 직전의 손병희.

▲ 천도교당 내에서의 장례식.

고, 선언문의 작성·인쇄·제작·배포를 도맡아 하였다. 3·1운동은 천도교, 기독교, 불교의 연합으로 전개되었으나 이 운동의 준비 과정에서부터 전개에 이르기까지 천도교단이 중추적 역할을 하였던 것이다."[8]

3·1운동으로 인해 손병희를 비롯한 29명은 경무총감부로 끌려가 심문을 받은 후 서대문형무소에 수감되었다. 손병희는 11월 뇌일혈로 반신불수가 되어 병보석을 요청했으나 받아들여지지 않았다. 이듬해 6월 병세가 악화되어 혼수상태가 되었는데도 병보석을 허락해주지 않다가 10월 30일 공판에서 3년 징역형을 언도한 후에야 집행정지 결정을 내려 1년 8개월 만에 석방시켰다. 그리고 1922년 5월 19일 끝내 병석에서 일어나지 못하고 운명하고 말았다.

### 천도교소년회와 방정환과 정순철

천도교소년회는 1921년 5월 1일 김기전, 방정환 등의 주도로 천도교청년회 산하에 결성된 모임이다. 천도교청년회의 활동은 3·1운동 후의 천도교 지도부 공백으로부터 비롯된 것이기도 하다. "3·1운동 후 의암을 비롯한 3·1운동에 가담한 천도교 지도자들이 대거 투옥되자 이돈화, 박래홍, 박달성, 정도준 등 청년 지도층은 1919년 9월 2일 천도교 청년 교리강연부를 결성하여 안으로는 신앙의 정독(精篤)과 단결, 밖으로는 사상의 고취와 문화촉진을 추구했다. 교리강연부는 1920년 4월 25일 천도교청년회로 명칭을 고치고 확대 개편된다. 천도교청년회는 그 산하에 포덕부, 편집부, 지육부, 음악부, 체육부, 실업부 등의 6개 부서를 갖추고, 월간 잡지 『개벽』을 창간했다. 천도교청년회는 『개벽』과 부문 단체의 활동을 통해 여성운동, 소년운동, 농민운동, 체육운동을 전개하는 동시에 순회강연으로 대중 계몽을 선도해나갔다."[9]

　이 중에 소년운동을 적극적으로 펼쳐나간 단체가 천도교소년회인 것이다. 천도교소년회의 이 운동은 우리나라에서 처음으로 시작된 어린이 문화운동이자 어린이 인권운동이었다. 김용휘가 '해월의 사인여천 정신을 이어받는 것'이라고 말한 것은 방정환과 정순철의 가족관계를 보아도 여실히 드러난다. 방정환은 손병희의 셋째 사위이고, 정순철은 해월 최시형의 외손자다. 그들은 동학의 직접적인 영향을 받으며 살았던 인물들이다. 방정환은 1899년생으로 정순철보다 두 살 위다. 1917년 방정환이 손병희의 셋째 딸 용화와 결혼하면서* 가회동의 처가에 살았다. 두 사람은 한집에서 살면서 형제처럼 지냈을 뿐만 아니라, 천도교인으로서 같은 뜻을 가졌고 같은 일을 했다. 방정환의 아들 방운용 옹은 생전에 "방정환 있는 데 정순철 있고, 정순철 있는 데 방정환 있다. 정순철은 방정환의 그림자다"라고 말했다고 정문화 옹은 전한다.

　사람을 한울님처럼 섬겨야 한다면 어린이도 역시 한울님처럼 섬겨야 하며, 사인여천하고 경인해야 한다는 생각은 어린이에게도 똑같이 적용되어야 한다고 생각했을 것이다. 또한 해월이 반포한 「내수도문」에 나와 있는 "아이 치는 것이 곧 한울님을 치는 것이니라"의 정신을 구체적으로 실천하는 운동이기도 하다.

　방정환은 한 걸음 더 나아가서 패러다임 자체를 어린이 중심으로 바꾸자고 주장했다.

---

*　두 사람의 결혼을 중매한 사람은 권병덕이다. 권병덕은 3·1운동 민족대표 33인의 한 사람으로 손병희의 측근이요 천도교 중진이었다. 방정환의 아버지 방경수가 권병덕과 의형제를 맺고 있었으며 연장자인 권병덕을 믿고 의지하며 따랐다.

늙은이 중심의 살림을 고쳐서 어린이 중심의 살림으로 만들어야 우리에게도 새 살림이 온다. 늙은이 중심의 생활이었던 까닭에 이때까지는 어린이가 말썽이요, 귀찮은 것이었고, 좋게 보아야 심부름꾼이었다. 그것이 어린이 중심으로 변하고, 어른의 존재가 어린이의 성장에 방해가 되지 말아야 하고, 어린이의 심부름꾼이 되어야 한다. 낡고 묵은 것으로 새것을 누르지 말자! 어른이 어린이를 내리누르지 말자. (…) 부모는 뿌리라 하고 거기서 나온 자녀는 싹이라고 조선 사람도 말해왔다. (…) 그러나 조선의 모든 뿌리란 뿌리가 그 사명을 잊어버리고 뿌리가 근본이니까 상좌에 앉혀야 한다고 싹 위에 올라앉았다. 뿌리가 위로 가고 싹이 밑으로 가고 이렇게 거꾸로 서서 뿌리와 싹이 함께 말라 죽었다. (…) 싹을 위로 보내고 뿌리는 일제히 밑으로 가자! 새 사람 중심으로 살자.[10]

방정환은 어른 중심의 사회에서 어린이 중심의 사회로 바꾸자고 요구했다. 세상을 바라보는 관점을 어린이 중심으로 바꿀 뿐만 아니라, 구체적인 생활에서도 그것이 실천되어야 한다고 말하고 있다. 뿌리와 싹으로 상징되는 어른과 어린이와의 관계가 달라져야 한다는 것이다. 그는 어른에 의해 종속된 삶이 아니라 어른이 어린이를 위해 사는 사회가 되어야 희망이 있다고 보았다. 그래서 '어린이'라는 말을 만들고, 어린이를 위한 행사를 추진하고, 어린이들이 볼 잡지를 만드는 일을 시작한 것이다. 그러나 현실에서는 어린이에 대한 인식조차 제대로 되어 있지 않은 당시 사회 환경과, 어린이 잡지에 대한 관심과 필요성을 느끼는 사람도 별로 없는 조건에서 시작한 막막하고 대책 없는 어린이 운동이기도 했다.

막막하든 그때! 어른들의 당치도 안은 권위 아래 온갓 억압과 말하는 인형 노릇만 하여오든 조선의 어린 사람들에게도 일대광명을 얻게 되엿스니 그것이 곳 어린 사람의 해방운동을 의미한 집단으로 천도교소년회의 출현과 아울러 어린 사람의 예술운동을 의미한 『어린이』잡지의 탄생이엿습니다. (…) 그때의 조선 사회란 온갓 것이 묵은 것에서 새것으로 깨여나는 도정임에도 불구하고 어린 사람의 문제란 그와 하등 관련이 업는 듯이 냉시(冷視)하야 그 존재부러 인정되지 안헛습니다.[11]

이렇게 시작된 어린이 문화운동은 어린이를 비로소 인격적 존재로 대하기 시작한 운동이면서 생명운동이요, 구국운동이었다.

# 5장

# 동경음악학교 유학과
# 색동회 창립

## 동경음악학교 유학

1922년 정순철은 일본으로 유학을 떠난다. 어려서 자기를 돌보아주었고 가장 큰 의지처였던 손병희가 그해 5월 세상을 뜬 뒤 일본 유학을 결심한 것이다. 외삼촌인 최동희도 이미 일본 유학을 한 바 있고 방정환도 1920년 9월 중순 일본 동양대학으로 유학을 가 있었다. 김응조는 "천도교가 3·1운동을 주도한 후 교회 재정이 어렵게 되자 천도교인들의 도움으로 의암 선생의 셋째 사위인 소파 방정환과 같이 일본 도쿄로 유학"을 떠났다고 하고,¹ 차웅렬은 "최익환 종법사님은, 정순철이 도쿄 유학 간다고 할 때 집에서 그때 돈 7원을 보태주었는데 그 당시에는 큰돈이었다고 회고하였다. 그 돈과 일가친척들의 정성으로 모은 돈과 합쳐서 유학의 길에 올랐다"고 한다.² 최익환은 최동희의 아들이며 해월의 손자이다. 집에서 7원을 보태주었다는 것은 외삼촌 최동희의 집에서 보태주었다는 말이다.

실제로 3·1운동의 여파로 천도교는 엄청난 재정적 어려움을 겪었다. "중앙총부는 경성제일은행에 예금한 20만 원과 박인호 집에 보관했던 70여 만 원 그리고 김상규 집에 있던 30만 원 등 총 100만 원을 압수당했다. 또한 지방교구에서 보내온 수천만 원의 월성미 금액을 제외한 모든 부동산과 동산에 대한 사용을 금지시켜 총부 직원들의 월급도 지불하지 못하는 형편이 되었다."³ 이런 형편이 되면서 천도교의 지원을 받는 유학은 생각할 수 없는 처지가 되었고, 손병희도 세상을 뜨고 말아 정순철은 어려운 유학길에 오를 수밖에 없었다.

일본 유학생들 중 문학, 법학, 의학을 공부하는 이들은 비교적 부유한 가정의 자제들이라 옷도 깨끗하고 단정하며 좋은 하숙에서 여유 있게 생활했으나, 음악, 미술, 연극, 체육을 전공하는 이들은 얼굴색이나 복장 등 참 불쌍하기 이를 데 없는 모습들이었다고 한다.

정순철이 유학하던 시기에 서울 집 역시 형편이 좋지 않았다. 아내인 황복화*가 '종이봉투' 부치는 일을 거들어 매월 3원씩을 도쿄로 보냈는데 아내가 돈을 부쳐 오면 하숙집 주인인 일본인 아주머니가 "학생 옥상(일본어로 '부인')으로부터 반가운 소식 왔어요" 하며 전해주었다고 한다.

정순철은 1922년 11월 8일 동경음악학교 선과(選科)에 입학했다. 당시 동경음악학교는 1년에 세 번 입학하는 시기가 있었다. 그래서 11월에 입학한 것이다. 동경음악학교에는 본과와 사범과가 있었지만 바로 본과로 들어가기는 쉽지 않았을 것이다. 그래서 선과를 택했을 것으로 보인다. 연주자가 되고자 하는 사람은 본과에 진학을 했고 음악 교사가 되고자 하는 사람은 사범과를 갔다. 선과에서는 양금(洋琴, 피아노), 풍금(風琴, 오르간), 바이올린, 창가 중에서 한 과목을 택해 공부했는데 두세 과목을 공부할 수도 있었다. 본과는 음악사를 비롯한 교과과정을 3년간 이수하는데 본과에서 배우는 공부를 선과에서도 할 수는 있지만 선과에서는 음악 실기를 주로 배웠다. 동경음악학교는 학습 능력이 있다고 인정하는 사람에 한해 선과 입학을 허가하는데, 학업을 마치면 수료증은 나오지만 졸업 자격을 얻는 것은 아니다. 동경음악학교에는 정순철보다 두 살 위인 홍난파가 다니고 있었고, 윤극영도 동양음악학교에 들어갔다가 동경음악학교로 와서 정순철과 같은 집에서 자취를 하며 음악공부를 했다.

정순철은 동경음악학교에서 창가를 전공했다. 정순철이 유학하던 당

---

* 아내 황복화는 1902년에 경기도 광주군 낙생면에서 태어났다. 정순철과는 1918년에 결혼했다. 슬하에 문화, 봉화, 기화, 윤화 네 아들과 경화, 영화, 홍심 세 딸을 두었다. 1976년 1월에 사망했다.

▲ 1924년 동경음악학교 관현악단 연주.

▲ 1922년과 1923년 동경음악학교 교수진.

시 동경음악학교는 학교 심포니오케스트라가 주악당에서 베토벤 교향곡 제9번 「합창」을 연주하기도 했으며, 졸업식 때는 졸업연주회를 했다. 교과목에도 다양한 음악수업이 있었던 걸 알 수 있으며 독일인 교수들도 강의를 하고 있었다. 아직 근대식 음악교육이 실시되지 못하고 있던 조선의 현실과 비교해보면서 젊은 정순철이 받았을 문화적 충격은 매우 컸을 것으로 짐작된다. 당시 조선은 일본 곡조에 최남선이 지은 계몽적인 창가 가사를 얹어 부르고 가르치고 있었다.

동경음악학교는 1889년에 개교했다. 이후 1949년 동경미술학교와 통합되어 지금의 도쿄예술대학으로 바뀌었다. 정순철의 학적을 확인하기 위해 도쿄예술대학을 찾아간 날은 2011년 1월 12일이었다. 그 전에도 여러 차례 방문 요청을 하고 정순철의 학적 자료에 대한 열람을 요청했으나 잘 보여주려 하지 않았다. 도쿄에 사는 재일교포 음악인 이정미 씨를 통해 학교에 협조 부탁을 했을 때도 가족이 아니면 보여줄 수 없다고 했다. 그래서 2010년 12월 6일 일·중·한 문학포럼 행사로 일본에 갔을 때 학교 방문을 하고자 했으나 실현되지 못했고, 2011년 1월에 다시 정순철의 장남 정문화 옹의 위임장과 호적등본, 필자의 신원을 확인할 수 있는 재직증명서를 들고 이정미 씨와 도쿄예술대학을 찾아갔다. 이미 학적열람신청서를 제출해놓은 상태였고 도쿄예술대학 역사편찬실의 하시모토 구미코 연구원과의 면담도 신청해놓은 터였다.

교무과 교무계의 학적 담당 직원인 모토하시 씨는 선과학적부(選科學籍簿)를 들고 왔다. 감기 때문인지 마스크를 쓰고 있어서 얼굴을 잘 볼 수 없었다. 모토하시 씨가 보여준 학적부에 의하면 정순철은 대정(大正) 11년(1922년) 11월 8일에 입학하여 대정(大正) 13년(1924년) 3월 31일까지 동경음악학교를 다닌 것으로 되어 있다. 본적은 조선 충청북도 옥천군 청산면 지전리,* 신분은 평민으로 기록되어 있었다. 출생 연월일은 명치(明治) 34년(1901년) 9월 12일생으로 되어 있다. 호적과는 하루 차이가 난다. 학적부 맨 위에 있는 5622번이 무슨 표시냐고 물었더니 학번이라고 했다. 학과는 창가(唱歌)를 전공한 것으로 되어 있는데, 맨 밑에 제명(除名)으로 나와 있고 그 위에 붉은 글씨로 체납(滯納)이라고 적혀 있는 것으로 보아 등록금을 제때에 내지 못해 졸업은 하지 못한 것으로 보인다. 특이한 것은 호적에 있는 이름과 달리 학적부에 있는 이름의 가운데 글자가 순할 순, 즉 정순철(鄭順哲)로 기록되어 있는 점이었다. 호적에는 순박할 순을 써 정순철(鄭淳哲)로 되어 있다. 사진 촬영은 하지 못하게 해서 사진은 찍을 수 없었다. 선과학적부를 보여줄 때도 다른 학생들의 이름이 나오는 곳은 검은 종이로 가리고 당사자의 기록만 보여주었다. 원래는 개인신상에 관계된 것은 열람 자체도 불가하다는 것이 학교 측의 입장이었다. 선과학적부 표지 사진조차도 찍지 못하게 했다.

교무과의 개인신상 열람에 대한 엄격한 통제와 달리, 도쿄예술대학 역사편찬실의 하시모토 구미코 연구원은 자상하고 친절하게 설명해주었다. 하시모토 연구원의 설명에 의하면 도쿄도 다이토구 우에노공원(東京都 台東區 上野公園 12-8)에 위치한 동경음악학교는 도쿄예술대학의 현재 위치보다 더 안쪽에 있었다고 한다. 그리고 선과가 있던 분교장은 스루가다이 2초메 9번지에 있었다고 한다. 그런데 정순철이 그곳에 다니던 1923년 9월 1일에 간토대지진이 일어나 소실되어 맹학교 건물로 옮겼다가 11월 다시 돌아왔는데 당시 대지진의 피해가 워낙 컸고 일본 자경단의 조선인 학살이 엄청났던 시기라서 제대로 공부하기가 힘들었을

---

* 태어난 집은 충북 옥천군 청산면 교평리 310-1번지인데 본인이 학적부에 지전리로 기록한 것을 보면 교평리 집을 나와 어머니와 산 곳이 지전리가 아니었나 추측하게 한다.

▲ 도쿄예술대학의 하시모토 연구원(가운데)과 재일교포 음악인 이정미 씨(오른쪽), 왼쪽은 필자.

것으로 짐작된다고 말해주었다.

최정간의 책에는 "1922년 동경음악학교에 고학생으로 유학하여 피아노와 작곡 공부를 하였다"라고 나와 있어서[4] 혹시 작곡과는 없었는지, 작곡을 공부했는지에 대해 알고 싶어서 물어보았더니 당시에 작곡도 공부했을 가능성은 있지만 작곡을 정식으로 가르친 것은 소화(昭和, 1926~1989) 연대에 들어와서라고 대답한다. 1922년에서 1924년 사이에는 작곡과라는 공식 명칭은 보이지 않았다. 등록금을 제때에 납부하지 못하고 체납되어 제명되었다는 기록으로 보아 고국에서 보내주는 학비만으로는 공부하기 어려워 여러 가지 일을 하여 학비를 조달하며 음악학교를 다녔지만 간토대지진으로 인해 일자리를 구하기도 쉽지 않아 결국 학업을 다 마치지 못하고 귀국한 것으로 보인다. 당시 선과 수업료는 과목당 30원(圓)이었다.

## 윤극영과 정순철

정순철은 도쿄에서 윤극영과 함께 자취를 하며 학교를 다녔다. 같이 동경음악학교를 다녔고 전공도 같았기 때문이었던 것 같다. 당번을 정해 서로 번갈아가며 밥을 하고 조선에서 유학 온 조각가 김복진*, 소설가 김기진** 형제와 친구처럼 자취방에서 어울려 지내기도 했다.

하숙집을 고엔지하라로 옮긴 뒤로는 김복진, 김기진(팔봉) 형제가 자주 놀러왔다. 그 하숙집은 길에서 집으로 들어오려면 죽림을 한참 헤치고 들어가야 했다. 김복진 형제가 자주 온 것은 내가 갖고 있는 빅터 레코드 가운데 바이올리니스트 짐발리스트의 부인 알마쿠크의 노래를 듣기 위해서였다.

그때 나와 동갑인 김기진은 와세다대학에, 두 살 위인 김복진은 동경미술대학***에 다니고 있었다. 형제는 나의 집에 와서 "윤극영, 알마쿠크를 걸어라" 하고 주문을 하곤 했다. 간드러진 여자 목소리가 부드럽고 애교 만점이어서 팔봉은 완전히 알마쿠크에 매료되어 있었다. (…) 두 형제는 모두 예술적인 탐욕이 강렬했다. 이 중에서도 조각가로 우리나라 초기 조각의 문을 연 김복진 씨의 경우는 더했다. 눈초리가 칼

---

* 김복진은 충북 청원군(현 충북 청주시) 출신의 조각가이자 미술평론가이다. 배재고등보통학교를 졸업하고 동경미술학교에서 조각을 공부했으며 우리나라 근대 조각의 독보적인 인물로 평가받는다. 연극단체 토월회를 만들어 신극운동을 벌였으며, 1928년 '경성학교 세포 사건'으로 6년간 옥고를 치르기도 했다. '벽초 홍명희 선생 초상' 등 초상 조각과 금산사 미륵대불을 조성했다. 속리산 법주사 미륵대불을 조성하던 중 사망했다. 정순철과는 동갑이다.

** 김기진은 소설가이다. 우리나라 최초의 프로문학 이론가이며 카프의 지도자로 활동했다. 릿쿄대학 영문과를 중퇴했으며 형 김복진과 함께 토월회를 만들었다. 6·25 때 인민재판에서 즉결처분을 받았으나 가까스로 살아났다. 김기진의 시 「까치야」에 정순철이 곡을 붙였다.

*** 동경미술대학도 동경음악대학과 함께 우에노공원 안에 나란히 있다.

106

날 같고 매서웠다. 조각가로 잘도 태어났다는 생각이 들 정도였다. 이에 비해 팔봉은 웃음이 항시 감돌고 온화한 면이 있었다.[5]

그 자취방으로 하루는 소파 방정환이 찾아온다. 정순철을 통해 윤극영의 이야기를 자주 들었던 터라 그를 만나 색동회에 참여하라고 권하기 위해서였던 것 같다. 당시의 만남을 윤극영은 이렇게 기록으로 남기고 있다.

나는 그때 일본 도쿄 변두리에서 정순철 선생(동요 작곡가)과 같이 자취생활을 하고 있었습니다. 점심때가 되어 이날 당번인 정선생은 부엌에 들어가 있었고, 나는 마루 끝에 나앉아 대밭 오솔길을 내다보고 있었습니다. 이것이 바로 전찻길을 질러 돌아 들어오는 좁은 길이었는데, 거기서 누군지 부라질을 하며 이쪽으로 오는 것이에요. 나는 누군가 싶었지만 굳이 알려고도 하지 않고 멍히 바라보고만 있었습니다. 이 동안에 그이는 눈앞에까지 다다랐습니다. 싱글벙글하면서 말을 건네는 것이에요.
"당신이 윤 아무개신가요?"
"네, 그렇습니다."
더 묻지도 않고 자기 집이나 되는 듯이 무작정 신발을 벗고 올라왔습니다. 약간 건방져 보였지만 그런 것도 아닌 것 같아서 내버려두었더니, 불시에 부엌에서 정선생이 뛰어나오면서 악수를 하는 것이었습니다.
"이게 웬일야, 소파 선생이…"
"잘 있었소?"

"이분이 바로 언젠가 이야기했던 방정환 씨야."

나는 얼떨떨해지면서도 기억에 남는 이름이었기에 그렁저렁 인사를 끝냈습니다.

"이 집에 피아노 있지."

댓바람 그이는 정선생을 끌고 피아노실로 들어가는 것입니다. 나는 뒤따라가며 야릇한 생각이 났습니다. '어떻게 된 친구가 이렇게 말은 적고 행동이 앞서나, 제멋대로 해내는구나' 하며 자칫 불쾌하였습니다. 그동안에 벌써 피아노실에서는 노래가 흘러나오는 것이에요.

'날 저무는 하늘에 별이 삼형제

반짝반짝 정답게 비치이드니… 눈물 흘리네.'

어느새 나도 피아노 옆에 다가서서 같이 부르게 되었던 것입니다. 소파 선생은 탁성이었습니다. 그 시금털털한 목소리를 좀 몽글려보려고 입술을 모아 뾰죽하게 비틀며 애를 쓰는 것이었습니다. 나는 이 광경에 마주쳐 웃음보가 터질 뻔했으나 초면 친구에 그럴 수도 없었던 것이에요.

"독창으로 한 번 옮겨보지. 나는 빼고…"

정선생과 나는 번갈아가며 이 노래를 불렀습니다. 우두커니 듣고 섰던 방선생은 무슨 시름에 잠기는 것 같았습니다. (…)

"이것 봐 윤! 동요 작곡 좀 많이 해줘. 참혹하게도 우리 아이들에겐 노래가 없어. 학교라는 데서는 일본말 일본 노래로 터무니없이 아이들을 몰아들이고, 사회라는 데서는 어른들이 부르는 방아타령, 흥타령 등이 얼떨결에 아이들을 구슬리고, 가정에서는 '창가가 무슨 창가냐? 공부를 해야지' 하며 골방에다 꿇어앉히는 등 이것들을 다 어떻게 하면 좋지? 생각할수록 암담해져. 그렇다고 맞지 않는 일에 머리를 숙일 수는 없는 거 아냐. 우리는 싸워야겠어. 이겨야겠어. 나는 우리네 아이들을 한참 쳐다보다가 눈시울을 적실 적이 많았어. 마치 그 아이들이 가시밭을 걷는 것 같아서… 윤! 동요곡 좀 하나 만들어봐줘. 정서가 부친 우리 아이들에게 꽃다운 선물을 보내주지 않을 테야? 윤! 사양할 건 없어. 노력하면 되는 거야."[6]

윤극영의 이 글은 세 사람 사이의 관계를 알려준다. 윤극영과 정순철은 도쿄에 유학하여 비슷한 시기에 음악을 공부했으며 함께 자취를 하면서 생활했다. 윤극영을 방정환에게 소개한 사람이 정순철이고 윤극영에게 동요를 작곡하도록 부탁한 사람은 방정환이었다. 방정환과 정순철은 함께 색동회를 만든 창립 멤버였지만 이런 만남을 통해 윤극영도 참여하게 되었고 그 중간에 정순철이 다리 역할을 한 것으로 보인다.

이 글에서 보이는 것처럼 방정환이 집에 들어서자마자 "당신이 윤 아무개신가요?" 하고 물었다는 건 이미 정순철을 통해 이야기를 들어서 알고 있었다는 걸 뜻한다. 아니 집을 바로 찾아 들어온다는 것도 이미 와본 적이 있거나 정순철을 통해 집이 어디인지를 알고 있었다는 것을 말해준다. 그리고 "이분이 바로 언젠가 이야기했던 방정환 씨야" 이 말은 정순철이 윤극영에게 방정환에 대해 이야기한 적이 있다는 것이다. "이 집에 피아노 있지" 하며 방정환이 정순철을 끌고 피아노실로 갔다는 건 집에 피아노가 있다는 사실을 알고 왔다는 걸 의미하며, 거기서 부를 「형제별」이란 노래 악보를 준비해 갖고 왔다는 말이다. 그러면 그 노래를 부르며 무슨 이야기를 하려고 했는지도 이미 머릿속에 있었을 것이다. 방정환과 정순철이 윤극영을 색동회 회원으로 끌어들이기로 사전에 교감이 있었다는 걸 짐작하게 한다.

이상금은 "정순철을 통해서 소파가 윤극영을 만난 것은 예정된 인연이라고 하겠다"라고 말한다.[7] 어쨌든 소파 방정환이 윤극영을 찾아온 이 만남은 우리나라 동요음악사의 중요한 사건 중의 하나다. 일본에 유학을 와서 근대식 음악교육을 받으며 저마다 큰 포부가 있었을 텐데 어린이들이 부를 노래를 만들어달라는 방정환의 부탁을 윤극영이 받아들이면서 일제강점기 어린이들이 부를 노래만이 아니라 온 국민이 부르는 노래를 만든 계기가 되었기 때문이다. 색동회의 어린이 운동에 동요가 없었다면 얼마나 밋밋하고 건조한 운동이 되었겠는가.

『소파방정환문집』에 실려 있는 이 글은 본래 1965년 11월 30일 간행된 『소파아동문학전집』에 먼저 게재되어 있었다. 그런데 1973년 5월 8일부터 6월 10일까지 26회에 걸쳐 『한국일보』에 연재된 윤극영의 「나의 이력서」에 보면 방정환이 윤극영을 찾아와 만나는 장면에 정순철이 빠져 있다.

> 그날은 1923년 3월 따사한 봄날이었다. 나는 하숙집 마당에 나와 서산에 지는 해를 쳐다보며 시골 풍경을 내려다보고 있었다. 그 집은 약간 언덕배기에 있었다. 울창한 대나무가 우거진 사이로 땅딸한 젊은이가 올라오는 게 보였다. 그는 마치 나의 하숙집을 향해 오는 듯했다. 가까워질수록 얼굴 모습이 뚜렷해졌으나 누군지 알 수는 없었다. 그런데 중절모의 그 젊은이는 서슴지 않고 나의 하숙집으로 성큼성큼 들어섰다. 그러면서 다정한 말투로 "당신 윤극영 아냐?" 하고 말했다.
> "그렇습니다만."
> "아, 나는 방정환이야. 알겠어?"
> 그는 그때 『신여성』과 『어린이』 잡지의 주간이었다. 또 33인 중 한

분인 손병희 선생의 사위로도 잘 알려져 있었다. 그날 처음의 대면이었지만, 이국에서 동포를 만나니 퍽 반가웠다. 뭔가 말할 수 없는 훈훈한 체취를 느낄 수 있었다. 소파는 하숙집의 다다미방에 들어서자 갑자기 "이 집에 피아노가 어디 있지?" 하고 물었다. 피아노는 구석진 골방에 있었다. 나는 그를 피아노 있는 곳으로 데리고 갔다. 방에 들어서자 그는 대뜸 "나는 말야, 이 노래를 좋아해" 하면서 혼자 노래를 불렀다. 그 노래는 「형제별」이었다.

"날 저무는 하늘에 별이 삼형제, 반짝반짝 정답게 비치이더니, 웬일인지 별 하나 보이지 않고, 남은 별이 둘이서 눈물집니다."

잘 부르는 노래는 아니었으나 구슬픈 맛이 애틋하게 났다.

"윤극영, 어때?"

"좋긴 좋은데 누가 번역했나?"

"내가 했지."

우린 한바탕 웃었다. 그 노래는 나카가와(中川) 라는 일본 사람이 작곡한 일본 노래였다. (…)

우리는 밤이 이슥한 줄도 모르고 노래를 불렀다. 나는 열심히 피아노를 쳤다. 그러다 갑자기 소파는 "왜 우리가 일본 노래를 부르지?" 하고 물어왔다.

나는 처음에 멍청했다. 드디어 소파가 나를 찾아온 본론에 접어들고 있었다.

"나라도 뺏기고 말도 뺏겼는데, 왜 노래마저 일본 노래를 부르지?"

"우리 고유한 노래가 없잖아?"

"그래, 노래가 없다. 그것이 문제야. 3·1운동으로 뭔가 되는 줄 알았다. 그러나 아무것도 못하고 실패만 했지. 실패만 했어. 우리는 그래도

괜찮다. 그래도 우리는 알고 있어. 문제는 어린아이들이야. 그들에게
는 우리의 노래도 없다. 윤극영. 어린이에게 줄 노래를 지어라. 그들은
십 년, 이십 년이 흐르면 바로 우리나라를 지고 갈 역군이다."

나는 처음 묵묵히 듣고만 있었다. 소파는 예의 그 곁눈질로 천장을
쳐다보며 혼잣소리하듯 말을 했다. 입도 실그러져 있었다.

"윤극영, 자네 혼자 음악공부해서 출세하면 뭣 하나. 어린이에 대해
무심하면 안 된다."

"알겠다. 나도 어린이를 위해 힘쓰겠다. 지금 공부하는 것을 기초로
어린이 노래를 짓겠다."

소파는 기뻐했다. 우리는 서로 손을 잡고 눈물을 글썽였다. 그는 어
린이 육성을 위한 동지를 모으고 있다고 했다. 소파의 말소리는 눈물
겹고도 슬프게 들려왔다. 따라서 듣는 사람에게는 혼합적으로 호소
하는 큰 효과를 내곤 했다.

나는 무조건 찬동했다. 그리고 또 우리는 피아노를 치며 소파가 번
역한 '날 저무는 하늘에 별이 삼형제…'를 밤새도록 불렀다.

그날의 그 모습을 나는 잊을 수 없다. 마지막에 합창하는 그 노랫소
리는 눈물이 쏟아질 듯한 노래였다.

이런 일이 있은 몇 달 뒤 드디어 도쿄에서 '색동회'가 발족했다. 발
족된 날은 5월 1일. 색동회의 멤버는 방정환, 진장섭, 조재호, 손진태,
정병기, 정순철과 나였다.[8]

이 글에 보면 방정환이 직접 윤극영을 찾아와 "당신 윤극영 아냐?"
"아, 나는 방정환이야. 알겠어?" 이렇게 말했다고 한다. 정순철이 두 사람
을 연결해주었다는 말이 빠져 있다. 그리고 하숙집의 다다미방에 들어

서자 갑자기 "이 집에 피아노가 어디 있지?" 하고 물었다고 기술하고 있다. 어딘가 어색하다. 처음 만난 사람의 행동이 너무 느닷없다는 느낌을 갖게 한다. 앞뒤 맥락이 생략된 탓이다. 그리고 윤극영이 방정환을 피아노 있는 곳으로 데리고 갔다고 말하고 있다. 1965년도에 먼저 쓴 글에는 방정환과 정순철이 피아노방으로 들어가 노래를 불렀고 나중에 윤극영이 뒤따라갔다고 되어 있는데 1973년에 쓴 글에는 자기가 데려갔다고 했다. 방정환의 격의 없는 행동은 서울 가회동에서 한집에 살던 정순철이 사는 집이기 때문에 가능한 행동이다. 처음 만난 사람에게 하는 행동이 아니다. 뒤에 쓴 글은 어딘가 어색하다.

정순철에 대한 이야기를 무엇 때문에 뺐는지는 알 수 없다. 뒷부분에 색동회 창립 멤버에는 이름을 빼지 않았는데 같은 방에서 자취한 사람을 빼고 이야기를 할 수밖에 없던 어떤 사정이 있었는지 지금으로서는 알 수 없다. 6·25 때 납북되어 생사를 알지 못하기 때문에 뺀 것인지 납북이든 월북이든 북으로 간 사람이기 때문에 거론하지 않은 것인지 무슨 이유인지는 모르지만 중간에 두 사람을 소개한 사람을 빼놓고 이야기를 전개하고 있어서 어색한 느낌을 준다. 처음 만난 사람들끼리 손을 잡고 눈물을 글썽이고 무조건 찬동하는 것도 그렇다. 감정이 고조되어 있고 과장되어 있다.

그리고 나라를 생각하는 마음, 어린이에 대한 사랑 등 앞의 글에 없던 내용이 추가되어 있다. "윤극영, 자네 혼자 음악공부해서 출세하면 뭘 하나" 이런 말도 앞의 글에는 나오지 않았던 말이다. 추가된 말들은 다 좋은 말들이고 꼭 필요한 말들이기도 하다. 50년이 지난 뒤, 당시의 관점에서 재해석한 이야기들이 추가된 것은 아닐까 하는 생각을 하게 된다.

그들은 그해 5월 색동회를 창립하고 잡지 『어린이』 편집을 함께 논의하고 글을 써서 서울로 보내는 일을 하며 바쁘게 지내다 9월 1일 도쿄에서 대지진을 만난다. 저 유명한 이른바 간토대지진이다. 그때도 둘은 똑같은 고엔지하라의 하숙집에 있었는데 윤극영은 대지진 이야기에도 정순철을 빼놓고 있다.

9월 1일 나는 하숙집에 있었다. 갑자기 대지가 부르르 떨리더니 온몸을 가눌 수가 없었다. 마침 마루에 있었으나 어지러워서 주체를 못했다. 나는 땅 위로 내려가려고 했지만 도저히 몸을 움직일 수가 없었다. 있는 힘을 다해 뛰어내렸다. 몸은 팽개쳐지듯 쓰러졌다. 내가 하숙을 든 고엔지하라는 그래도 나은 편이었다. 잘 알려져 있다시피 그때의 지진은 아주 악질적이었다. 즉 좌우는 물론 상하로도 고루 움직여 철도는 엿가락처럼 휘고, 집은 폭삭 주저앉았으며, 길이란 길은 모두 엉망이 돼버렸다. 화재가 곳곳에서 났으나 속수무책이었다. 병원도 의사도 없었다. 음식물도 구할 길이 없었고 물도 거의 먹을 수가 없게 됐다.
수많은 사람이 죽고 질병이 퍼지면서 인심이 흉흉해지자 일본 제국주의자들은 밖으로 적을 만들어 관심을 돌리기 위해 드디어 재일 한국 동포들을 살인, 강도, 강간 등의 혐의로 몰아세우기 시작했다. 아직도 정확한 숫자를 알 수 없을 정도의 많은 한국인이 애매하게 희생을 당했다. 사태가 험악해지자 고엔지하라 부근에 살던 한국인들은 한데 모여 동거를 시작했다. 헤어지면 죽고 뭉치면 산다는 이론이었다.
그곳에는 여자도 두 사람 정도 있었다. 그런데 문제는 식량이었다. 전염병은 돌고 있고 일본의 젊은 청년단은 죽창을 들고 길거리를 행군하며 한국 사람을 찾고 있는 험악한 사태였다. 그들은 개를 보아도 "조센징 죽어라" 하면서 찔러 죽이곤 했다. 한 끼 먹을 것을 절약해서 하루를 먹어야 했다. 물의 경우도 마찬가지였다. 우리가 우물에 물을 길러 가면 독약을 풀러 간다고 모함을 할 판이었다. 이웃에 잘 아는 일본 사람을 찾아 하소연하는 수밖에 없었다. 평소 친하던 사람을 통해 식량과 물을 얻었다. (…) 이즈음 우리들은 부근에 있는 전화국 자치대원들에 의해 잡혀갔다. 며칠을 마구간에서 말과 함께 지냈다. 다행히 지령이 내린 직후라 곧 풀려났다.[9]

충격적인 대재앙의 한복판에서 정순철과 윤극영은 살해의 공포와 두려움 속에서 같이 피해 다니고 같이 잡혀갔을 것이다. 윤극영은 20여 일이 지난 뒤 조선으로 돌아간다. 집에서 당장 돌아오라는 편지가 왔기 때문이다. 윤극영의 아버지는 소격동 집 뒤뜰에 일성당(一聲堂)이라는 음악연구실을 지어주고 피아노를 들여놓아주면서 혼자 공부하라고 했다. 윤극영은 유학생활을 하면서 경제적으로는 비교적 여유가 있었던 것 같다. 유학 오기 전에 집안 친척인 윤덕영을 찾아가 부탁했더니 금고에서 200원을 꺼내 주었다고 하고, 윤치호가 2년 동안 학비를 대주었다.

그러나 정순철은 간토대지진 이후 학교 건물이 소실되는 위험한 상황, 혼란한 정세 속에서 귀국을 하지 못한 채 고생을 한다.

돈 없는 유학생끼리는 큰 방을 하나 얻어서 합숙을 하는데, 일본은 습기가 많고 비도 자주 오는 등 한국과는 기후와 풍토 차가 심하여 합숙생 모두가 악성 피부병에 걸리곤 했다. 온몸이 가렵고 부스럼과 두드러기 등 이루 말할 수 없이 고통에 시달리니 할 수 없이 밤에는 홀딱 발가벗고 다다미방 전체에 신문지를 깔고 덮고 잠을 청했다. 또 전염성이 강한 피부병인 '옴'이 급속히 퍼져 온몸에 약을 바르고 다니느라 그해는 고생이 이만저만이 아니었다고 한다.[10]

그 무렵 어느 해 초여름의 일이었다고 차웅렬은 말하는데 정순철이 유학 중에 겪은 여름은 1923년밖에 없으니 대지진이 일어나던 해 여름이다. 평상시에도 이렇게 생활하기 어려웠으니 대지진 이후의 생활은 말할 수 없이 어려웠을 것이다. 고학을 하며 유학하던 유학생들은 "우유, 신문 배달, 막노동 일, 시간제 백화점 점원, 야경꾼, 음식점 접시 닦기 등 만만치 않은 고난과 시련의 길을 걷고 있었다"고 하는데[11] 지진 이후에는 그런 일자리조차 찾기 어려웠을 것이다. 결국 정순철이 학비 체납으로 제명을 당하고 만 것에는 간토대지진 이후 일본의 이런 사회경제적 원인도 컸을 것으로 보인다.

## 색동회 창립

1923년 3월 16일 일본 도쿄에서 유학하던 한국 학생 몇이 첫 모임을 갖고 어린이 운동 단체를 만들자고 했는데, 이것이 '색동회' 창립을 위한 최초의 모임이었다. 『사랑의 선물: 소파 방정환의 생애』를 집필한 이상금은 색동회 창립 과정에 대해 이렇게 이야기한다.

소파는 이보다 훨씬 전부터 동지 모으기 준비에 들어갔다. 1922년 10월 중순 소파는 진장섭을 찾는다. 진장섭은 1918년 보성고보 시절에 최린의 소개로 소파와 서로 알고 지낸 사이다. 진장섭과 개성 동향인 마해송, 고한승과도 그때부터 친히 만나는 사이였다. 또한 그들은 비록 졸업은 못했지만 모두 보성학원의 동창관계이기도 하다. 따라서 색동회의 주요 멤버는 이미 그 이전에 친교가 있던 사람들이 새로운 사업에 동의해서 시작했다고 할 수 있다. 소파가 도쿄에서 진장섭을 만난 것은 『어린이』를 만들 계획이 어느 정도 굳어가는 시기에 해당한다.

진장섭은 1919년에 일본에 온 이후 야마구치현에 있는 중학교와 아오야마학원을 거쳐 1922년 봄에 동경고등사범학교 영문과에 입학하여 학교에서 가까운 오쓰카 가미초에 살고 있었다. 당시 소파는 임시로 오쓰카 사카시타초에 있는 천도교청년회 도쿄지부라는 간판이 있는 집에서 숙식하고 있었다고 하니 그들의 거처는 지척이었다. 오랜만에 만난 그들은 서로 오가며 새로운 사업에 대하여 의견을 나누었다. 진장섭에 의하면 이듬해, 즉 1923년 2월경에 진장섭의 하숙에서 최종 합의를 이루었고 소파는 그날 밤 늦어서 자기 하숙집에 돌아가지 않고 자고 갔다. (…) 진장섭은 후에 같은 학교에 재학 중인 조재호를 권유해서 동참하게 했으니 그는 색동회 창립의 공로자인 셈이다.

또 한 사람 중요한 인물이 있다. 정순철이다.[12]

그러면서 정순철과 해월, 손병희와의 관계를 설명하고 해월의 가족은 손병희 자신의 가족과 다름없는 존재였다고 말한다. 이어서 "소파가 손병희의 사위로 손씨 가문에 합류했을 때부터 정순철과는 같은 가족으로 절친하게 지내는 사이가 되었다. (…) 정순철을 통해서 소파가 윤극영을 만난 것은 예정된 인연이라고 하겠다" "아마도 소파는 그 시기에

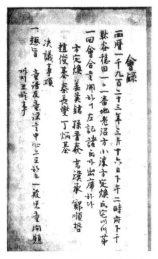

▲ 정병기가 기록한 색동회 첫 번째
모임 회록.

진장섭과도 상의하고 정순철을 통해
들은 바 있는 윤극영을 설득하려 했던
것 같다"라고 말한다.[13]

색동회 발족을 준비하던 회의 과정
은 회원 정병기의 기록으로 5회까지의
내용이 전해지고 있다. 『횃불』 1965년
5월호에 실린 정병기 회의록의 표현을
살려 그 과정을 정리하면 다음과 같다.

첫 번째 모임은 1923년 3월 16일 오
후 2시에 있었다. 장소는 방정환의 하
숙집인 도쿄시 센다가야 온덴 101번지
의 오이누마(老沼)라는 일본 사람 집이
었고, 그곳에서 진주의 소년운동가 강영호, 와세다대학 역사과 손진태,
니혼대학 예술과 고한승, 동경음악대학 정순철·조준기, 동경고등사범학
교 진장섭, 유학생 정병기 등 8명이 모였다. 그리고 여러 가지 의논을 한
후에 네 가지 결의를 했다.

1. 취지: 동화와 동요를 중심으로 하고 일반 아동문제 연구까지
   할 것.
2. 명칭: 추상적 혹은 상징적으로 해서 일반 회원이 각각 생각하여
   가지고 제2회 집회 시에 결의하기로 함.
3. 회의 입회 형식: 회원 3인 이상의 추천이면 회원으로 인정함.
4. 해외 회원의 추천: 해외에서도 우리 회의 취지에 찬성하며 연구하
   는 동지는 회원의 추천에 의해 회원으로 인정함.

이상의 결의를 하고 방정환의 다과 접대가 있은 후 오후 5시 반에 폐회를 했다.

두 번째 모임은 1923년 3월 30일 오후 1시에 있었다. 장소는 도쿄 노가타무라 아라이 628번지 슈로카이 안에 있던 정병기의 하숙방이었다. 손진태, 윤극영, 방정환, 조준기, 고한승, 정병기 등이 자리를 같이 했으나 강영호, 진장섭은 본국으로 귀국하여 참석하지 않았다.

이날 모임에서 명칭에 대해서는 다수의 의견 제출이 있었으나 윤극영의 '색동회'라는 제의에 합의했으되 의혹되는 점이 있어 최종 결정은 그다음 모임에서 하기로 보류했다. 그리고 '회합할 시에는 되도록 창작, 열람한 것, 들은 것을 발표할 것'이라는 연구 발표에 대한 결의를 하고 오후 6시에 폐회했다.

세 번째 모임은 1923년 4월 14일 오전 11시, 도쿄 시외 스기나미무라 고엔지하라 1026번지 윤극영의 방에서 했다. 참석자는 손진태, 윤극영, 정순철, 방정환, 고한승, 정병기 등 6명이었다. 명칭의 해석에 있어서는 색동은 순수한 우리말이요, 또 아이들의 색동저고리는 한국 고유의 전통적인 모습이라고 합의하고 지난번 회의에서 보류했던 모임의 명칭을 정식으로 '색동회'라고 결정했다. 그리고 5월 1일에 발회식을 거행하기로 결의했다. 회비는 3원으로 정했다. 이날은 먼저 윤극영이 점심을 대접한 후에 회의를 했으며 오후 5시 반에 폐회를 했다. 4월 29일에는 조재호가 입회를 했다.

발회식은 1923년 5월 1일에 있었다. 오후 3시에 만세이바시역에 집합하여 스루가다이에 있는 미와사진관(三輪寫眞館)에서 기념촬영을 했다. 출석자는 손진태, 윤극영, 정순철, 방정환, 고한승, 진장섭, 조재호, 정병

▲ 색동회 창립 모임. 앞줄 왼쪽부터 조재호, 고한승, 방정환, 진장섭, 뒷줄 왼쪽부터 정순철,
정병기, 윤극영, 손진태.

기 등 8명이다. 사진을 찍은 후 오후 4시 니시키마치 나가세켄(長勢軒)에
서 축연을 열고 일동은 장래를 견고하게 맹세하고 오후 6시 반에 폐회
했다. 오후 7시에는 일동이 진장섭의 집으로 가서 성대한 주찬으로 9시
까지 재미가 진진하게 놀다가 귀가했다.

네 번째 모임은 1923년 5월 18일 오후 1시에 센다가야에 있는 고한
승의 집에서 열기로 했으나 사정에 의해 임시로 장소를 방정환 집으로
정했다. 참석자는 조재호, 윤극영, 정순철, 진장섭, 손진태, 방정환, 고한
승, 정병기 등 8명이다. 이날은 고한승이 주과를 내고 방정환이 국수를
대접했다.

이날 모임에서는 회원들이 논문을 써서 신문, 잡지에 발표해 색동회
의 존재 및 취지를 일반 사회에 주지하게 할 것과 함께 하기(夏期) 사업
으로 전선(全鮮)소년지도자대회를 개최할 것을 결의했다. 그러면서 대략

의 대회 순서와 담당을 정했는데 사회는 정병기, 동요이론은 진장섭, 동요에 관한 실제론은 윤극영·정순철, 동화와 소년문제에 대해서는 방정환, 동화극은 조준기·고한승, 아동교육과 소년회는 조재호가 맡기로 했다. 구체적인 사업을 계획하고 분야별로 업무를 분담하여 차근차근 추진해나가기 시작했다. 윤극영과 정순철은 동요를 실제로 지도하는 일 중에서 '동요 취택에 관한 주의' '발성 교수에 관한 주의'를 맡았다고 1923년 6월 10일자 『동아일보』에 나온다.

다섯 번째 모임은 1923년 6월 9일 오후 3시에 정병기 집에서 가졌다. 참석자는 방정환, 고한승, 손진태, 진장섭, 정순철, 조재호, 조준기, 정병기 등 8명이다. 윤극영은 귀국해서 참석하지 못했다. 논문을 6월 말로 연기하기로 하고 전선소년지도자대회 일자는 7월 23일로 정했다.

이 대회는 7월 23일부터 28일까지 소년단체의 대표, 유치원 및 소학교 교사들을 대상으로 경운동에 있는 천도교당에서 개최했다. 당시 유학생들이 방학을 이용하여 순회강연을 한다거나 연극공연을 하는 것은 연례행사였다. 색동회도 매우 조직적이며 뚜렷한 목적을 가지고 알찬 내용으로 행사를 준비한 것으로 보인다.

전조선소년지도자대회는 우리나라 최초의 소년지도자대회로 어린이사와 색동회가 공동 주최했다. 이 대회에 참가했던 소년 이기룡이 쓴 「소년운동의 뜻을 알자」라는 글이 남아 있다.

> 희망이 많은 앞길에 끝없이 자라날 우리 소년 동무들이여!
> 우리는 장차 조선의 일꾼이 될 사람들이외다. 그러나 조선 사회는 몹시도 빈약하여 남에게 떨어지기도 너무 떨어졌고 좋은 생활을 하려 해도 할 수 없는 처지에 있습니다. 그 까닭은 조선 사람은 예전부터 잘

못 길러져 사람 노릇 할 만한 사람이 몹시 적었습니다. 만일 우리가 어느 때까지든지 이대로만 있다면 새 사람이 또 나오고 또 나오고 하여도 영구히 이 구차한 살림을 면하지 못할 것입니다. 그러므로 이제부터는 남과 같이 생활다운 생활을 하려면 사람부터 사람다운 사람이 생겨야겠다고 여러 선생이 일으킨 것이 소년운동입니다.

조선 13도 시골마다 일어나는 것이 소년회가 그것이요, 도처에 생기는 소년문제 강연회가 그것이요, 『어린이』와 같은 소년 잡지가 그것이요, 더군다나 이밖에 소년지도자대회에서 각 시골에서 뜻있는 선생님들이 모여 오신 것이 그것입니다.

빈약한 우리 조선에 이 소년운동으로써 새벽빛이 비추어왔는데 이렇게 힘 있게 일어나는 소년운동과 함께 그중에서 소년들이 잘 키워져 나가면 그야말로 다시 사는 사람이요, 다시 살되 잘 사는 사람이 될 것입니다. 이 기쁘고 즐거운 때를 맞아 우리 소년들은 어째야 하겠습니까. 모든 사람이 오직 우리에게 희망을 붙이고 정력을 쏟아 우리를 길러주는데 우리 소년들은 무엇보다도 먼저 이 소년운동의 큰 뜻을 잘 깨달아야 할 것입니다.[14]

이 글에 대해 윤석중은 "한 소년의 부르짖음으로는 너무도 간절하고 알찬 생각이 아닌가. 어찌 이기룡 소년 한 사람의 생각이었겠는가. 새 조선의 새 일꾼이 되려는 꿈을 안겨준 것이 그 당시의 소년운동이었다"는 감상을 덧붙인다. 그리고 이 대회에 참가한 강원도 철원소년회 이용순은 모임에 참여하고 느낀 심정을 이렇게 글로 썼다.

전조선소년지도자대회가 열리는 7월 23일! 나는 이날을 어떻게 고

대했는지 모릅니다. 우리 소년회 총회를 지도자대회에 다녀온 뒤에 하기로 미루기까지 했는데 불행히도 병이 나 자리에 눕게 되었습니다. 더위와 장마를 무릅쓰고 남북 먼 길에서 모여 온 고명하신 분들을 생각하니 그냥 있을 수 없어 병든 몸으로 상경해보니 대회가 열린 지 나흘째로 접어들었습니다. 비록 짧은 시일이었으나 색동회 여러분과 지방에서 온 여러분 말씀은 한 마디 한 마디가 우리 소년운동에 새 힘을 주는 것 아닌 것이 없었습니다.

소년운동은 정치운동이나 부인운동이나 노동운동과 같이 어느 한 부분 운동이 아니고 그 밑에, 맨 밑에 바닥을 짓는 운동이다. 그러므로 그 운동은 어떻게 해나가야 하고 소년 지도는 어떻게 해야 된다─이 크고 중한 문제에 깨닫고 배우고 느낀 것이 많습니다.[15]


두 사람의 소감문을 보면 20대 초반인 대학생들이 방학을 이용하여 개최한 전선소년지도자대회는 많은 감동을 준 행사였던 것으로 보인다.

정순철은 방정환, 진장섭 등과 함께 초기 색동회를 만들고 이끌어나가는 데 중요한 역할을 했다. 방정환과 정순철은 이미 천도교소년회 활동을 하고 있었으며, 진장섭 역시 사립 보성고등보통학교 재학 시 3·1운동에 참여하여 남대문역 광장에서 있었던 결사대 모임에 나갔다가 오른쪽 허리에 경찰의 칼을 맞아 두 달 정도 치료를 받은 적이 있는 사람이고 방정환과 이미 알고 지내던 사이였다. 그리고 색동회 창립과 함께 국내에서도 어린이날 행사를 하도록 연락을 취하고 있었다. 방정환은 개벽사의 김기전에게 편지를 띄워놓았고 진장섭은 서울로 가 김기전과 박달성을 만나 방정환의 생각을 전달하는 일을 한다. 진장섭은 「어린이날과 색동회」라는 수기에서 이렇게 써놓고 있다.

1923년 3월 16일에 우리는 몇몇 동지들과 함께 모여 고국의 참담한 현실과 장래의 대책에 관하여 의논하였습니다. 이것이 색동회를 만들게 된 최초의 공식적 회합이었습니다. 그 당시 조국의 현실은 어른 상대로의 어떠한 운동도 거의 불가능한 형편이었습니다. 그래서 우리는 저들 일본인들의 날카로운 경계의 눈을 피하여 겉으로는 소년문제를 연구하는 평범한 단체인 양 보이게 해놓고, 실제로는 여러 가지 방법으로 우리 어린이들에게 민족의 자주독립 정신을 은밀히 배양해주자는 것을 목표로 삼았습니다.

이렇게 우리가 만들려는 색동회의 목표가 작성되자, 곧이어 구체적인 방법의 하나로 어린이날을 제정하자는 의논이 우선 소파와 나 사이에 시작되어 두 사람은 이에 합의를 보았으며, 제1회 행사의 시행 일자도 우리가 발회식을 갖기로 예정한 5월 1일에 함께 하기로 하였던 것입니다.

그러나 우리 색동회원들은 도쿄에서 창립총회를 갖게 됨으로 어린이날 행사에는 참석할 수 없었습니다. 그래서 부득이 소파가 관계하고 있는 서울 천도교소년회와 개벽사 간부에게 기별하여 제1회만은 우리는 참석을 못하게 되지만, 여러 단체와 잘 의논하여 성대하게 시행하여 주기를 3월 20일자로 소파가 직접 편지를 냈습니다.

23일에는 방학 기간이 얼마 안 남았는데도, 나는 귀국을 결심하고 25일 밤에 서울에 도착, 수하동에 있는 수남여관에서 자고, 다음 날 아침 10시경 개벽사로 소춘 김기전 씨와 춘파 박달성 씨를 찾았습니다.

다행히 소파 형의 편지는 이미 와 있었으며, 두 분은 나를 반겨 맞아주었던 것입니다. 여기서 나는 편지 내용을 다시 확인하고 잘 부탁

했으며, 두 분은 나에게 염려 말라는 약속을 했었습니다. 그 후 4월
17일에 서울에서 두 분이 중심이 되어, 불교소년회를 비롯한 몇몇 소년
단체와 사회단체 인사를 모아 첫 준비 회합이 있었고, 5월 1일에는 성
대한 행사가 실시되었던 것입니다.[16]

진장섭의 수기를 보면 색동회는 도쿄에서 유학생들끼리 만든 작은
모임이 아니라, 어른을 상대로 한 운동이 불가능한 상태에서 일제의 눈
을 피해 어린이들에게 민족의 자주독립 정신을 배양하자는 목표를 가
진 운동으로 시작되었음을 알 수 있다. 그리고 유학생 몇몇의 연구 모임
이 아니라 국내의 천도교소년회와 연계되어 추진되고 있는 어린이 운동
임을 알 수 있다.

진장섭은 「색동회와 소파와 어린이지: 색동회 조직의 의의와 발자취」
라는 글에서 이렇게 색동회 조직의 의의에 대해 이야기하기도 한다.

어떻든 나는 우리 색동회가 보통 연구단체가 아니고 레지스탕스
(Resistance)적 성격을 다분히 내포하고 있던 단체라고 생각해온 것이다.
누구나 다 아는 일이지만 레지스탕스란 말은 그냥 저항이란 뜻 외에
점령당한 지역의 백성들이 지하운동에 의하여 점령자에게 저항한다
는 뜻이 있지 않은가. 우리는 여러 가지 면에서 이것을 시도하지 않았
던가.

그것 중의 하나에, 우리가 1923년 9월에* 전국소년지도자대회를 소
집하여 4, 5일에 걸쳐 강습회를 가졌던 사실이 있다. 『어린이』지를 통

---

* 46년이 지난 뒤에 쓴 글이라 7월을 9월로 잘못 기억하고 있는 것 같다.

하여서의 활동을 제하고는 이 행사가 우리가 해온 모든 행사 가운데서 가장 중차대한 의의를 가진 것이었다고 나는 생각하는 바이다. 왜냐하면 우리는 그 자리에서 지하운동적인 우리의 근본 의도와 지도 방법을 200명이나 되는 소년 지도자에게 전달하였고, 그 지도 방법은 계속하여 지금까지 다시 전달되었을 것으로 생각되기 때문이다.[17]

진장섭은 색동회 활동을 레지스탕스 운동과 다름없는 운동이었다고 생각했다. 3·1운동 직후 그 어떤 운동도 가능하지 않던 시기에 어린이 운동이라는 미래지향적이고 새로운 저항 방식을 선택했다고 생각하는 것이다.

처음 발회식 때 8명이었던 색동회는 전선소년지도자대회 행사 개최 이후 마해송, 정인섭, 이헌구가 새로 가입하여 총 11명이 되었다. "마해송은 1924년 초에 회원이 되고 정인섭도 그해 5월에 가입한다. 이헌구는 늦게 유학 와서 1928년에 회원이 되었고 정인섭과 같은 집에 하숙하고 있었다. (…) 최진순은 동경고등사범학교 졸업생으로 진장섭과 조재호의 동창이지만 일본에서 회원이 된 것이 아니라 서울에서 가입한 케이스이다. 입회 일자는 알 수 없으나 1928년의 『어린이』 2호에 연작소설 「오인동무」의 필자로 참여한 바 있다. 그는 소파 작고 후에 색동회 회원들과 경성보육학교를 인수 운영하는 등의 활동을 하게 된다."[18]

정순철을 비롯한 색동회 회원들은 『어린이』의 주요 집필진으로 활동했다. 정인섭은 『색동회 어린이 운동사』에 『어린이』의 발행 주기, 크기, 내용, 집필진 등을 상세히 설명해두었다.

3월 20일 방정환 씨는 『어린이』라는 아동잡지를 창간했는데, 이것은 천도교소년회에서 월 2회로 내기로 하고 천도교소년회 김옥빈 발행, 크기는 4·6배판(나중에는 국판)으로 하였다. 방정환 씨가 주간으로 하고 그의 친지들과 함께 도쿄에서 편집해서 서울로 보내서 발간케 했는데 출판자는 서울 개벽사로 했다. (…) 대체로 문예물이 반 이상의 비율을 차지하고 있어, 당시의 편집이 어디에 치중하고 있었는가를 쉬이 알 수 있다. 문예물은 특히 동화에 많은 지면이 할애되었는데, 작가로서는 방정환·진장섭·고한승·마해송·이정호·최병화·연성흠 등이 두드러지게 활약했다. 그리고 방정환·한정동·유도순 등이 동요를, 정인섭·신고송 등이 동극을, 윤극영·정순철 등이 동요 작곡가로서 부지런히 붓을 들었으며, 차상찬·박달성·신영철·최영주 등이 순화적 교양물(역사, 지리, 과학)을 도맡음으로써 화려한 민족주의 어린이 황금시대를 장식했다. (…)

색동회원이 거의가 『어린이』지의 집필자로 활약했으며 심지어 전 회원의 글이 모두 실릴 만큼 『어린이』지와 색동회 회원은 불가분의 관계를 가지면서 활동했던 것이다. 즉 색동회의 활동은 곧 『어린이』지의 일이요, 『어린이』지의 활동은 바로 색동회의 일이었던 것이다."[19]

이와 같이 정순철은 색동회 회원이면서 『어린이』의 필진으로 적극적으로 참여했으며 직접 글을 쓰거나 자신이 작곡한 동요의 악보를 『어린이』에 발표함으로써 동요 보급에 앞장섰다.

# 6장

## 어린이날과 어린이 문화운동

## 1925년 어린이날 기념행사

정순철은 귀국한 다음 해인 1925년 봄부터 어린이날 행사 준비에 적극적으로 참여한다. 4월 20일 저녁 8시에 천도교 회의실에서 제3회 어린이날 기념선전 준비 모임이 있었다. 색동회에서는 방정환, 정병기, 정순철이 대표로 참석하고, 그밖에 조철호, 이종린, 김기전, 박팔양, 차상찬, 김옥빈 등 28명이 모였다.

이날 회의 끝에 5월 1일부터 3일까지 사흘에 걸친 어린이날 행사를 계획했다. 구체적으로는 5월 1일 경성은 물론 전 조선 각 시 각 읍에 1만여 장의 포스터를 붙이고, 아침부터 저녁까지 40여 만 장의 선전 전단을 뿌리는 동시에, 소년소녀의 선전기 행렬을 하며, 오후 4시에는 기념식을 개최하고, 기념식이 끝나면 일제히 풍선을 띄운다. 또 오후 8시에는 여흥, 음악, 가극회를 준비한다. 5월 2일에는 오후 2시부터 어머니 대회, 오후 8시부터 아버지 대회를 열고, 5월 3일에는 직업소년 위안 원유회를 열기로 했다.

어린이날 행사는 경성에서만 열리는 작은 행사가 아닌 전국적인 규모로 준비했다. 또 하나 중요한 점은 어린이를 위한 행사지만 어머니 아버지가 달라져야 한다는 생각으로 어머니 대회와 아버지 대회까지 준비했다는 것이다. 더불어 마지막 날에는 처지가 어려워 어린 나이에도 일할 수밖에 없는 직업소년을 위한 행사도 마련했다. 이를 통해 단순히 어린이 위안 잔치 수준이 아닌 어린이 운동을 계획했음을 알 수 있다.

『색동회 어린이 운동사』에 따르면, "4월 26일에 어린이날 행사를 경무국장 및 각 도(13도) 경찰부에 신고했더니, 경찰 당국자들은 5월 1일이 노동자의 날인 메이데이(May Day)와 겹친다고 해서 어린이날을 위한 집회와 선전 행렬을 금지한다고 했지마는, 다시 교섭해서 양해를 구하고, 그날 어린이날 예고 선전을 개시하여 전국 160여 개 소년단체를 움직여 약 10여 만 명을 동원하였고, (…) 5일 동안 밤낮을 새워 크고 작은 선전 삐라(전단) 60만 장과 포스터 1만 장을 준비하여 4월 28일에 전국에다가 배부하였는데, 실제로 전국 220개소에서 20만 명이 동원됐다.'[1]

1925년의 어린이날 행사에는 사회 각계의 호응이 엄청났다. 1925년 5월 4일자 『동아일보』 기사에는 찬조금 출연자와 물품 기증자 명단이 실렸다. 동아일보사를 비롯한 여러 단체와 개인이 총 166원 50전을 기부했고, 현물로 도움을 준 이들도 많았다. 선전 전단, 포스터, 현수막, 기(旗) 재료들이었다. 선전 전단은 조선일보사 50만 장, 출판사 겸 서점 회동서관에서 10만 장, 녹성사진관 3만 장으로 모두 63만 장이 준비되었고, 인쇄업체 보진재는 기 5천 매를 기증했다. 어린이사는 노래인쇄물 5천 장을 보냈다. 또한 여성단체들도 대거 응원에 나섰다. 조선여자청년회, 조선여자교육협회, 조선여자기독청년회, 천도교내수단, 경성여자고등학원 등이 참여하기로 했다. "이 시기의 선전지는 소년회 회원들이 가가호호 뛰어다니며 한 집도 빠짐없이 돌렸다. 소년들은 신문배달원의 종을 꽁무니에 달고 '어린이날이요!'를 외치며 뛰었다. 두부장수 종 같은 것을 허리띠에 꿰어 그 종이 엉덩이 위에 오게 동여매고 뛰면 딸랑딸랑 찰랑찰랑 요란한 소리를 냈다."[2]

어린이날 본 행사 전날에는 어린이만을 위한 특별한 전야 행사도 마련했다. 색동회는 어린이사와 공동 주최로 4월 30일 저녁 8시에 천도교기념관에서 동화구연대회를 개최했다. 그때 방정환은 「귀먹은 설움」이라는 동화구연을, 고한승은 「백일 처녀 이야기」라는 동화구연을 했으며, 정순철은 동요 독창을 했다.

어린이날 행사가 준비대로 순조롭게만 진행된 것은 아니었다. 폭발적인 관심과 호응에 일제 당국 역시 긴장할 수밖에 없었다. 일례로 5월 1일 깃대 행렬에 사용하려고 만든 기가 모두 붉은색이라며 총독부에서 트집을 잡아 기를 다시 만드는 바람에 기념식이 늦어졌고 오후 4시가 되어서야 시작할 수 있었다. 그래도 행사는 성공리에 치러졌다. 방정환의 주도하에 다섯 색깔의 선전 전단 3~4만 장을 뿌리고, '우리의 희망은 어린이' '앞날의 임자는 어린이' '내일을 위하여 어린이를 잘 키우자' 등의 플래카드를 든 소년군 주악대를 앞세워 화려한 시가행진을 했다.

어린이날 행사가 끝나고 난 뒤 얼마 되지 않은 5월 17일 이들은 동화대회를 연다. 1925년 5월 17일자 『동아일보』에는 다음과 같은 기사가 실려 있다. "현대소년구락부에서는 금 십칠 일 오후 일곱 시 반부터 경성도서관 아동실에서 이정호, 정순철, 고한승 제씨를 청하야 동화대회를 연다는데 그 외에도 독창 '단쓰'도 있겠다고." 색동회 동인들이 얼마나 부지런히 움직였는지를 짐작하게 한다.

정인섭의 『색동회 어린이 운동사』를 보면 5월 31일 조선소년운동협회를 개편하고 소년운동회로 이름을 바꾼다. 이날 모임에는 '오월회'를 포함한 서울 시내에 있던 40여 소년단체가 참가했다. 이 모임에서 매월 월례회와 지방순회 동화구연대회를 갖기로 정했다. 연말에 수원에 있는 화성소년회 주최 강연회를 보면 방정환, 이정호 등이 강연을 하고 정순철이 동요를 불렀다. 당시 강연회의 모습을 윤석중은 이렇게 자세하게 들려준다.

1925년 섣달그믐께, 그때 경기도 수원에는 '화성소년회'라는 어린이 모임이 있었다. 화성소년회에서는 해마다 서울에서 소파 방정환 선생을 모셔다가 동화회를 열었는데 그해에도 모셔다가 공회당에서 열 작정이었다. (…) 이번에는 방선생님뿐만 아니라 '엄마 앞에서 짝짜꿍' 노래를 작곡하신 색동회 동인 정순철 선생도 오시어 동요를 불러주시게 되었고, 이정호 선생의 동화도 있고 하여 수원이 발끈 뒤집혔다.

방선생의 동화는 너무도 유명하여 선생의 이야기를 들으려고 몇십리 밖에서까지 꾸역꾸역 모여들어 화성학원 좁은 방이 터질 지경이었다. 어린이, 어른 합해서 2천 명 이상이 들끓었다. 양력으로 섣달 대목이면 몹시 추울 때다. 그러나 좁은 집에 하도 많은 사람이 모이니까 춥기는커녕 웃옷들을 벗어버릴 지경이었다. (…)

바로 그때였다. 마악 선생의 강연이 시작될 때 경관이 와서 경관 자리를 연단 옆에 마련해놓으라고 야단을 쳤다. 그때만 하더라도 우리나라가 일본의 손아귀에 들어가 있던 때라 그네들은 한국 사람끼리 모이는 일을 제일 꺼려했고 더군다나 어린이들을 모아놓고 우리나라의 장래 이야기를 한다는 것은 도둑이 제 발 저려하는 격으로 두 눈을 부릅뜨고 서서 망을 보다가 저희들 비위에 거슬리는 일이 있으면 당장 해산을 시켜버리고, 말한 사람을 잡아 가두기가 일쑤였다.

그날도 경관 자리를 마련 안 한 것은 아니었으나 많은 사람이 모여들어서 비좁은 집이라 마당에 멍석까지 펴놓은 판이니 경관 앉을 자리가 온데간데없이 되었던 것이다. (…)

사회를 맡은 최영주 씨는 눈을 부릅뜬 경관 앞에서 손이 발이 되도록 빌며 사정사정하였다. (…) 최씨는 코가 땅에 닿도록 절을 하며 한번만 너그러이 보아달라고 하여 노염이 다소 누그러진 경관은 사람 물결을 헤치고 간신히 강당 안까지 들어가서 버티고 서 있었다.

그러거나 말거나 방선생의 이야기는 그대로 계속되어 우리 겨레의

가엾은 사정을 말씀하시는 중이었다. 아까까지도 얼굴이 붉으락푸르
락하던 경관이 선생의 말씀을 듣자 눈물이 핑 도는 것이 아닌가?[3]

방정환의 동화구연이 당시 어린이들에게 얼마나 인기가 있었는지를
잘 보여주는 일화다. 얼마나 많은 아이들이 모였고 얼마나 의미 있는 행
사였는지를 알 수 있다. 또한 윤석중은 글을 통해 감시하러 온 경관의
마음까지 녹이는 강연이었다는 것을 강조했다. 행사가 시작하기 전에
경관은 '방정환이 무엇하는 작자야' 하고 말했는데 강연과 동화구연
을 듣고 난 뒤에는 '방정환 씨'라고 씨 자까지 붙여가며 말을 했다고 한
다. 정순철은 방정환의 강연이나 동화구연 행사에 동행하여 아이들에
게 동요를 들려주곤 했다.

## '어린이'와 어린이날

지금은 익숙하게 사용하고 있는 '어린이'라는 말은 언제 처음 쓰였을까.
이상금은 방정환 이전에도 '어린이'라는 표현 자체가 없었던 것은 아니
지만 '어린이'에 새로운 개념을 부여하고 사용했다는 점에서 '어린이'는
소파가 창안한 새로운 우리말이라고 주장했다.

『개벽』 3호(1920년 8월)에 소파의 번역시 「어린이의 노래: 불 켜는 이」
가 잔물의 이름으로 실렸다. (…) 이 시를 두고 우리나라에서 이때 처음
으로 '어린이'란 말이 사용되었다고 하기도 하고 그 이전에 최남선이
『청춘』 창간호(1914년 10월)에 「어린이의 꿈」이란 글을 썼으니 그것이 처음

이라는 설도 있다. 그런데 여기에 '어린이'는 방정환에 의해 발명된 말이며 새롭게 정의되어야 한다는 흥미로운 설이 있다(이기훈 「1920년대 '어린이'의 형성과 동화」『역사문제연구』8호, 2002년 6월). 이기훈은 "방정환 이전에도 최남선의 글 등에서 '어린이'라는 표현이 보이고, 그 이전에도 어린이라는 말이 등장한다고 하지만, '어린'(형용사)＋'이'(명사)의 경우가 대부분이다. 방정환은 '어린이'라는 말에 '천진난만'의 의미를 부여하여 이를 중심으로 하는 개념체계를 구성했다는 점에서, 그가 '어린이'를 발명했다고 해도 좋을 것이다"라고 말한다. (…)

다만 소파가 '어린이'를 발명한 초기의 개념은 오늘날 우리가 가지고 있는 개념과는 좀 다르다. 우선 연령 한계가 애매하여 소년과의 구분이 혼란스러웠다. 『어린이』잡지나 신문지상의 보도에도 '유소년' 혹은 '소년소녀'라는 부제가 붙은 것을 많이 볼 수 있다. '어린이'가 보편적인 개념의 호칭으로 쓰이고 누구에게나 쉽게 이해될 수 있는 용어로 정착하는 데에는 상당한 시간이 필요했다.[4]

그렇다면 '어린이날'은 어떨까? '어린이날' 이전에 '어린이의 날'이 먼저 있었다. 1922년 5월 1일에 천도교소년회는 창립 1주년을 맞아 '어린이의 날'이라는 이름으로 행사를 개최했다. 이상금은 "1922년의 '어린이의 날'은 '어린이'를 위한 '어린이날' 모임으로서, 유교적 어린이 개념을 혁신하고 어린이에 대한 어른의 의식을 개혁함으로써, 이 나라의 '십년 후의 일을 생각'하게 하려는 새로운 어린이 운동이었다"고 평가했다.[5]

1923년 제1회 어린이날이 있기 한 해 전, 1922년의 '어린이의 날' 행사를 먼저 살펴보자.

그날 낮 1시에 소년 회원들이 대를 짜가지고 종로, 탑골공원, 전동, 교동, 광화문 등 여러 갈래로 나뉘어 노래를 부르며 일본인들이 모여 살던 남촌만 빼고 두루 돌면서 '어린이의 날'과 '소년보호운동' 선전을 했다. 그러는 한편 '어린이의 날' '소년 보호' 등 문구를 크게 써 단 자동차 세 대에 소년 회원과 천도교 소년 회원이 함께 타고 다니며 선전문 쪽지를 뿌렸다. 같은 행사가 인천에서도 벌어졌으며 밤에는 서울 경운동 천도교당에서 천도교소년회 창립 한 돌 기념식을 올렸다. 네 가지의 선전문 쪽지는 '어린이의 날' 또는 '십 년 뒤 조선을 생각하자'라는 제목이 붙여진 것이었는데, '어린이의 날'이란 선전문을 보면,

1. 어린 사람을 빈말로 속이지 말아주십시오.
2. 어린 사람을 늘 가까이하시고 자주 이야기해주십시오.
3. 어린 사람에게 경어를 쓰시되 늘 부드럽게 해주십시오.
4. 어린 사람에게 수면과 운동을 충분히 하게 하여주십시오.
5. 이발이나 목욕 같은 것을 때맞춰 하도록 하여주십시오.
6. 나쁜 구경을 시키지 마시고 동물원에 자주 보내주십시오.
7. 장가와 시집 보낼 생각 마시고 사람답게만 하여주십시오.

위에 적은 것들은 어린이를 어린이답게 키우자는 간절한 소망이었지마는 '십 년 뒤 조선을 생각하자'는 것은 그 당시 어린이가 자란 다음에나 우리의 뜻을 펴보자는 것이었으니, 어른들이 잡쳐서 나라를 빼앗긴 마음 아픔과 뉘우침이 그 말에 배어 있었던 것이다.[6]

'어린이의 날' 행사를 발판 삼아 이듬해인 1923년 4월 17일에는 천도교소년회 외에 불교소년회, 조선소년군과 연합하여 '소년운동협회'를 조직하여 보다 큰 규모의 행사, 즉 제1회 어린이날 행사를 계획하고 진행한다. 앞 장에서 이야기한 것처럼 이 당시 방정환과 정순철은 도쿄에서 색동회를 조직하고 있었기 때문에 행사에 직접 참여하지는 못하지만 준비 과정에는 국내의 천도교소년회와 긴밀한 연락을 주고받으며 힘을 보탰다.

5월 1일 당일은 오후 3시에 천도교당에서 기념식을 치르고 '소년운동의 첫 선언'을 외쳤다. 그날 식장에서 읽은 선언문은 다음과 같다.

본 소년운동협회는 이 어린이날의 첫 기념되는 5월 1일인 오늘에 있어 고요히 생각하고 굳이 결심한 나머지 감히 아래와 같은 세 조건의 표방을 소리쳐 전하며 이에 대한 천하 형제의 심심한 주의와 공명과 또는 협동이 있기를 바라는 바이다.

1. 어린이를 재래의 윤리적 압박으로부터 해방하여 그들에 대한 완전한 인격적 예우를 허하게 하라.

2. 어린이를 재래의 경제적 압박으로부터 해방하여 만 14세 이하의 그들에게 대한 무상 또는 유상의 노동을 폐하게 하라.

3. 어린이 그들이 고요히 배우고 즐거이 놀기에 족할 각양의 가정 또는 사회적 시설을 행하게 하라.

계해 5월 1일
소년운동협회

1923년 소년운동협회를 만들 당시의 국내 상황과 어린이에 대한 인식은 같은 해 4월 20일자 『동아일보』에 잘 나와 있다.

압박에 지지 눌리어 말 한 마디 소리 한 번 자유로 하여보지 못하던 어린이(少年)도 이제는 무서운 철사를 벗어날 때가 되었다. 종래 우리 사회에는 모든 일에 어른을 위주하는 동시에 가정에서도 자녀 되는 사람은 절대의 구속을 받아왔고, 좀더 심하게 말하면 '어른은 아이를 압박하지 아니하면 어른의 도리가 아니라'는 듯이 지내왔지마는 이제 문화가 날로 발달됨을 따라서 사회의 장래 주인 되고 가정의 다음 어른이 될 어린이를 위하여 어른의 모든 것을 희생까지라도 하지 아니하면 아니 되게 되었다. 이에 비로소 수년 전부터 각처에 소년회와 또는 그와 비슷한 모임이 생기기 시작하였으나 아직까지 소년문제를 성심으로 연구하는 사람도 없었고 일반 식자 간에도 이 문제를 그다지 중대하게 보지는 아니하였는데, 최근에 이르러 경성 시내에 있는 각 소년단체의 관계자 간에는 어떠한 방법으로든지 좀더 소년문제를 세상에 널리 선전하는 동시에 이 문제를 성심으로 연구하여보자는 의사가 있어서 수차 협의한 결과 지난 십칠 일 오후 네 시에 천도교소년회 안에 각 관계자가 모여 소년운동협회라는 것을 조직하였더라.

다만 소년운동협회는 상설기관이 아니라 1년에 한 번 있는 어린이날 행사를 위해 만든 비상설 조직이었다. 그럼에도 앞서 소개한 선언문을 발표하고 3대 공약을 제시한 것은 어려운 상황 속에서도 처음으로 어린이를 해방시키고, 어린이의 인권을 인정하고 보호하기 위한 큰 걸음을

떤 역사적인 사건이었다.

윤석중은 "제네바 선언이라고도 부르는 '어린이권리선언'을 유엔 헌
장으로 채택한 것이 1924년이었으니 우리나라의 소년운동의 첫 선언은
그보다도 한 해 앞선 일이었다"고 말한다.[7] 우리가 세계 최초로 아동권
리를 선언한 것이라는 주장에 대해 이상금은 약간 다른 견해를 가지고
있다.

제1차 세계대전이 끝날 무렵 영국에서는 전쟁으로 피해를 입은 비
참한 아동을 구하고자 '아동구제기금단체'가 설립된 바 있다. 이 단
체가 4년간 일해본 결과 얻은 아동보호의 구체적 방안을 '세계아동헌
장'이란 이름으로 발표하기에 이른다. 1922년의 일이었다. '아동을 죽
음에서 구하고 생명을 보호하여 아동이 건전한 성장발달을 하기 바
란다'는 정신에서 만들어진 세기적인 장문의 선언문이다. 이것을 국
제연맹이 받아들여 재구성하여 1924년 스위스 제네바에서 열린 회의
에서 '아동권리선언'으로 발표하였다. 흔히 '제네바 아동권리선언'이
라고 말한다. 따라서 영국에서의 선언이 1922년, 한국이 1923년, 국제
연맹이 1924년이란 순서가 성립된다. 이에 대해선 후일 우리나라 「어린
이 헌장」을 기초한 마해송이 자세한 설명을 하고 있다(『동아일보』 1955년
5월 5일). 우리가 첫째가 아니라고 서운해할 것은 없다고 본다. 보다 중
요한 것은 우리는 가진 악조건 속에서 외래사상의 도입이 아니라 우리
스스로의 힘으로 아동의 권리를 외치고 행동으로 실천했다는 사실이
다.[8]

필자는 우리나라가 어린이 운동에 대해서는 자부심을 가져도 좋다

고 생각한다. 어린이권리선언이 단순한 한 개인에 의해 만들어진 것이 아니라 천도교소년회나 소년운동협회 같은 조직이 있었고, 색동회 회원을 비롯해 어린이 운동을 추진하는 사람들이 있었으며, 이 일에 대한 뚜렷한 사상적 배경이 있었기 때문이다. 어떤 사상적, 종교적 배경이 있었는지는 뒤에 따로 기술하겠다.

이제 어린이날의 시작을 1922년으로 볼지, 1923년으로 볼지의 문제가 남는다. 1980년대에 이미 어린이날의 시작에 대한 이견들이 있었다. 천도교 기관지 『신인간』의 주간 김응조, 아동문학가 이재철은 1922년에 무게를 두었다. 명칭은 약간 다르지만 분명 천도교소년회를 중심으로 '어린이의 날' 행사가 1922년에 열렸기 때문이다. 하지만 천도교의 행사를 넘어 전국적으로 치러진 어린이날 행사는 1923년이 맞다. 이는 '명칭 사용에 근거를 두느냐, 연합으로 치른 행사의 규모와 의의에 의미를 부여하느냐'의 문제로 이에 대해 윤석중은 "어린이날의 나이를 1923년부터 따지고 있다. 어린이 단체들이 모여 조선소년운동협회란 이름으로 첫 어린이날 모임을 가진 것이 이해이기 때문이다. (…) 우리나라 어린이날의 전주곡이었던 한 해 전의 1922년 5월 1일에는 어떠한 일이 있었던가. 천도교소년회가 단독으로 5월 1일로 날을 잡아 '어린이의 날'이라 하여 어린이를 위한 갖가지 행사를 베풀었던 것이다"라고 하여 후자의 손을 들어주었다.[9]

어린이날 기점 문제에 대해 장정희는 '방정환 세계화를 위한 정책 포럼'에서 네 가지 근거를 들어 1922년 5월 1일이 최초 어린이날의 시작이었다고 주장한다.[10]

첫째, 「어린이날은 언제 생겼나」(『예술신문』 42호, 1947년 5월 5일)라는 글을 보면, 당시 국립도서관 사서로 있던 박태보가 진주에서 소년운동이 시작된 1920년대부터 어린이날 초기 발전 과정을 기술해놓고 있어 주목된다.

　1921년 4월 천도교소년회가 조직되었다. 이 회는 13도 천도교의 소년소녀들이 각기 소년회를 조직하게 되니 전선(全鮮)적으로 청소년을 자각시킴이 컸다. 이 회가 조직된 후로는 각처 각처에 우후죽순같이 소년단체가 조직되었다. 1922년 소년척후대 또 소년군(영미식 보이스카우트)이 조직되어 활동을 전개하였다. 또한 이해 봄 천도교소년회는 도쿄에 있는 색동회(이 회는 도쿄에 유학하시고 계시던 고 방정환(소파), 조재호, 정인섭 씨 외 4, 5인으로 성립된 것)와 기타 재경 소년단체 관계자와 협의한 후 매년 5월 1일을 어린이날로 정하게 되었다.

　이해 어린이날 운동은 첫해인 만큼 일반에게 대한 선전이 미급한 관계로 이에 대한 인식이 명확하게는 서지 못하였다. 1923년 전조선소년운동을 통일하여 좀더 강력한 운동을 전개하고저 색동회가 모체가 되어 조직된 조선소년운동협회가 어린이날을 맞이하였다. 첫해에 비해서 커다란 진전이 있었다.

　둘째, 이정호는 『신여성』 47호(1932년 5월)에 「어린이날 이야기」라는 글을 실었다. 이 글은 어린이날을 처음 정하던 당시의 핵심 증언이 남아 있다.

　어린이 운동의 발현과 '어린이날'의 창정(創定)
　1920년 경상남도 진주에서 처음으로 소년회가 일어난 것을 비롯하여 경성에서 천도교소년회가 창립되고, 그 뒤를 이어 경향 각처에서 소년회가 벌떼같이 일어났습니다. 그리하여 1922년 봄에 경성 천도교 소년회에서는 당시 도쿄에 있는 색동회(이 회는 일찍이 도쿄에 유학하는 고 방정환 씨 외 몇몇 사람의 발기로 형성된 아동문제 연구단체입니다) 외 기타 경성에 있는 소년단체와 의논하여 매년 5월 초하루를 어린이날로 정하고 이날을 기하여 전 조선 600여 만의 어린 사람들로 하여금 일제히 한날한시에 소년운동 자축 시위를 하기로 하고 그해 5월 초하루부터 이를 실행해온 것입니다.

물론 이 어린이날 기념이 첫해에 있어서는 일반에게 대한 선전이 미급한 관계상 그에 대한 의식이 명확하게 되지 못하여 큰 성과를 얻지 못하였으나 해가 거듭함에 따라 놀라운 성적을 얻게 되어 1925년의 이날에는 처음으로 조선 전국에서 약 30여 만의 어린 사람이 이 운동에 참가(기념식과 행렬에 참례한 것을 표준한 것)하는 성황을 이루었습니다.

셋째, 『천도교회월보』 141호(1922년 5월)에 발표된 일기자의 글 「조선에서 처음 듣는 '어린이의 날': 5월 1일의 천도교소년회 창립 기념일을 그대로 인용하여」이다.

그런데 그 인쇄물 반포의 건이 문득 경찰 당국에 대한 문제가 되어 출판법에 의한 정식의 허가를 얻은 후가 아니면 1매의 반포를 불허한다는 당국의 말썽이었습니다. 이 말썽은 4월 29일부터 시작하여 언거언래(言去言來) 수일의 간에 오히려 해결이 되지 못하고 문득 5월 1일을 당하였습니다. 그것을 정식으로 출판 허가를 얻자 하면 적더라도 20일 내지 31일간의 시일을 요할 것이외다. 이것이 어찌 될 일입니까. 어린이들과 가난한 살림에 190여 원의 거액을 들여 여러 종(種)의 인쇄를 필(畢)하여 놓은 것은 오히려 적은 문제라 할지라도 세상의 많은 형제에게 대하여 '어린이의날'임을 알려놓고 그만 이 지경을 당하여 놓았으니 우리들의 마음성이 과연 어떠하였겠습니까. 자못 하늘을 우러러 긴 한숨지었을 뿐이외다.

당국의 제지와 방해 공작 속에 5월 1일 당일 오후쯤에야 겨우 인쇄물 배포가 허락되었던 사정으로, 이해에는 '극히 단순한 방식의 하나인 문서의 선전'으로서 의의를 갖게 되었다. 또 1922년 어린이날 선전 행렬은 신문 보도에서도 확인할 수 있다.

○한 파(派): 재동 네거리를 동쪽으로 꺾어 창덕궁 앞 거리
○두 파(派): 재동 네거리를 서쪽으로 꺾어
○다른 한 파(派): 사동(寺洞, 인사동) 거리
○또 한 파(派): 전동(典洞) 거리

이렇게 선전 대열을 총 네 개의 파로 나누어 돌고 다시 종로 네거리에서 합친 다음, 다시 한 편씩 길을 맡아서 오가는 행인들에게 어린이날 선전 행렬을 했다. 이날 이때 배포된 선전물에 대해서도 『천도교회월보』는 그 내용과 형식을 그대로 수록하고 있다. 내용을 요약하면 다음과 같다.

○선전문 종류: 4종
○선전문 매수: 2만 1천 매
○선전물 제작 비용: 1백 9십여 원

◦깃대 행렬의 글씨: 빨강

◦깃대의 문구: "소년의 일" "어린이의 보육" "천도교소년회"

천도교소년회는 이러한 선전물을 소년회 전국 조직망을 활용하여 전 조선에 배포할 계획이었다. 1922년의 '어린이날' 운동이 결코 경성에 제한된 국소적 운동이 아니었음을 말해준다. 당일 배포 선전물은 「어른에게」 2종, 「소년에게」 1종, 「일반에게」 1종이었으며 「어른에게」는 같은 내용이되 '적색 석판 인쇄물'과 '보통 인쇄물' 두 가지였다.

넷째는 『주간 소학생』 46호(1947년 5월 1일)에 실린 「맨 처음 어린이날: 25년 전 이야기」라는 글이다. 이 글을 쓴 이는 아동문학가 조풍연으로 1922년 첫 어린이날 기념식에 참가했던 당시의 풍경을 회고하고 있다.

내가 아홉 살 적, 서울 교동보통학교(초등학교) 1학년생일 때의 일이니까 지금으로부터 꼭 스물다섯 해 전 일이다. 입학한 지 얼마 안 되는 어느 날, 학교에서 나오려니까, 학교 문 앞에 어떤 뚱뚱한 사람 한 분이 서서 싱글싱글 웃으면서 광고지를 나눠 주고 있었다. 그 광고지를 받아 보니까, "어린이 날"이니, "씩씩한 소년이 되라"느니, 하는 뜻의 글이 적혀 있었는데, 어쨌든 5월 1일은 "어린이 날"이라는 것과, 어린이를 어른들이 좀더 위하라는 것과, 이날 천도교당에서 기념식을 거행하니 어린이들은 모두 참가하라는 것이, 적혀 있었다고 기억이 된다.

장정희는 이런 네 가지 사실을 근거로 1922년 첫 어린이날의 역사적 의미를 다음과 같이 정리했다.

첫째, 1922년 5월 1일 우리나라의 '첫' 어린이날은 역사적인 사실이었다. 선전지가 4종 인쇄되었으며, 오후 7시부터는 천도교당에서 천도교소년회 창립 기념식을 개최하여 어린이날 이야기와 음악·무도·여흥 등의 연예 행사를 가졌다.

둘째, 천도교소년회가 주축이 되면서 도쿄의 색동회와 경성의 소년 단체가 협의하여 '5월 1일'로 어린이날을 제정했다는 기록 문헌이 발굴되어 역사적 경위를 증언하고 있다.

셋째, 조선의 첫 어린이날 서막을 천도교소년회 명의로 열도록 한 방정환의 설계는 어린이들의 자율 조직인 소년회로부터 역사적인 '어린이날'을 출범시킴으로써 어린이 자신들의 자축 활동으로 이어가도록 했던 그의 놀라운 기획과 숨은 정성의 결과였다.

넷째, 첫 어린이날이 제정되던 '1922년'이 설정되었기에 '1923년'의 어린이날이 가능했다. 대한민국 어린이날의 역사는 '1922년'을 분명한 기점으로 삼아 '제정 원년'의 역사적 위상을 평가해야 한다.

## 어린이 운동의 사상적 배경

근대 어린이 운동사에서 꼭 기억해야 할 중요한 인물 중의 하나가 소춘 김기전이다. "방정환이 행동으로 추진하면 김기전은 이론으로 그를 뒷받침해주었다."[11] 김기전은 초기 어린이 운동의 의의와 방향을 명확하게 해준 이론가였다.

『개벽』 2호에서 김기전은 아동해방에 대해 이렇게 말했다.

장유유서의 근본 의(意)−즉 오륜을 교(敎)하던 당초 기인의 의사를 말하면 대개 예의 작법상 장유의 순서를 말함이요, 결코 장자(長者)가 유자(幼子)의 인격을 무시하기까지 위서를 정하라 함은 아니었을 것이다. 비교적 연(年)이 고(高)하고 지(知)가 장(長)하고 체(體)가 대(大)한 장자(長者)에 대하여 비교적 연(年)이 유(幼)하고 지(知)가 천(淺)하고 체(體)가 소(小)한 유자(幼子)로서 상당한 경의를 표하며 다소 예양을 행하여야 할 것은 시(是)–물론의 사인 동시에 구(苟)히 세간의 상식을 유한 자는 수(雖)이나 숙인(夙認)할 것이며 비록 유년이라 할지라도 구(苟)히 시비를 변(辨)하는 정도에 달하면 스스로 행할 것이라 오륜의 일(一)이라 하야 두고두고 떠들 것이 없는 것이다.[12]

국한문혼용체로 쓰인 이 글을 윤석중은 다음과 같이 쉽게 풀었다. "장유유서란 예의 작법상 장유의 차례를 말함이요, 결코 어른이 아이의 인격을 무시할 작정으로 차례를 먹인 것은 아니었을 것이다. 비교적 나이가 많고 아는 게 많고 몸집이 큰 어른에 대하여, 비교적 나이가 어리고 아는 게 적고 몸집이 작은 어린 사람으로서 경의를 나타내며 예의를 갖춰야 할 것은 두말할 나위도 없지마는, 어리다 하여 무시해버린다는 것은 온당치 못한 것이다."[13]

또한 김기전은 유년해방을 인격 존중에서부터 시작하여, 우선 말버릇부터 바로잡자고 했다. 이 역시 윤석중의 풀이로 살펴보자.

우선 유년에 대한 말버릇부터 고칠 것이외다. 실없는 말이라도 "이놈 저놈" "이 자식 저 자식" 하는 말을 절대로 쓰지 말 것이외다. 유년이 하는 짓에는 물론 불공스럽거나 난폭한 짓도 있겠지요. 그래서 그와 더불어 문제가 될 때도 있을 것이외다. 그러한 때는 될 수 있는 대

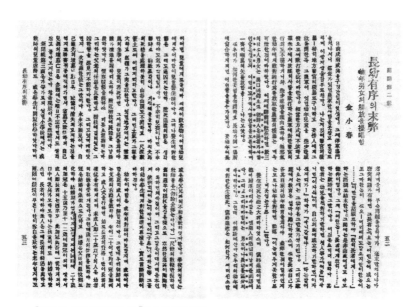

▲ 『개벽』에 실린 김기전의 글 「장유유서의 말폐」.

로, 그가 어린 사람임을 양해하여 열에 아홉을 널리 용서하며, 도저히 그대로 내버려둘 수 없을 때라도 그에게 잘못을 뉘우치게 하되, 바른 태도 바른 말로 순순히 할 것이지 감정이 앞서서는 안 될 것이외다. 어린 사람의 말이라 하여 덮어놓고 물리칠 것이 아니라 그의 뜻에 귀를 기울일 것이며 기를 꺾는 일이 있어서는 안 될 것이외다.[14]

김기전은 유년을 그저 어린 사람으로 보고 한 인간으로서 존중하고 대접하지 않는 것은 잘못이라며 어린이에게도 경어를 쓰자고 주장했다. 그러면서 어린이 한 명 한 명에게 하는 것이 아직은 어색하고 어렵다면 소학교나 단체나 모임 같은 곳에서 먼저 시행해보자고 권한다. 지금 보아도 상당히 따뜻하고 실용적인 의견이자 조언이다. 그는 여기에 그치지 않고 유년에게도 남녀 차별이 있는 것을 비판했다. 유년, 소년을 일컬을 때 주로 '나이 어린 사내아이'만을 뜻하는 것으로 사용했기 때문이다. 이에 김기전은 솔선수범하여 '어린 남녀' '유년 남녀' '소남 소녀' 등으로 표현해왔다. 여자를 인격체로 보지 않고 소유물로 취급하는 행태를 어릴 적부터 잘못이라 가르쳐 남녀평등을 실천해가야 한다고 역설했다. 김기전의 주장은 현재의 상황을 개선하는 동시에 미래의 변화까지 염두에 둔 획기적인 제안이었다.

마지막으로 유년해방은 유년의 인격을 존중함으로써 이룰 수 있다며 다음과 같이 글을 맺고 있다.

> 요약히 말하면 제일 유년도 역시 사람이다. 이천만 형제 중의 일인이며 아니 세계 16억만 인 중의 일인이며 장래의 큰 운명을 개척할 일군의 일인이라 하야 그의 인격을 인(認)할 것이외다. 그리하야 그로 더불어 아무쪼록 제회(際會)하야 장유 간에 열리는 따수한 새 길을 짓도록 할 것이외다. 이러한 정신을 장자(長者)된 우리가 각(各)히 소유하면 장유유서의 말폐(末弊)로 기(起)한 현하의 제반 악습을 개(改)하게 될 것이며 반도의 수백만 어린 남녀는 잉습(仍習)의 무서운 갱참(抗塹)으로서 해방될 것이외다. 근일 여자해방론이 성행함에 불구하고 아동해방론이 왜 전하지 못하얏나잇가.[15]

유년, 즉 어린이도 역시 사람이라는 것, 2천만 형제 중의 한 사람이며, 세계 16억 명 중의 한 사람이며, 장래의 큰 운명을 개척할 일꾼의 한 사람으로 그 인격을 인정해주어야 한다고 그는 주장했다.

앞서 소개한 1923년 5월 1일 '소년운동의 첫 선언'에 발표한 3대 공약을 기초한 사람도 소춘 김기전이다. 김기전은 『개벽』35호에 「개벽운동과 합치되는 조선의 소년운동」이란 제목의 글을 발표했다. '1. 소년운동협회의 장거 2. 조선 소년의 윤리적 압박 3. 보다 심한 경제적 압박 4. 이렇게 해방할 것이다 5. 소년문제를 운위하는 자에게' 이렇게 다섯 부분으로 되어 있으며 200자 원고지 36장에 이르는 긴 글이다. 여기서 김기전은 소년을 압박하는 윤리적, 경제적 조건을 지적하며 해방의 구체적인 방법까지 제시했다. 윤석중이 쉽게 풀어 쓴 글로 살펴보자.

어른이 아닌 어린이는 아무것도 아닌 것으로 다루었으며 근본적으로 그 인격을 인정치 않았다. 그의 존재는 어른의 완롱물이나 사령꾼에 지나지 않았다. 이와 같이 어린이에 대하여는 근본적으로 그의 인격을 부인하였는지라, 일상의 접촉에 있어서도 그에게 대해서는 사랑은 있을지언정 공경은 없었다. 그 사랑은 마치 주인이 견마를 사랑하는 사랑이었으며, 견마가 그 새끼를 사랑하는 사랑이었다. 즉 그가 귀여웠으므로 사랑하였으며, 그가 가련하였으므로 사랑하였으며, 자기 소유라 알았으므로 사랑하였다. 과연 얼마나 천박하고도 야속한 사랑이었는가.

종래의 사회에 있어서 어른이 어린이를 무시한 생각을 하면 실로 기가 막힌다. 먼저 일상 쓰는 언어에서 그를 한층 낮은 놈으로 다루었다. 어른은 반드시 어린이를 하대하고, 어린이는 반드시 어른을 공대하였다. 의식주의 모든 절차에 있어서도 반드시 어른과 어린이를 구별하였으니 이러한 사회제도를 하루를 유지한다 하면 하루만큼 재앙이 올 것이다. 생각하면 모골이 송연하도다.

둘째로 생각할 것은 경제적 압박이니, 먼저 윤리적 압박으로 어린이의 정신을 침식하고, 다시 경제적 압박으로 어린이의 몸뚱이를 결딴낸다. 사실대로 말하면, 오늘날 사회에 있어 어린이에게 주는 경제적 압박은 그들의 심신을 전적으로 패망하게 함이 된다. 그것은 다른 것이 아니라 현하의 사회제도로부터 오는 가난한 가정의 생활난은 그 영향이 고대로 그 가정에 있는 어린이에게 미쳐서 즐겁게 놀아야 하고 힘 맞춰 배워야 할 어린이 그들은 불행하게도 노동하여야 하고 수난하여야 되게 되는 것이다.

먼저 윤리적으로 해방하고 다시 경제적으로 해방하라. 어린이 그들은 사람의 부스러기도 파편도 아니요, 풀로 비기면 싹이요, 나무로 비기면 순인 것을 알자. 또 우리 사람은 과거의 연장물이 아니요 명일의 광명을 향하여 줄달음치는 자임을 알자. 그리고 우리가 싸여 있는 이 우주는 태곳적 어느 때에 제조된 기성품도 완성품도 아니요, 이 날 이 시간에도 부단히 성장하고 있는 하나의 크나큰 미성품인 것을 알자. 그런데 해마다 날마다 끊임없이 나타나는 저 새싹이 새순이, 그중에서도 우리 어린이들이 이 대우주의 나날의 성장을 표현하고 구가하고 있음을 알며 그들을 떠나서는 다시 우리에게 아무런 희망도 광명도 없음을 깨닫자. 저 풀을 보라. 나무를 보라. 그 줄기와 뿌리의 전체는 오로지 그 작고 작은 햇순 하나를 떠받치고 있지 아니한가. 그래서 이슬도 햇빛도 또 단비도 맨 먼저 받을 자는 그 순이 되도록끔 만들어져 있지 아니한가. 우리 사람도 별수가 없다. 오직 그렇게 할 것뿐이다. 사회의 맨 밑바닥에 깔려 있던 재래의 어린이의 가련한 처지를 훨씬 끌어올리어 사회의 맨 높은 자리에 두게 할 것뿐이다.

그러면 그렇게 하는 구체적 방책이 무엇일까? 먼저 윤리적으로 그의 인격을 인정하여 첫째로 언어에 있어 그들을 경대하자. 둘째로 의복, 음식, 거처, 기타 일상생활의 모든 면에서 어린이를 어른과 동격으로 다루는 관습을 지어야 한다. 셋째로 가정, 학교 기타 일반의 사회적 시설에 있어 반드시 어린이의 존재를 염두에 두고 시설을 해야 한다. 다시 경제적으로 그의 생활의 평안을 보장하여, 첫째로 그들에게 상당한 의식을 주어 자체가 영양불량에 빠짐이 없게 하며, 둘째로 유소년의 노동을 금하고 일체로 취학의 기회를 얻게 할 일이다.[16]

방정환 역시 어린이 운동에 대한 분명한 자기 논리를 가지고 있던 사람이다. 1930년에 나온 개벽사 열 돌 기념잡지 『학생』에서 그는 이렇게 말하고 있다.

조선 사람의 가옥을 보아라. 모두 늙은 호주의 집일 뿐이지 어린 새 사람의 방이라고는 단 한 칸도 없지 않은가. 칠십 칸 혹 백여 칸 집을 보아도 늙은 한 사람이 쓰기 위하여 윗사랑 아랫사랑이 있고 안사랑 바깥사랑이 수십 칸씩 있을 뿐이지, 그 집의 사 남매, 오륙 남매 들이 거처할 방은 단 한 칸도 없지 않은가. 음식을 장만하여도 늙은이를 위하여서뿐이지 어린 새 인물을 위해서 장만하는 것은, 아니 이때까지의 조선 부녀자들은 시부모를 위해서 조석을 지었지 어린 새 인물을 위해 지은 적이 없었다. 조선 사람처럼 아들딸 덕을 보려고 욕심내는 사람이 없는데도 불구하고 그 덕 보려는 명일의 호주를 조선 사람처럼 냉대, 학대하는 사람도 없다. 새로 자라는 어린 인물들뿐만이 우리의 기둥감이요, 들봇감이건만 그들을 위하지 아니하고 아끼지 아니하고 존중하지 아니하고 어떻게 덕만 바라는 것이냐.

호주를 바꾸어야 한다. 터주를 바꾸어야 한다. 옛날에 터줏대감을 위하여야 잘 산다고 믿고 정성을 바치듯, 어린 사람을 터줏대감으로 믿고 거기다 정성을 바쳐야 새 운수가 온다. 늙은이 중심의 살림을 고쳐서 어린이 중심의 살림으로 만들어야 우리에게도 새 살림이 온다. 늙은이 중심의 생활이었던 까닭에 이때까지는 어린이가 말썽이요, 귀찮은 것이었고, 좋게 보아야 심부름꾼이었다. 그것이 어린이 중심으로 변하고, 어른의 존재가 어린이의 성장에 방해가 되지 말아야 하고 어린이의 심부름꾼이 되어야 한다.

가정에서부터 생활의 방식이 근본적으로 바뀌어야 한다고 방정환은 주장한다. 그는 가옥 구조, 가정생활에서 어린이를 배려하고, 어린이를 보살피고, 어린이를 위하는 방식으로 변해야 한다고 생각했다. 어른 중심의 구조, 어른 중심의 생활에서 벗어나야 하고 어린이를 바라보는 인식 자체가 달라져야 한다. 어린이는 말썽꾼이거나 귀찮은 존재거나 심부름꾼이 아니다.

이런 생각이 방정환으로 하여금 어린이 운동을 하게 했고, 1923년 어린이날 소년운동 3대 공약을 만들게 했으며, 그날 「어른에게 드리는 글」「어린 동무들에게」와 같은 선전문을 만들어 배포하게 되었던 것이다.

어른에게 드리는 글

1. 어린이를 내려다보지 마시고 쳐다보아주시오.
1. 어린이를 가까이하사 자주 이야기해주시오.
1. 어린이에게 경어를 쓰시되 늘 부드럽게 하여주시오.
1. 이발이나 목욕, 의복 같은 것을 때맞춰 하도록 하여주시오.
1. 잠자는 것과 운동하는 것을 충분히 하게 하여주시오.

1. 산보와 원족 같은 것을 가끔가끔 시켜주시오.
1. 어린이를 책망하실 때에는 쉽게 성만 내지 마시고 자세자세 타일러주시오.
1. 어린이들이 서로 모여 즐겁게 놀 만한 놀이터나 기관 같은 것을 지어주시오.
1. 대우주의 뇌신경의 말초는 늙은이에게 있지 아니하고 젊은이에게도 있지 아니하고 오직 어린이 그들에게만 있는 것을 늘 생각하여주시오.


어린 동무들에게
1. 돋는 해와 지는 해를 반드시 보기로 합시다.
1. 어른들에게는 물론이고 당신들끼리도 서로 존대하기로 합시다.
1. 뒷간이나 담벽에 글씨를 쓰거나 그림 같은 것을 그리지 말기로 합시다.
1. 길가에서 떼를 지어 놀거나 유리 같은 것을 버리지 말기로 합시다.
1. 꽃이나 풀을 꺾지 말고 동물을 사랑하기로 합시다.
1. 전차나 기차에서는 어른에게 자리를 사양하기로 합시다.
1. 입은 꼭 다물고 몸은 바르게 가지기로 합시다.


이 두 가지 선전문 12만 장은 시가행진을 금지하는 바람에 50명씩 반을 짜서 몰려다니며 집집마다 돌렸다.

「어른에게 드리는 글」은 어린이를 인격적으로 어떻게 배려하고, 어떻게 대해주어야 하는지 구체적으로 제시하고 있다. 어린이를 쳐다보아주고, 자주 이야기해주고, 경어를 쓰고, 이발이나 목욕, 의복 같은 것을 때 맞추어 해주어야 한다고 요구한다. 어린이도 인격을 가진 존재이기 때문이다. 아니, 어린이 가슴속에도 한울님이 모셔져 있기 때문일 것이다. 그래서 잘 키워주어야 하고 건강하게 잘 자라도록 충분한 수면과 운동을 하게 해주어야 한다. 그렇게 어린이 가슴속에 내재해 있는 어린 한울님을 잘 봉양해야 한다.

「어린 동무들에게」에서는 왜 돋는 해와 지는 해를 보자고 했을까. 일찍 일어나 돋는 해를 보고, 저녁에는 지는 해를 보며 하루 생활을 돌이켜보고 근면하게 생활하며 자연의 순리에 따르는 삶을 살아야 한다는 뜻은 아니었을까. 더 나아가 우주를 볼 줄 알아야 한다는 생각 때문은 아니었을까. 근원에 대해 생각하고 크고 넓은 뜻을 품는 사람이 되어야 한다는 생각 때문에 제일 먼저 이렇게 요구하지 않았을까. 서로 존대하며 지내라는 건 서로 존중받는 생활을 하라는 뜻일 테다. 그래서 우리는 서로 존귀한 존재임을 인식하며 자라야 한다는 것이었으리라. 소파는 스스로 비천해지거나 위험한 환경에서 놀지 말고 말을 조심하고 몸가짐도 바르게 갖는 어린이로 자라게 하고 싶었을 것이다. 어린이만 귀한 게 아니라 어른도 존귀한 분이니 어른을 만나면 공경하고, 전차나 기차에서는 어른에게 자리를 양보하라고 가르쳤다. 경인(敬人)하라는 것이다. 어린이만 존귀한 존재가 아니라 꽃이나 풀이나 동물도 마찬가지로 존귀한 존재임을 알아야 한다고 가르치고 싶었을 것이다. 동학의 삼경사상 중의 하나인 경물(敬物)사상이 반영된 것이다. 이 선전문의 바탕에는 해월의 삼경사상이 녹아 있다. 앞서 이미 살펴보았지만, 어린이 운동의 사상적 배경과 관련하여 중요한 대목이라 다시 한번 읽어보고자 한다.

부모님께 효를 극진히 하
오며, 남편을 극진히 공경하
오며, 내 자식과 며느리를 극
진히 사랑하오며, 하인을 내
자식과 같이 여기며, 육축(六
畜)이라도 다 아끼며, 나무라
도 생순을 꺾지 말며, 부모님
분노하시거든 성품을 거슬리
지 말며 웃고, 어린 자식 치
지 말고 울리지 마옵소서. 어
린아이도 한울님을 모셨으니
아이 치는 것이 곧 한울님을
치는 것이오니, 천리를 모르

▲ 「내수도문」 반포 100주년이 되는 1990년에
경북 김천시 구성면 용호리(복호동)에 세운
내칙 내수도문 비. 제막식 사회를 보는 사람은
정순철의 큰며느리 유금희 여사다.

고 일행 아이를 치면 그 아이가 곧 죽을 것이니 부디 집안에 큰 소리
를 내지 말고 화순하기만을 힘쓰옵소서. 이같이 한울님을 공경하고
효성하오면 한울님이 좋아하시고 복을 주시나니, 부디 한울님을 극진
히 공경하옵소서.[17]


해월은 일찍이 "천지조화가 다 이 「내칙」과 「내수도」 두 편에 들었으
니, 부디 범연히 보지 말고 이대로만 밟아 봉행하옵소서" 하고 말한 바
있다. 해월은 어린아이도 한울님을 모셨으므로 당연히 인격적인 대우
를 해주어야 한다고 여겼다. 아이를 치거나 모욕하는 등의 잘못된 생활
을 사인여천(事人如天)의 원칙으로 바꾸자는 것이다. 표영삼은 소춘 김기

전이 1922년에 천도교소년회를 창립하고 어린이 운동을 시작한 것은 이 「내수도문」에 기초한 것이라고 했다.[18]

윤석중도 『우리나라 소년운동 발자취』를 집필하면서 제1장 첫 문장을 "어린아이를 때리지 말자, 이는 한울님을 치는 것이니라. 1889년 11월, 동학의 제2교주 최해월이 한 말씀이다. (…) 3·1운동 뒤미처 천도교소년회가 어린이 운동의 횃불을 높이 든 것은 해월 선생의 그 뜻을 이어받기 위해서였다"라고 시작하고 있다.[19] 해월의 외손자이면서 천도교인이었고, 천도교소년회 활동을 했으며, 색동회로 그 정신을 실천한 정순철의 사상 속에도 이런 해월의 정신이 깊이 박혀 있었을 것이다.

# 7장

# 우리나라 동요운동의 전성기

## 동요 작곡가 정순철

어린이가 부르는 노래가 동요다. 한용희는 동요란 아동가요(兒童歌謠)의
줄인 말이라고 했다.¹ 또한 "우리나라의 동요는 면면히 이어온 민족의
숨결이 담겨 있고, 겨레의 애환을 노래해왔으며, 민족적 시정이 동요에
짙게 깔려 있어 동요는 역사성과 순수성에서 우리가 깊이 간직하는 민
족적 문화유산이라고 할 수 있다. 우리나라의 동요는 민족사적인 의미
가 크게 부각되어 있고 겨레의 정서적 감정이 동요를 통해 표출되고 있
기 때문에 소중하게 아끼고 사랑하는 것이다. 동요를 가리켜 '마음의
고향'이라고도 하고 또 '내 마음의 노래'라고 표현하는 것도 바로 우리
의 자랑스러운 동요에 순수한 가치가 있기 때문"이라고 동요를 아주 잘
설명하고 있다.²

　1924년에 윤극영은 우리나라 작곡가로서는 최초의 창작 동요 「반달」
을 작곡하고, 이어 서울 종로구 소격동에 있는 자택에서 최초의 노래단
체인 '다리아회'를 조직했다. "푸른 하늘 은하수 하얀 쪽배엔"으로 시
작되는 「반달」은 나라 잃은 백성의 마음을 달래주는 듯 어린이, 젊은이
할 것 없이 모두 애창하게 되었다. 대구의 박태준은 홀로 동요 작곡에
뜻을 두고 틈틈이 작품을 썼는데 1925년 「오빠 생각」(최순애 요), 1927년
에 「오뚜기」(윤석중 요)를 발표했다. 1926년에는 윤극영이 그동안 작곡했
던 동요곡을 모아 『반달』이라는 제목으로 우리나라 최초의 창작 동요곡
집을 발간했다. 여기에는 「반달」(윤극영 요)을 비롯해 「설날」(윤극영 요), 「고
드름」(유지영 요) 등 열 곡의 작품이 실려 있다.

　민요나 창가를 부르던 시대에 동요라는 노래가 만들어져 어린이, 젊
은이, 어른 할 것 없이 온 국민이 부르는 시대가 열리기 시작한 것이다.

박영기는 재래 동요와 창작 동요의 구분이 생겨나고 창작 동요에 대한 인식이 깊어지던 1920년대 동요 발전 과정을 이렇게 설명한다. "동요는 1930년대에 들어서서 아동자유시, 즉 '동시'가 새롭게 주목받기 시작할 때까지 아동들의 열렬한 관심을 받으며 성장했으며, 동시운동이 일어난 이후에도 동시에 비해 결코 뒤지지 않는 사랑을 받았다. 동요가 발전하며 호황을 누릴 수 있었던 이유는 『어린이』 『신소년』 『별나라』 『아이생활』 등에서 동요교육을 위해 적극적인 노력을 기울인 공로가 크다. 독자투고를 장려하고, '동화 동요 순연부'를 두어서 각 지방에 직접 찾아가서 동화나 동요를 들려주는 행사도 벌였다. 또 좋은 창작 동요를 수록하여 아동들에게 모범으로 제시하는 등의 교육적 노력은 많은 소년문사들을 움직였으며, 응모자가 기성작가로 성장하는 놀라운 결과를 빚게 되었다. 『어린이』의 대표적인 소년문사인 윤석중, 서덕출, 윤복진, 최순애, 신고송, 이원수 등이 그 대표적인 인물들이다."[3]

1925년에 발행된 『어린이』 4월호에 서덕출의 「봄 편지」, 윤석중의 「오뚜기」가 입선했고, 11월호에는 최순애의 「오빠 생각」이 입선해 실렸다. 1926년 『어린이』 4월호에는 이원수의 「고향의 봄」이 실렸다. 모두 지금도 불리는 동요들이다.

작품을 발표할 당시 윤석중은 15세, 최순애는 12세, 이원수는 16세의 소년소녀들이었다. 이들이 『어린이』를 통해 작품을 발표하면서 동시 작가로 활동하기 시작했고, 우리나라 동시 문단을 이끌어가게 된다. 시인 사이조 야소(西条八十)나 기타하라 하쿠슈(北原白秋) 같은 기성작가들이 동시를 쓰면서 동시 문단을 이끌어가던 일본과 달리 우리는 이런 소년소녀들로부터 동시 문학의 역사가 시작되었다. 이들을 소년문사 또는 소년문예가라고 부른다.

▲ 『신여성』 2권 6호 표지. 정순철의 글 「동요를 권고합니다」가 실려 있다.

1920년대 후반부터 1930년대에는 동요교육의 황금기라 일컬어질 만큼 동요에 관한 지도론, 창작론이 활발하게 논의되었고, 각종 동요집 출판과 동요단체 결성으로 그 토대도 탄탄해져 갔다. 박영기는 "이 시기 창작 동요 교육에 대한 노력은 이전의 창가 교육에서 벗어나 순수 서정이 살아 있는 노래를 아동들에게 주어야겠다는 의식에서 출발했다"며, "외세의 침입으로 국권을 잃고, 강제적으로 교육 현장에 투입된 일본식 창가가 어린이들 본래의 고운 심성을 해치고, 노래다운 노래를 하지 못하게 방해했다는 자각이 생겨나게 된 것"이라고 그 의의를 밝혔다.[4]

한편 그보다 약간 앞서 정순철은 『신여성』에 「동요를 권고합니다」라는 글을 발표한다.

물론 좋은 노래를 가진 것이 없으니까 좋고 나쁜 것을 가릴 사이 없이 아무것이나 닥치는 대로 그냥 부르는 것이라고 나는 생각합니다. (…) 삼가서 그런 노래는 입에 올리지 않는 것이 좋을 것입니다. 그러나 노래에 주린 사람이 그까짓 것이나마 부르는 것으로써 저급하게나마 다소의 위안을 얻는 것을 다른 좋은 것을 주는 것 없이 그것을 빼앗으려고만 하는 것은 억지(無理)라고 생각합니다. 먼저 좋은 노래를 많이 주고 할 말입니다.

그런데 나는 아직 변변히 좋은 노래가 없는 대로 (좋은 노래가 많이 생긴 후라도) 여러분 여학생에게 고운 동요를 부르시라고 권고하고 싶습니다. 노래 중에도 동요처럼 곱고 깨끗하고 좋은 노래는 없다고 생각합니다. 아무리 바쁘거나 복잡한 일에 파묻혀 있을 때라도 고운 동요를 한 구절 부르면 그만 마음이 시원하고도 고요해지고 끔찍히 깨끗해지는 것을 투철히 느낍니다. 남의 부르는 것을 옆에서 듣고만 있어도 마음이 순화되고 정화되는 것을 느낍니다. 동요는 어린 사람들의 심령을 곱게 아름답게 길러주느니만큼 젊은이 특별히 젊은 여학생의 마음에도 곱고 아름답고 깨끗한 심정을 북돋아주리라고 나는 믿고 있습니다. 지저분한 세상에서 더럽혀지기 쉬운 마음을 가끔가끔이라도 우리는 동요의 나라에 들어가 세례를 받을 수 있는 것이 적지 않은 행복으로 알고 있습니다.


둥근달 밝은밤에 바닷가에는
엄마를 차즈려고 우는 물새가
남쪽나라 먼고향 그리울 때에
느러진 날개까지 저저잇고나


밤에우는 물새의 슯흔신세는
엄마를 차즈려고 우는 물새가
달빛밝은나라에 헤매다니며
엄마엄마 부르는 적은갈맥이


이렇게 곱고 아름다운 동요를 부르고 또 들을 때 우리는 기쁨을 지나 일종의 알지 못할 감격까지 느끼여 눈물을 지웁니다. 아름답고 고운 여학생 여러분 나는 당신께 동요를 부르시기를 권고합니다.[5]

정순철은 이 글을 통해 여성, 특히 여학생들이 아무 노래나 부르지 말기를 권고한다. 거칠고 질이 낮은 노래를 부르고 있으면 어떤 연상을 하게 되는지를 거론하며 저급한 노래를 부르지 말자고 한다. 그러면서 노래를 뺏으려 하기보다 좋은 노래를 많이 주어야 한다고 주장했다. 그는 좋은 노래 중에서도 고운 동요를 부르라고 권고한다. 동요는 마음이 순화되고 정화되게 해주기 때문이다. 아무리 바쁘거나 복잡한 일에 파묻혀 있을 때라도 고운 동요 한 구절을 부르면 마음이 시원해지면서도 고요해지고 깨끗해진다.

본래 동요는 어린이들의 심령을 곱고 아름답게 길러주는 것이다. 마찬가지로 여학생들의 마음도 곱고 아름답고 깨끗한 심정을 북돋워주게 된다고 말하며 동요 한 곡을 소개한다. 곱고 아름다운 동요를 부르고 또 부를 때 기쁨을 넘어 알지 못할 감격까지 느끼어 눈물짓게 되므로 아름답고 고운 사람은 아름답고 고운 동요를 불러야 하지 않겠느냐는 것이 정순철의 주장이다.

박영기는 정순철의 이 글을 동요의 교육적 효과에 대해 논의한 글이라고 보았다.[6] 하지만 정순철은 동요가 인간 심성의 정화와 정서 순화에 가장 크게 작용한다고 믿었다. 이는 교육적 효과를 뛰어넘는 더 인간 본질에 가까운 영향이 아닐까 싶다.

정순철은 자신이 작곡한 동요를 『어린이』에 여러 차례 발표한다. 지금까지 『어린이』에 발표한 것으로 확인된 작품은 「형제별」을 포함해 일곱 곡이다.

「형제별」 작사자 없음, 정순철 곡, 『어린이』 1권 8호(1923년 9월)

「까치야」 김기진 작, 정순철 곡, 『어린이』 2권 3호(1924년 3월)

「봄」 한정동 작, 정순철 곡, 『어린이』 7권 4호(1929년 5월)

「늙은 잠자리」 방정환 작, 정순철 곡, 『어린이』 7권 8호(1929년 10월)

「눈」 방정환 요, 정순철 곡, 『어린이』 8권 7호(1930년 9월)

「옛이야기」 윤복진 요, 정순철 곡, 『어린이』 11권 2호(1933년 2월)

「어미 새」 작사자 없음, 정순철 곡, 『어린이』 11권 5호(1933년 5월)


　방정환의 동시를 노래로 만든 것이 두 작품이고, 소설가 김기진, 「따오기」 노랫말로 유명한 한정동, 그리고 1920, 30년대 유명 시인 윤복진의 동시를 동요로 만들었다. 그중에 『어린이』 1권 8호에 실린 「형제별」은 방정환의 작사 여부에 대한 논란이 있는데 방정환 자신도 여러 자리에서 자신이 노랫말을 쓴 게 아니라 일본 사람의 작품이라고 밝히고 있다.

　「형제별」이 방정환이 작사한 것으로 전해지는 것에 대해 신현득은 "나리타 다메조(成田爲三)의 작품을 번역 소개한 것"이라고 잡지 『부인』 4호(1922년 9월호)에서 소파 스스로 밝히고 있다고 주장한다.[7] 이 작품의 악보가 게재된 『어린이』 1권 8호에도 작사자가 방정환이라고 나와 있지 않다. 작사자는 명기되어 있지 않다. 그런가 하면 심명숙은 「다시 쓰는 방정환 동요 연보」에서 정인섭의 『색동회 어린이 운동사』에 나오는 "그 노래는 나카가와라는 일본 사람이 작곡한 일본 노래였다"라는 대목을 인용하여 "아마도 일본 사람이 작곡한 「형제별」을 정순철이 다시 우리 노래로 작곡한 듯싶다"라고 주장한다.[8] 윤극영도 나카가와라는 사람이 작곡한 일본 노래였다고 말했다.

이상금도 작곡가를 알고 싶어서 찾아보았지만 알 수 없었다고 한다. 『사랑의 선물』에는 이렇게 나온다.

그 작곡가를 알고 싶어서 「형제별」 곡을 여러 장 복사해서 알 만한 일본인에게 돌려서 물었다. 대학의 아동음악 담당 교수, 교과서 출판사의 음악 담당 편집자들도 잘 모르겠다는 답이었다. 음악사전에도 인명사전에도 나카가와라는 음악가 이름은 없었다. 어느 날 혹시 나카야마의 오식이 아닌가라는 생각이 들었다. 나카야마라면 당시 가장 활발하게 활동한 동요 작곡가 나카야마 신페이(中山晋平)이며 아동 잡지 『킨노호시(金の星)』에 많은 히트곡을 발표하고 있었다. 그의 전집이 사이마타현 레이타쿠대학 도서관에 있다는 정보를 듣고 일부러 가서 확인했으나 거기엔 없었다. 혹시나 해서 그의 고향에 있는 기념관에 공문으로 정중하게 문의했으나 그 곡은 없다는 답변이었다.[9]

『부인』에는 「형제별」을 '신동요'라고 소개하면서 노랫말과 악보 밑에 이런 글을 실었다.

이 동요는 서울 천도교소년회의 회원들이 부르기 시작하여 「언니를 찾으려」라는 어린이 연극을 상장할 때에 극중의 촌소녀들이 부른 후부터 서울소년회 소녀 사이에 유행한 것입니다. 곡조는 일본 나리타 다메조 씨의 작곡인데 퍽 깨끗하고 어여쁘고 보드러운 곡조여서 해 저무는 저녁때 한적한 촌에서 어린애들의 부르는 소리를 들으면 어쩐지 모르게 마음이 크고* 눈물 고이는 곡조입니다.[10]

164

신현득은 이 글을 쓴 사람은 밝혀져 있지 않지만 목차를 보면 소파가 소개하는 것으로 적혀 있다면서 소파 자신이 「형제별」을 일본인 나리타의 작품이라고 밝힌 것이라고 주장했다. 나리타 다메조는 일본 아키타현 출신으로, 1914년 동경음악학교에 입학해 1917년 졸업했다. 「하마베노 우타(濱邊の歌)」(「바닷가의 노래」)와 이름난 동요 시인인 사이조 야소의 「카나리아」를 작곡하여 이름을

▲ 「형제별」이 일본인 나리타 다메조의 작품이라고 밝히고 있는 『부인』 1권 4호.

얻은 사람이다. 이후 수준 높은 동요와 가곡을 많이 작곡했다."

이런 여러 가지 주장을 종합해보면 『어린이』 1권 제8호에 실려 있는 「형제별」은 방정환과 정순철이 만든 노래가 아니라 일본의 동요를 번안 소개한 것으로 보아야 할 것 같다.

* 이 부분은 오타가 아닐까 생각한다. 무슨 글자의 오타인지는 알 수 없다. 신현득은 이 글자를 '마음이 슬프고'라고 본인이 판단하여 고쳤는데, 그것은 주관적인 의역이다. 본문에는 붙여쓰기로 인쇄되어 있다. '마음아프고'가 아닐까 싶지만 이것도 추정이다.

## 정순철의 노래 그리고 「짝짜꿍」

1929년 정순철은 정순철동요작곡집 제1집 『갈닢피리』를 출간했다. 이 작곡집에는 「까치야」 「길 잃은 까마귀」 「여름비」 「봄」 「나뭇잎 배」 「늙은 잠자리」 「물새」 「헌 모자」 「갈잎피리」 「우리 애기 행진곡」 등이 수록되어 있다.

1928년 1월 19일 『조선일보』에 발표된 「자장가」도 정순철이 작곡한 것이며, 동덕여고에 재직하면서 1932년에 펴낸 동요집 『참새의 노래』에도 「참새」 등의 동요가 수록되어 있다. 지금까지 확인된 정순철의 동요는 다음과 같다.

- 「자장가」 김동환 요, 정순철 곡, 『조선일보』 1928년 1월 19일자
- 「까치야」 김기진 작, 정순철 곡, 『갈닙피리』(1929년)에 수록
- 「길 잃은 까마귀」 이정호 작, 정순철 곡, 『갈닙피리』에 수록
- 「여름비」 방정환 역, 정순철 곡, 『갈닙피리』에 수록
- 「봄」 한정동 작, 정순철 곡, 『갈닙피리』에 수록
- 「나뭇잎 배」 방정환 작, 정순철 곡, 『갈닙피리』에 수록
- 「늙은 잠자리」 방정환 작, 정순철 곡, 『갈닙피리』에 수록
- 「물새」 허일봉 작, 정순철 곡, 『갈닙피리』에 수록
- 「헌 모자」 황세관 작, 정순철 곡, 『갈닙피리』에 수록
- 「갈잎피리」 한정동 작, 정순철 곡, 『갈닙피리』에 수록
- 「우리 애기 행진곡」 윤석중 작, 정순철 곡, 『갈닙피리』에 수록
- 「눈」 방정환 요, 정순철 곡, 『어린이』 8권 7호(1930년 9월)에 게재
- 「참새」 정인섭 요, 정순철 곡, 동요집 『참새의 노래』(1932년)에 수록

- 「꿈 노루」 정인섭 요, 정순철 곡,『참새의 노래』에 수록

- 「코끼리 코」 정인섭 요, 정순철 곡,『참새의 노래』에 수록

- 「처마 끝에 새 한 마리」 정인섭 요, 정순철 곡,『참새의 노래』에 수록

- 「버들피리」 이경로 요, 정순철 곡,『참새의 노래』에 수록

- 「암탉 세 마리」 독일 요, 정순철 곡,『참새의 노래』에 수록

- 「어미 새」 작사자 없음, 정순철 곡,『참새의 노래』에 수록

- 「애 보는 애기」 조성문 요, 정순철 곡,『참새의 노래』에 수록

- 「기러기」 윤복진 요, 정순철 곡,『참새의 노래』에 수록*

- 「돌아오는 배」 윤복진 요, 정순철 곡,『참새의 노래』에 수록

- 「고향집」 윤복진 요, 정순철 곡,『참새의 노래』에 수록

- 「굴뚝쟁이」 정인섭 요, 정순철 곡,『참새의 노래』에 수록

- 「가을 나비」 정인섭 요, 정순철 곡,『참새의 노래』에 수록

- 「옛이야기」 윤복진 요, 정순철 곡,『참새의 노래』에 수록

- 「떨어진 아기별」 실명(失名) 요, 정순철 곡,『참새의 노래』에 수록

- 「설날」 정인섭 요, 정순철 곡,『참새의 노래』에 수록

- 「시골 까치」 이헌구 요, 정순철 곡,『참새의 노래』에 수록

- 「헐벗은 인형」 이헌구 요, 정순철 곡,『참새의 노래』에 수록

- 「풀벌레 합창」 박로아 요, 정순철 곡

- 「어린이 노래」 윤석중 요, 정순철 곡

- 「졸업식 노래」 윤석중 요, 정순철 곡

---

* "울 밋헤 귓도람이 우는 달밤에 / 길을 일흔 기럭이 날아갑니다" 이렇게 시작되는 노래 「기러기(기럭이)」는 박태준 작곡의 「가을밤」과 곡이 같다. 1932년 1월 20일 동덕여고에 재직하고 있을 때 만든 노래집『참새의 노래』에는 정순철의 곡으로 실려 있다. 더 고증이 필요하겠지만 박태준 곡을 잘못 기록한 게 아닌가 싶다.

- 「어머니」윤석중 요, 정순철 곡
- 「새 나라의 어린이」이헌구 요, 정순철 곡, 『조선동요백곡선』
  상권(1946년 10월)에 수록
- 「시골 밤」윤석중 요, 정순철 곡, 『조선동요백곡선』상권에 수록
- 「아기별」윤석중 요, 정순철 곡, 『조선동요백곡선』상권에 수록
- 「어깨동무」윤석중 요, 정순철 곡, 『조선동요백곡선』상권에 수록
- 「진달래」엄흥섭 요, 정순철 곡, 『조선동요백곡선』상권에 수록
- 「산골의 봄」한행수 요, 정순철 곡, 『노래동무』상권(1948년 6월)에
  수록

이 노래 외에도 녹양회 동극 「파종」「허수아비」등에 삽입된 여러 곡
의 노래가 있었다. 윤석중의 글에 의하면 해방 후에 노래동무회 활동을
하면서 윤극영과 정순철이 매주 작곡을 했으며 이를 잡지 『소학생』에
신곤 했다고 하는데 새로 작곡한 동요 곡이 175곡, 그중에는 외국 것이
30곡 들어 있었다고 한다. 윤극영은 자기가 만든 노래가 100곡이 넘는
다고 했으니 그것을 빼도 정순철의 곡이 대단히 많을 것으로 짐작되는
데 확인하지 못하고 있다. 당시 만든 노래들을 모아 『노래동무』라는 악
보집을 출간했다고 한다. 『소학생』에는 광고도 실려 있다.

이 중에 「우리 애기 행진곡」은 나중에 「짝짜꿍」으로 바뀌어 "당시 경
성중앙방송국 전파를 타고 라디오에서 흘러나오니, 전국 각처에서 방송
국에 누구의 작곡이냐고 문의 전화가 빗발치는 동시에 재방송을 요청
하면서 유치원과 소학교의 학예회와 나들이 놀이에서 이 곡에 맞추어
유희하는 것이 대유행이었다"고 한다.[12]

이 노래가 만들어지게 된 배경에 대해 윤석중은 이렇게 이야기하고

있다.

1929년에 동덕여학교 음악 선생이셨던 정순철 님이 1926년에 윤극
영 동요곡집 『반달』이 나오자 나도 내겠다고, 그동안 작곡한 것을 모
아 보았으나 아홉 편밖에 안 되었다. 열 곡 채우려고 나에게 한 편 부
탁해 지어드린 것이 「우리 애기 행진곡」이었다. 그때만 해도 아기 노래
란 어른 앞에서 재롱을 떠는 것에 지나지 않았으나, 나는 짝짜꿍을 하
면서도 어른들의 속상하심을 가라앉혀 드리도록 했던 것이다.

노래책에는 노랫말을 바짝 줄여 싣고 있지마는 정순철 님의 첫 작
곡집에 실린 것을 그대로 옮기면 이렇다.

엄마 앞에서 짝짜꿍
아빠 앞에서 짝짜꿍
엄마 한숨은 잠자고
아빠 주름살 펴저라.

들로 나아가 뚜루루
언니 일터로 뚜루루
언니 언니 왜 울우
일하다 말고 왜 울우.

우는 언니는 바보
웃는 언니는 장사
바보 언니는 난 싫어

장사 언니가 내 언니.

해님 보면서 짝짜꿍
도리도리 짝짜꿍
울던 언니가 웃는다
눈물 씻으며 웃는다.

그 무렵은 글짓기가 매우 어려운 때였다. 어린이 운동조차 둘로 갈라졌던 것처럼 한 편의 동요를 놓고도, 귀엽고 아름답게 된 것은 있는 집 자식의 호강스러운 재롱이나 말장난으로 몰아버렸고, 가난함이나 눌려 지냄을 나타내야 잘 됐다고 칭찬을 받곤 했다. 그때나 지금이나 남의 작품을 이야기할 때, 어느 단체 무슨 작품인가를 따지는 사람이 많은데, 어느 단체에 있든, 누가 지었든, 작품만 잘 되었으면 그만이련만 그렇지가 못했다. 그래서 옛날이나 지금이나 내가 바라는 것은 한결같은 것이다.[13]

인용에서 보는 것처럼 윤석중이 만든 「우리 애기 행진곡」의 노랫말은 처음에는 4연으로 쓰였다. 그 노랫말을 해방 뒤에 다시 손질해서 짧막하게 만든 것이라고 윤석중은 말한다. 노랫말을 지은 때가 1929년이니까 18세였다. 처음에는 윤석중의 말처럼 대중들에게 "어른이 아이를 달래주는 것이 아니라, 도리어 아이가 우는 어른을 위로해주는 노래"로 느껴지기도 했었다.[14] 이상금도 "1929년 이 곡이 라디오를 통해 방송되자 전국 방방곡곡에서 선풍적 인기를 몰았다"고 말한다.[15]

그리고 경성방송국 어린이 시간에는 정순철이 동덕여고 합창단을 이

끌고 출연하여 동요 보급에 힘을 기울였고, 1929년 개벽사에서 그의 동요곡집『갈닙피리』가 나오면서 이른바 정순철의 전성기가 펼쳐지게 된다. 1930년에서 1931년 사이에『어린이』에는 정순철의『갈닙피리』광고가 수차례에 걸쳐 대대적으로 실렸다.

> 어엽븐 어엽븐 동요곡집(童謠曲集)이 나왔습니다.
> 곱듸고흔 노래를 엽브듸엽븐 책(冊)에 실어서
> 나어린 동무들세의 제일(第一) 조흔 선물로
> 『갈닙피리』가 여러분 압헤 나왔습니다.
> 울어도 울어도 싀원치 안흔 우리의 가슴
> 그러나 그 속에서 이런 노래가 나와야 합니다.
> 갈닙피리 갈닙피리 우리 노래 갈닙피리
> 우리도 가지고 또 동무에게도 보냅시다.[16]

학교(學校)마다 대호평(大好評)
동요곡보중(童謠曲譜中)에 제일(第一)곱고 쌧긋하다고 시골 서울의 보통학교(普通學校)마다 유치원(幼稚園)마다 층찬이 굉장하여서 이 책(冊)에 있는 노래는 지금 유행(流行)이 대단함니다.
방정환씨(方定煥氏) 한정동씨(韓晶東氏) 이정호씨(李定鎬氏) 윤석중씨(尹石重氏) 외(外) 여러분의 지은 동요(童謠)에 정순철씨(鄭淳哲氏)가 새로운 곡조(曲調)를 지여부처 곱게 싸은 책(冊)임니다.[17]

조선(朝鮮) 노래를 조선소년(朝鮮少年)의 심정(心情)에 맛도록 작곡(作曲)한 것

▲ 잡지 『어린이』에 실린 『갈닙피리』
광고.

어려운 살림에 쪼들린 넉슬 위로할
유일(唯一)의 동무

인제 멋 책 안 남엇스니 사실 이는
곳 주문(注文)하쇼

절품(切品)되면 다시 재판(再版)하기
도 사실(事實) 어려운 책(冊)입니다.[18]

이 광고의 내용 중에는 "울어도 울
어도 시원치 않은 우리의 가슴 그러나
그 속에서 이런 노래가 나와야 합니다"
라는 구절이 있다. 피식민지 백성으로
살아가면서 그중에서도 어린이로 살아
가면서 겪어야 하는 슬픔을 이렇게 창조적으로 승화하자는 의미도 들
어 있다. "어려운 살림에 쪼들린 넋을 위로할 유일의 동무"라는 구절도
있다. 노래 중에서도 동요야말로 어려운 시절을 살아가는 사람들을 위
로할 유일한 노래라고 생각했던 게 아닐까. "서울의 보통학교마다 유치
원마다 칭찬이 굉장하여서 이 책에 있는 노래는 지금 유행이 대단합니
다"라는 말은 물론 광고이다. 그렇지만 전혀 사실무근인 말은 아니었던
것 같다.

마침 시기적으로 경성방송국이 방송을 시작한 지 얼마 되지 않은 것
도 동요 보급에 큰 도움이 되었다.

1927년 2월 16일, 첫 방송을 내보낸 '경성방송국'(호출 부호 JODK)은 새
동요 보급에 큰 구실을 하였다. 어린이 시간이 마련되어 있었기 때문

172

이다. (…) 중앙보육(홍난파)과 동덕여고(정순철) 합창단도 방송을 통한 동요 보급에 힘을 기울였으며, 동덕 학생 박영복은 동요를 잘 불러 정순철이 가장 아끼는 제자가 되었다. 방정환, 고한승, 진장섭, 정홍교, 연성흠, 장무쇠, 이정호, 윤석중… 그리고 홍은순의 동화와 조성녀, 현금봉, 조금자의 노래공부는 라디오 앞에 모인 어린이들을 즐겁게 해주었는데, 이혜구, 이하윤의 뒤를 이어 양제현(미림)이 어린이 시간에 더욱 열을 올렸다.

우리말 노래를 꺼리는 보통학교에서 버림을 받은 동요는 전파를 타고 각 가정을 파고들었으며 교회마다 있던 주일학교와 유치원 아기네 덕분에 우리 동요는 목숨을 지탱했던 것이다.[19]

윤석중에 의하면 정순철이 길러낸 동덕여고 제자 중에는 서금영이 있었다. "서금영은 (…) 동덕학교 시절부터 노래를 잘 불렀다. 그 학교 음악 교사 정순철이 길러낸 동요 가수로, 홍난파 동요를 콜롬비아 레코드에 불러 넣었으며 앞날이 크게 촉망되던 터였다."[20] 그런데 서금영이 그만 장티푸스에 걸린 지 한 달 만에 세상을 뜨고 말았다. 홍난파가 너무 상심하여 밤새도록 눈물을 흘리면서 자작곡 「고별의 노래」를 켜는 바람에 중앙보육학교의 기숙사 사생들과 사감이 그의 창밖에 몰려와 밤늦게까지 울었다.

그런가 하면 『갈닙피리』에 실린 김기진 작사, 정순철 작곡의 「까치야」와 관련된 일화도 전해진다.

1920년 현해탄을 건너가신 어머니께서는 성악가로서의 꿈을 이루지 못하시고 아버지를 도쿄에서 만나 결혼생활을 하셨다. 모르기는 해도 결혼 후에도 계속 노래공부를 하실 수 있다는 약속을 받으셨겠지만 그때 사정이 오죽했을까. (…) 틈틈이 나에게 노래를 가르쳐주시던 어머니에게서 내가 처음 배운 노래는 아버지께서 작사하시고 정순철 씨가 작곡을 하신 「까치」라는 노래였다.

　까치야 까치야 바람이 분다
　밤나무 가지에 바람이 분다
　감나무 잎새는 어디로 가고
　올겨울 나기에 쓸쓸하겠네

　　어머니께서는 아름답고 청청한 음성으로 추운 겨울 아침 이불 속에서 나에게 이 노래를 가르쳐주셨다. 지금도 그때의 어머니 모습이 내 가슴속에서 살아 숨 쉬고 있다. 이 땅에 어머니들이 다시는 어린이에게 눈물 글썽거리며 슬픔의 노래를 가르치지 않을 때가 올 수 있었으면…[21]

　이 글을 쓴 성악가 김복희는 소설가 김기진의 딸이다. 김기진은 충북 청원(현 충북 청주시) 출신의 소설가로 일본 유학 시절부터 정순철과 윤극영의 자취방에 자주 놀러올 정도로 가깝게 지냈다. 이 글에 나오는 「까치」는 「까치야」가 맞는데 「까치」로 기억하고 있었던 것 같다. 김기진의 아내가 『갈닙피리』를 사서 보고 이 노래를 배운 뒤 어린 딸에게 가르쳐준 것으로 보인다. 성악가가 되려다 중도에 포기한 뒤 추운 겨울날 이불 속에서 눈물을 글썽거리며 어린 딸에게 처음으로 가르쳐준 노래가 남편이 쓰고 정순철이 작곡한 「까치야」였으며 그 딸이 나중에 자라서 어머니 대신 성악가가 된 것이다.

정순철이 작곡한 동요의 노랫말에는 엄마가 나오는 노래와 쓸쓸한 정경을 노래한 것이 많다. 『갈닙피리』에 실린 동요 열 곡 중에는 다섯 곡에 엄마가 등장한다.

> 까치야 까치야 바람이 운다
> 저녁에 찬바람이 가지에 운다
> 감나무 가지에 홀어미 까치
> 올겨울 나기에 쓸쓸하겠네
> — 김기진 작 「까치야」 2연

> 길을 잃은 까마귀 춥기는 해도
> 엄마 품이 그리워 푸른 하늘로
> 엄마 엄마 찾아서 울며 간다네
> — 방정환 작 「길 잃은 까마귀」 3연

> 끝도 없는 바다를 다니는 배의
> 바람맞이 돛머리를 집으로 알고
> 엄마 없는 물새는 따라다녀요
> — 허일봉 작 「물새」 2연

> 내가 부는 피리는 갈잎의 피리
> 어디어디까지나 들리울까요

어머니 가신 나라 멀고 먼 나라

거기까지 들린다면 좋을 텐데요

― 한정동 작 「갈잎피리」 3, 4연


엄마 앞에서 짝짜꿍 아빠 앞에서 짝짜꿍

엄마 한숨은 잠자고 아빠 주름살 펴져라

― 윤석중 작 「우리 애기 행진곡」 1연


　작곡가는 동시나 시를 읽다가 마음이 움직이는 노랫말을 만나야 작곡을 한다. 그렇다면 정순철의 음악 혼을 붙잡는 어휘 중에 중요한 것이 '엄마' 또는 '어머니'였음을 알 수 있다.

　「까치야」의 배경은 늦가을이다. 잎이 다 졌다. 바람이 불고 곧 겨울이 올 것이다. 화자는 감나무 가지에 쓸쓸하게 앉아 있는 까치를 보고 있다. 그 까치는 홀어미 까치다. 그 홀어미 까치가 혼자 올겨울을 나려면 얼마나 쓸쓸할까를 생각하는 노래다.

　「길 잃은 까마귀」에서 화자는 저녁이 되고 달은 떴는데 까마귀 한 마리가 길을 잃고 울면서 날아가는 것을 본다. 먼 동네 등불은 꺼지려 하고 찬 서리는 내려 날개를 적신다. 길 잃은 까마귀는 무척 춥고 외로울 것 같다. 그래도 그 까마귀가 의지할 것은 엄마 까마귀다. 그래서 엄마 품을 그리워하며 엄마 엄마 부르며 울면서 엄마를 찾아간다는 노래다.

　「물새」는 자고 나도 또 바다고 내일 역시 자고 일어나도 변함없는 막막한 바다에 사는 물새를 노래한다. 물새는 푸른 물결 위를 쓸쓸히 돌아다니고 있다. 이 물새 역시 엄마가 없고 집도 없는 물새다. 그래서 돛대를 집으로 알고 따라다닌다고 생각하고 있다. 엄마 없는 외로운 물새의 모습을 노래한 동요다(필자는 학창 시절 음악 시간에 이 노래를 배운 기억이 있다).

「갈잎피리」는 혼자서 놀려니 갑갑해서 갈잎으로 피리를 분다는 내용의 노래다. 그런데 화자는 자기가 부는 피리 소리가 어디까지 들릴까를 생각한다. 갈잎피리 소리가 '어머니 가신 나라' 멀고 먼 그 나라까지 들린다면 얼마나 좋을까 하고 생각한다. 이 노래의 화자 역시 길 잃은 까마귀나 물새처럼 엄마가 없는 어린이다.

작곡가가 이런 노랫말을 대할 때마다 음악적 영감이 일어 노래를 만들게 되었다면 작곡가 역시 엄마를 그리워하고 있다는 뜻일 테다. 그 역시 자신의 처지가 엄마 없는 어린이나 물새나 까마귀와 같다고 생각한 건 아니었을까. 외롭고 쓸쓸한 분위기가 노래 전반에 흐르고 있는 것도 이와 관련이 있어 보인다. 그만큼 작곡가도 노랫말을 쓴 시인들처럼 엄마에 대한 사랑을 갈구하고 있었다는 의미가 된다.

두 번째 노래집 『참새의 노래』와 그 후에 작곡한 동요에도 엄마에 대한 노래는 많다.

> 넘어가는 저녁 해에 어미 새들은 / 어린 아가 집에서 기다린다고 / 빨리 날아 집으로 돌아갑니다 // 하루 종일 그립던 엄마 아가가 / 서로 좋아하는 걸 보고 가려고 / 저녁 해가 서산에 기다립니다 (정순철 곡 「어미 새」)

> 버선 깁는 아가씨 착한 아가씨 / 어서어서 이 문 좀 열어주세요 / 서릿발이 추워서 꽁꽁 언 손을 / 애기 자는 요 밑에 녹여주세요 // 가을 달은 밝건만 갈 곳이 없어 / 들창문을 흔드는 단풍잎 하나 / 엄마 아빠 다 여읜 가여운 몸이니 / 자장자장 하룻밤만 재워주세요 (윤석중 요, 정순철 곡 「단풍잎」)

버선 깁는 우리 엄마 졸라 졸라서 / 옛이야기 한마디만 해달랬더니 / 저기 저기 아랫마을 살구나무집 / 울음쟁이 못난 애기 우리 귀분이 (윤복진 요, 정순철 곡 「옛이야기」)

하늘에서 오는 눈은 어머님 편지 / 그리웁던 사정에 한이 없어서 / 아빠 문안 누나 안부 눈물의 소식 / 길고 길고 끝이 없이 길다랍니다 // 겨울밤에 오는 눈은 어머님 소식 / 혼자 누운 들창에 바삭바삭 / 잘 자느냐 잘 크느냐 묻는 소리에 / 잠 못 자고 내다보면 눈물납니다 (방정환 요, 정순철 곡 「눈」)

밤에 자다 이불을 걷어차면은 / 깜짝 놀라 도로 잘 덮어주세요 / 어머니는 단잠이 드신 뒤에도 / 어머니는 우리를 생각하세요 (윤석중 요, 정순철 곡 「어머니」)

비교적 후기에 작곡된 동요들은 어머니에 대한 그리움, 어머니의 사랑에 대한 갈망, 어머니에 대한 고마움을 노래하는 쪽으로 조금씩 변화한다. 「어미 새」의 경우는 하루 종일 기다리는 아기 새를 생각하며 빨리 날아가는 어미 새를 노래한다. 엄마와 아가가 빨리 만나 서로 좋아하는 모습을 보기를 기대한다. 그걸 보려고 저녁 해가 서산에서 기다린다고 생각한다. 엄마와 아기가 함께 있는 화목한 모습을 꿈꾸는 노래를 만든 것이다. 이 동요의 노랫말은 누가 쓴 것인지 나와 있지 않다.

## 정순철 동요의 음악적 평가

정순철의 동요를 음악적으로는 어떻게 보아야 할까? 활발하게 동요 작곡을 하고 있는 작곡가 백창우에게 평가를 부탁했다. 그는 정순철의 동요 서른네 편을 살펴본 뒤 다음과 같이 정리했다.

첫째, 모든 곡이 장조(major) 곡이고, 단조(minor) 곡은 한 곡도 없다. 우리나라 전래동요와 민요는 대부분 단조다. 그런데 우리나라 근대음악 초창기의 창작 동요에서는 단조 곡을 찾아볼 수 없다고 한다. 이것은 해방 이후 현재까지 창작 동요에서 공통으로 나타나는 특징이다.

둘째, 서른네 곡 모두 5음계(도레미솔라)를 바탕으로 하고 있다.『갈닙피리』중에 다섯 곡에서 파(F) 음이 섞여 쓰였으나「헌 모자」정도가 자연스럽고, 나머지는 꼭 쓰지 않아도 되는데 썼다는 느낌이 든다. 당시 동요 작곡의 주류 선법이라고 할 5음계와 서양 7음계가 뒤섞이는 과정에서 일부러 사용했을 수도 있다고 본다.

그리고「봄」은 특이하게 한 줄 세 마디 구조로 되어 있다.「갈잎피리」의 둘째 줄 역시 세 마디 구조다. 네 마디가 더 안정감 있는 구조인데 고의적인 실험을 해본 것일 수도 있고, 당시가 동요 작곡 초창기였던 시기라 마디 나눔에 대한 인식이 조금 덜 했기 때문일 수도 있다고 본다.

『참새의 노래』에 수록된 곡도 대부분 5음계로 되어 있다.「옛이야기」가 일곱 번째 마디에서 파 음 반 박자가 한 차례 나오지만, 굳이 없어도 되는 정도이다.

「졸업식 노래」에도 한 차례 파 음이 나오나 이 곡에서는 파 음이 자연스럽고 이 노래 역시 5음계의 노래라는 느낌이 든다.

셋째, 첫 작곡집『갈닙피리』는 그 당시 동요 작곡가인 홍난파, 윤극영, 박태준과 거의 같은 선법을 쓰고 있다. 이것은 우리나라 초기 창작 동요의 틀을 형성하게 된다.

넷째, 『참새의 노래』에는 유희요(놀이 노래, 레크레이션 송)가 여러 곡 들어 있다. 그중 「참새」 「처마 끝에 새 한 마리」 「꿈 노루」 「코끼리 코」 「굴뚝쟁이」 등이 정인섭이 노랫말을 쓴 작품이다. 이런 점으로 볼 때 이 노래들은 경성보육학교 녹양회의 동극에 삽입된 노래들로 보인다.

녹양회 활동에 대해서는 뒤에서 따로 자세히 기술하겠지만 경성보육학교는 어린이를 가르치는 유치원 교사를 양성하는 학교다. 이 학교에서 녹양회라는 동극단체를 만들어 동극과 함께 동극 안에 동요가 들어가는 공연을 많이 했다. 정인섭이 극본을 쓰고 이헌구가 지도를 하고 정순철이 작곡과 노래 지도를 했다. 그리고 어린이들이 놀이를 하면서 부르는 노래인 유희요도 따로 작곡하여 가르친 것으로 보인다.

우리나라만의 유희요가 시작된 계기는 1930년 미국 여성 샤롯 브라운리가 유치원 어린이에게 알맞은 동요와 유희 동작법을 함께 소개한 책 『유희창가집』이었다. 브라운리는 1914년 우리나라 최초의 유치원인 이화유치원을 개설한 인물이다. 미국식 지도법으로 유치원 어린이를 지도해온 브라운리는 이화유치원뿐만 아니라 다른 유치원에서도 가르칠 수 있도록 동요와 유희를 사진으로 자세히 설명한 책을 펴냈는데 그것이 바로 『유희창가집』이다. 이 책은 유치원 교육에 널리 쓰여 미국의 동요가 한국에 들어오는 데 큰 영향을 미쳤다.

경성보육학교에서도 유치원생들을 위한 동요를 만들어 보급하면서 동요음악사에서 아주 중요한 역할을 담당하게 된다.

유치원 교사를 양성하는 경성보육학교는 1936년에 『유치원용 동요

| | | | | | |
|---|---|---|---|---|---|
| 1 | 까치야 | 춤 | Eb | 5음+F | *7.12마디 F음을 G로 바꾸면 5음 |
| 2 | 길 잃은 까마귀 | 솔 | Eb | 5음+F | *10마디 F→ 끝에레미=도레미=5음 |
| 3 | 여름비 | 솔 한에솔 | E | 5음+F | *3마디 F→G로 바꾸면 5음 |
| 4 | 봄 (봄!봄노래=어린이) | 춤솔 | F | 5음 | *한솔 세마디 구조(6마디→솔마디) |
| 5 | 나뭇잎 배 | 솔.8 | Eb | 5음 | |
| 6 | 늙은 잠자리 | 춤 | Eb | 5음+F | *15마디 F→G로 바꾸면 5음 |
| 7 | 물새 | 솔 | Eb | 5음 | |
| 8 | 헌 모자 | 춤 | F | 5음+F* | *F음 가장 자연스럽게 쓰임. |
| 9 | 갈잎 피리 | 춤 | E | 5음 | *둘째音이 3마디개선 |
| 10 | 우리 애기 행진곡 | 춤 | E | 5음* | |
| 11 | 참새 | 솔춤 | Eb | 5음 | *유희요 특성 |
| 12 | 처마끝에 새 한마리 | 춤 | E | 5음 | " →6마디(4.2) |
| 13 | 양떼 세마리 | 춤 | F | 5음 | " →6마디(3.3) |
| 14 | 골목쟁이 | 춤 | F | 5음 | " |
| 15 | 콩게리콘 | 춤 | F | 5음 | " |
| 16 | 버들피리 | 춤 | F | 5음 | " |
| 17 | 어미새 | 춤 | Eb | 5음 | |
| 18 | 고향집 | 춤 | Eb | 5음 | |
| 19 | 꿩노루 | 춤솔 | Eb | 5음 | |
| 20 | 애보는아기 | 춤 | Eb | (5음 ) | |
| 21 | 돌아눈배 | 솔 | Eb | 5음 | |
| 22 | 가을나비 | 춤 | Eb | 5음 | |
| 23 | 옛이야기 | 솔도 | F | 5음+F | |
| 24 | 눈 | 솔도 | Eb | 5음 | |
| 25 | 떨어진 외기러 | 솔도 | C | 5음 | |
| 26 | 설날 | 솔도 | G | 5음 | |
| 27 | 시골 까치 | 솔도 | E | 5음 | |
| 28 | 촛불은 인형 | 춤 | G# | 5음 | *b음((C#) 한가미 |
| 29 | 풀벌레 합창 | 춤 | Eb | 5음+F.B | *13마디 B,F는 분명음 |
| 30 | 가정가 | 춤 | Gb | 5음 | |
| 31 | 어머니(윤석중·청순철) | 춤솔 | Eb | 5음 | *중모난정사눈∞<노래씨기가> |
| 32 | 봄(윤석중·홍석주) | 춤 | Eb | 5음 | <갈잎피리>의 음과동작노래 |
| 33 | 졸업노래 | 춤 | C | 5음+F | #F자연스럽고 |
| 34 | 어린이노래 | 춤 | F | 5음 | |

▲ 작곡가 백창우 씨가 분석한 정순철의 작품 경향.

집』을 엮어 내었다. 여기에는 일본 동요와 함께 우리 동요도 함께 수록했는데 236곡의 동요곡 가운데 3분의 2가 일본 동요였다. 그것은 우리 동요의 수준이 일본 동요의 수준보다 낮고, 교육적으로 활용하기에는 부적당한 노랫말이 있어서 부득이 보육학교에는 따로 음악 전담 교수를 채용하여 우리 생활에 맞는 유치원용 동요 작곡에 집중적인 열의를 보이기 시작하게 되었다.[22]

경성보육학교에서 우리 생활에 맞는 유치원용 동요 작곡을 위해 음악 전담 교수를 채용해서 집중적인 열의를 보였다는 부분은 매우 중요하다. 이 음악 교수가 다름 아닌 정순철일 가능성이 높기 때문이다. 당시 경성보육학교를 색동회 동인들이 운영했다. 교장 최진순, 교감 이헌구가 색동회 동인이었고, 정인섭, 정순철이 다 색동회 동인이었다. 나중에 재정적인 어려움으로 문을 닫기 전까지 이들이 함께 어린이 운동의 정신으로 의기투합하여 운영한 학교다. 그렇다면 『참새의 노래』에 수록된 몇 편의 유희요 말고도 많은 노래를 정순철이 작곡했으리라 짐작해 볼 수 있다. 이 『유치원용 동요집』도 찾을 수 있게 되기를 바란다.

정순철의 동요에 대해 동요 작곡가 백창우는 『갈닙피리』에 수록된 노래 중에는 「봄」 「늙은 잠자리」 「헌 모자」 「갈잎피리」 「나뭇잎 배」와 「우리 애기 행진곡」을 완성도 높은 곡으로 꼽았다. 『참새의 노래』에서는 「참새」 「처마 끝에 새 한 마리」 「암탉 세 마리」 「고향집」 등을 주목할 곡으로 꼽았으며, 「졸업식 노래」 「어머니」 역시 잘 만들어진 노래라고 평했다. 그중에서도 「우리 애기 행진곡」과 「졸업식 노래」를 대표작으로 골랐는데, 널리 알려진 노래라서 좋기도 하지만 곡 자체가 잘 만들어졌다고 평가했다.

동시대에 활동했던 윤극영은 자신은 다작이고 정순철은 과작인데 그 대신 작품 하나하나가 모두 좋았다고 칭찬했다. 초기 작품의 대표작은 「짝짜꿍」이고, 정순철의 작품 중에서 「졸업식 노래」는 길이 남을 명곡이라고 언급하면서, 정순철의 노래는 깊이가 있고 신비스러운 데가 있었다고 평했다. 노래동무회 시절에 만든 노래 중에는 「어머니」가 작곡이 좋았다고 한다.[23]

## 동요 전성기의 4대 작곡가

「반달」의 윤극영, 「짝짜꿍」의 정순철, 「오빠 생각」의 박태준, 「봉선화」의 홍난파. 이들은 1920년대 우리나라를 대표하는 동요 작곡가였다. 이들의 노래는 어린이 노래를 넘어 누구나 부르는 보편적인 노래였다. 우리나라 최초의 대중가요인 「사의 찬미」를 윤심덕이 레코드에 취입한 때가 1926년인 것을 생각하면 당시에는 동요가 곧 국민 모두가 부르는 노래였다고 해도 지나친 말이 아닐 것이다.

독립운동사편찬위원회가 펴낸 『독립운동사』 제10권 '대중투쟁사' 소년편에는 "일제 때 소년운동의 가장 큰 수확은 동요로 전해진 나라 사랑에 있다"고 하면서 다음과 같이 정순철에 대해 언급하고 있다.

1929년에 나온 정순철의 『갈닙피리』 동요작곡집과 아울러 네 분의 동요곡으로 어린이 자라는 집집에 노래꽃이 만발했었다. 일제 때 소년운동의 가장 큰 수확은 동요로 전해진 내 나라 사랑이었으니 향토색 무르익은 말과 곡에서 모든 어린이들이 제 나라에 정을 붙이게 된 것이다.[24]

또한 "우리나라의 동요운동은 어린이들의 메마른 정서에 물을 주고 그들의 생각과 생활을 보다 맑고, 밝고 곱게 이끌어나가는 데 크나큰 구실을 했던 것"이라고 동요운동의 의의를 기술하고 있다.[25] 윤석중은 여기에 "웃을 줄 알고 울 줄 아는 감성 해방에 큰 역할"을 한 것을 하나 더 추가했다.

『어린이』1930년 9월호에는 네 명의 동요 작곡가의 곡이 게재되어 있다. 이상금은 이 네 명인 윤극영, 정순철, 홍난파, 박태준을 당시의 4대 동요 작곡가로 소개했다.

'반달 할아버지'로 불리는 윤극영은 여러 회고록에서 소파와의 만남으로 자신의 인생 방향이 바뀐 것을 감회 어린 글로 쓰고 있다. 그는 원래 성악 전공이다. 1922년 가을 색동회 동지를 모으기 위해 그를 찾아온 소파의 권유로 동요 작곡가가 된 것이다. "우리 어린이에게 우리말 노래를 주자!"는 간절한 소파의 말은 젊은 윤극영의 마음을 강하게 움직였다. 1923년 9월 1일의 간토대지진을 겪은 후 완전 귀국한 그는 소격동 자택 뜰 안에 일성당이란 음악실을 마련하고 본격적인 작곡 활동과 동요 보급에 나선다.

윤극영은 소파의 기대에 적극 응했고 소파도 만족했다. 1924년 『어린이』 신년호는 '지상신년대회순서(誌上新年大會順序)'라는 기발한 아이디어로 마치 어느 회장에서 진행되는 모임을 가상하여 글을 통해 신년축하를 연출하고 있다. 노래도 있고 춤도 있고 마술도 있고 동화와 연극도 있다. 여기 독창 순서에 「설날」이 들어 있다. "까치까치 설날은 어저께구요 / 우리우리 설날은 오늘이래요. / 곱고 고흔 댕기도 내가 들이고 / 새로 사온 구두(후에 신발)도 내가 신어요." 요즘도 자주 부르는 정다운 노래다. 이것이 아마도 윤극영 동요의 첫 발표 무대가 아니었던가 싶다. 여기선 노랫말만 있고 곡은 2월호에 나왔다. 그는 음악 곡뿐만 아니라 동요, 시 창작에도 특별한 재능을 발휘한다. 2월호에는 버들쇠의 이름으로 지은 유지영의 「고드름」에 곡을 붙여 발표한다. "고드름 고드름 수정 고드름 / 고드름 따다가 발을 엮어서 / 각씨방 영창에 달아놓아요." 버들쇠의 노랫말도 좋지만 윤극영의 곡으로 더 널리 더 오래 애창된 동요이다.

1924년 『어린이』 11월호에 드디어 윤극영이 작사 작곡한 대표작 「반달」이 게재된다.

반달

푸른 하늘 은하수 하얀 쪽배엔
계수나무 한 나무 토끼 한 마리
돛대도 아니 달고 삿대도 없이
가기도 잘도 간다 서쪽 나라로

은하 물을 건너서 구름나라로
구름나라 지나선 어대로 가나
멀리서 반짝반짝 비추이는 것
샛별 등대란다 길을 찾아라

윤극영은 이 노래를 애초에 그의 시집간 큰누이의 갑작스런 사망 소식을 듣고 지었으나 그 시대의 민족의 아픔과 겹쳐지게 되었다. '누이의 죽음과 대낮의 반달과 나라 잃은 슬픔'이 한꺼번에 그의 가슴을 덮쳤다고 했다. 마지막 "샛별 등대란다 길을 찾아라"는 한 가닥 겨레의 희망을 제시한 글이다.

윤극영은 1924년 8월에 '다리아회'라는 어린이 합창 모임을 만들었다. 1925년 3월에는 내청각에서 「파랑새를 찾아서」란 노래극(뮤지컬)을 공연한다. 유명한 메텔링크의 「파랑새」를 박팔양이 번역하여 노랫말을 꾸미고 윤극영은 작곡 안무까지 맡았고 다리아회 어린이들이 출연한 것이다. 다리아회가 유명해지자 일본의 일동레코드사가 레코드 제작을 했고 노래 열일곱 곡을 취입한다. 과연 윤극영의 곡은 뛰어난 것이 많다. 1925년 『어린이』 8월호에 한정동의 동요 「따오기」(당시는 「두름이」)가 나오자 대환영을 받았고 『어린이』 독자 서덕출의 동요 「봄 편지」도 1926년 『어린이』 4월호에 그의 곡으로 발표되자 날개를 단 듯이 애창곡이 되어 퍼졌다.

그의 「반달」은 일제시대 민족의 슬픔을 달래주는 노래로도 가만가만 많이 불리게 된다. 총독부는 강한 민족 공감을 부추기는 노래에 대해 금창령(禁唱令)을 내리기 시작했다. 「아리랑」은 1929년에 이 올가미에 걸려들었다. 「반달」은 금지하지는 않았으나 조심스럽게 불러야 하는 노래였다. 그 시대의 동요는 단순한 어린이의 노래 이상의 뜻으로 불렀으니까. 이화여대 음악대학 교수 민원득은 이렇게 말한다. "푸른 하늘 은하수는 우리들의 이미지였다. 온통 일본 가곡으로 한반도를 휩쓸어 우리말 노래를 마음놓고 부를 수 없게 되니 소리를 죽여가며 더욱더 부르고 싶던 기억이 새롭다… 이 노래는 항시 코끝을 저리는 가락을 담고 우리와 함께 울고 웃고 그렇게 살아왔다." 이처럼 일제시대의 동요황금시대는 문학과 음악 이상의 의미로 역사 속에 남아 있다.

윤극영은 다리아회로 이름을 날리게 되었지만 그 자신 "다리아회는 색동회의 지류 같았다"고 말한다. 윤극영의 음악이 요즘 말로 한참 뜨고 있던 1926년에 그는 갑자기 북간도로 떠난다. 다리아회의 피아노 반주자 오인경이라는 여성과 사랑의 도피를 하게 된 것이다. 이로부터 10년 동안 그곳에 머물렀고 소파의 사망 소식도 거기서 듣는다.

정순철은 소파와 가장 가까이 있는 음악가이다. 천도교 제2세 교조 최해월의 외손자이기도 한 그는 소파가 손병희의 셋째 사위가 된 때부터 손병희를 중심으로 하여 가족처럼 지내왔다. 그는 색동회 조직의 핵심 멤버였고 윤극영을 소파와 연결지어주기도 했다. 윤극영과는 일본 동경음악학교에 함께 적을 두었고 같은 집에서 자취생활을 하고 있었다.

정순철은 천도교 계열의 동덕여학교 음악 담당 교사로 일하면서 언제나 소파를 도왔다. 소파가 지방으로 구연동화대회를 하기 위해 갈 때 동행하기도 하고 개벽사와 어린이사의 행사 등에 음악을 담당하는 수고를 아끼지 않았다.

그의 첫 히트 작품은 윤석중 요 「우리 애기 행진곡」(후에 「짝짜꿍」)이다. "엄마 앞에서 짝짜꿍 / 아빠 앞에서 짝짜꿍 / 엄마 한숨은 잠자고 / 아빠 주름살 펴져라." 1929년 이 곡이 라디오를 통해 방송되자 전국 방방곡곡에서 선풍적 인기를 몰았다. 그는 동덕여학교 제자들의 노래 부르기 협조로 경성방송국에 단골 출연하다시피 하여 동요 보급에 힘썼다. 그의 동요곡집 『갈닙피리』는 1929년에 개벽사에서 나왔다.

소파 사후 색동회 회원들이 중심이 되어 1931년 경성보육학교를 운영하게 되자 녹양회라는 동요동극단체를 통해 정순철은 왕성한 음악 활동을 한다. 그는 일제 말엽과 해방 후 중앙보육학교, 무학여학교, 성신여학교에 재직하다가 6·25를 만났고 9·28 직전 어느 제자의 밀고로 납북된다. 해방 후에 정순철의 작곡으로 우리 귀에 익숙한 노래는 윤석중 요 「어린이 노래」 "이 세상 어린이가 서로 손을 잡으면 / 노래하며 지구를 돌릴 수가 있다네 / 씨 씨 씨 새 나라의 우리 / 씨 씨 씨 새 나라의 어린이"가 있다. 그리고 그의 걸작이라고 할 수 있는 「졸업식 노래」가 있다. 역시 윤석중의 노랫말이다. "빛나는 졸업장을 타신 언니께 / 꽃다발을 한 아름 선사합니다 / 물려받은 책으로 공부를 하며 / 우리는 언니 뒤를 따르렵니다."

홍난파는 우리나라의 서양음악 개척자로서 일찍이 1919년 10월에 종로청년회관에서 열린 경성악우회 창립연주회에 김형준과 함께 출연하고 있다. 1921년 김형준의 노랫말로 작곡한 「봉숭아」(당시는 「봉선화」)는 민족가곡으로 애창되었다. 동요 작곡으로는 우리 민족사에 영원히 기억될 명곡 「고향의 봄」이 있다. 1926년 『어린이』 4월호에 입선 게재된 15세 소년 이원수의 동요에 곡을 붙여 1927년에 발표한 것이다. 그는 3·1독립운동 전에 일본 우에노음악학교에서 2년간 공부하다가 독립운동에 관여하여 곤욕을 치른 뒤 귀국했었고 1926년에 다시 일본으로 가서 동경고등음악학원에 재학 중이었으므로 「고향의 봄」은 그 언저리에 작곡했을 것이다. 그는 서울 연악회(硏樂會)라는 음악전문단체를 만들어 젊은 후진들을 지도하는 한편 본격적으로 동요 작곡에 전념한다. 신문에도 가사 모집 광고를 내고 당시 양정고등보통학교 학생으로 이미 윤극영, 박태준에 의해 좋은 곡을 얻고 있던 윤석중을 직접 불러 노랫말을 받는다. 그리하여 즉석에서 탄생한 것이 「퐁당퐁당」 「낮에 나온 반달」 「꾸중을 듣고」 「꿀돼지」였다. 두 사람 다 머릿속에 저장된 동요와 악곡이 많아서 실타래 풀듯이 술술 나온 모양이다.

1929년 『조선동요백곡집』 중 상권의 오십 곡이 나오고 1933년에 나머지 오십 곡이 발표된다. 해방 후 이 두 권을 합친 것이 『난파 동요 100곡집』(1954)으로 나왔다. 1930년 5월 『어린이』의 '옛 동무 작품호'에 신간 소개로 난파 홍영후 씨 작곡 『조선동요백곡집』을 소개하고 있다. "우리들이 부를 조선 동요가 많이 생기기를 바라는지는 오랜 터에… 음악계에 일즉부터 이름이 높으신 홍난파 선생님이 새 동요곡 일백 가지를 지어서 발표하시게 되었는데 그중에 상편 오십 곡은 벌써 발행되었습니다. 더구나 『어린이』 독자들께 반가운 일은 상편 오십 곡 중의 3분의 2 이상이 우리 『어린이』 잡지에 당선되었던 동요에 작곡이 붙은 것이오, 이 책은 벌써 남녀 20여 학교에서 사용되어 호평이 대단합니다."

난파는 일본 유학을 마치고 1929년에 귀국하여 1931년에 미국 유학을 떠날 때까지 중앙보육학교에서 가르쳤다. 바로 소파와 같은 시기이다. 윤극영이 북간도로 떠난 뒤 허전하던 동요음악계에 홍난파의 활동은 백만 원군의 든든함이었을 것이다.

▲ 홍난파    ▲ 정순철    ▲ 윤극영    ▲ 박태준

대구 출신 박태준은 기독교 교회음악을 통해 음악을 익히고 숭실대학 졸업 후 대구의 계성중학교 재직 시 1925년에 동요 「오빠 생각」을 만나 작곡하게 된다. 그것은 『어린이』11월호에 입선된 최순애의 동요이다. 박태준은 나중에 그 동요가 수원에 사는 열한 살 먹은 소녀의 작품인 것을 알았다. 이후 그는 동요 작곡에 열중하여 1932년 정식으로 음악공부를 하기 위해 미국 유학을 떠나기 전까지 약 백 곡의 동요를 작곡했다. 1927, 28년경 어떤 여름에는 절에 가 있으면서 하루에 일고여덟 곡씩 작곡했다고 한다. 「오빠 생각」은 그의 대표작이 되었으며 당시 윤극영의 「반달」과 함께 가장 많이 불린 동요가 되었다. 박태준의 첫 번째 동요작곡집 『중중 때때중』은 1929년에, 두 번째 『양양 범버궁』은 1931년에 나왔다. (…)

이렇게 볼 때 문학에서 보는 동요황금시대와 음악에서 보는 동요황금시대는 꼬리를 물고 서로 연결되어 있고 1930년대의 문학과 음악 양면의 화려한 발전으로 이어지게 된다. (…) 윤극영과 정순철은 색동회 동인이고 처음부터 소파의 동지였으니 『어린이』를 통해 음악 활동을 편 것은 당연하다고 하겠다. 그러나 홍난파가 『어린이』입선작 「고향의 봄」으로 동요 작곡을 시작하여 그것이 그의 대표작이자 민족 애창곡으로 불멸의 영광을 입었고, 박태준 역시 『어린이』입선곡 「오빠 생각」을 통해 동요 작곡을 시작하고 선풍적인 사랑을 받게 되었다.[26]

# 8장

## 색동회 활동과 정순철

## 색동회와 정순철

색동회 동인들은 국내로 돌아와서도 서로 친하게 어울려 지냈다. 진장섭의 글을 보면 눈이 내리면 아침부터 몰려다니며 친구들을 불러내고 친구 집으로 찾아가곤 한다.

하로는 새벽브터 눈이 어떠케 만히 왓는지 아츰에 일어나보니 우리 집 압뜰에는 여러 치가 되게 눈이 싸엿습니다.

나도 눈을 실허하는 편이 아님으로 눈을 마저가면서 눈을 치우노라고 서투른 비질을 하고 잇노라니까 문간 편에서 방선생의 우렁찬 목소리가 들리더니 어느듯 방선생과 함께 색동회의 조재호, 최진순, 정순철 선생이 우리 집 압뜰로 우루루 몰려왔습니다.

"눈 오는데 식전에 이게 웬일들이요" 하고 내가 놀래서 물으니까

"눈이 오니까 우정 차저왓는데 눈 오는데 웬일니냐가 다 무엇이냐"고 방선생은 책망을 하면서 댓자곳자로 우리 집 바로 위에 잇는 취운정(翠雲亭)으로 가기를 재촉하얏습니다.

방선생은 그날 하도 눈이 잘 오기에 새벽에 일어나서 세 친구를 일일히 깨여가지고 오는 길이라 합니다. 그래 우리 색동회의 다섯 동무는 하얀 눈 우에 발자죽 내는 것이 앗가운 듯이 가벼운 걸음으로 삽븐삽븐 걸어서 취운정으로 갓습니다. 우리는 그 감회 깁흔 취운정에서 아츰밥 때가 느저지는 것도 이저버리고 눈에 취하야 눈 이야기를 주고밧고 하얏습니다.[1]

이때가 대략 1928년경으로 보이는데 이른 새벽부터 집집마다 찾아

다니며 친구들을 깨워 눈 구경을 하러 다니는 모습에서 이들의 관계가 어느 정도이었는가를 짐작할 수 있다. 인용문 뒤에 이어지는 글에 의하면 이들은 아침밥 먹는 것도 잊고 눈에 취해 눈 이야기를 나눈다. 순수함이 있고 열정이 있고 낭만이 있는 젊은이들인 걸 알 수 있다. 그들의 순수함과 열정과 낭만이 어린이 운동을 하게 한 모태일지도 모른다는 생각을 하게 된다. 이런 낭만이 진장섭의 주도로 요릿집으로 이어지는 날도 있었다.

> 1928년 겨울에는 그 당시 휘문고등보통학교에 영어 교사로 있던 진장섭 씨가 자기 비용을 내서 색동회 동인들을 종로3가 네거리 근처에 있던 명월관에 초대했는데(그의 월급이 그때 돈으로 140원이니 쌀 세 가마 살 수 있는 좋은 월급이었다), 그때 서울서 제일 크고 유명한 이 요릿집에는 소파와 친하던 이영숙이라는 기생이 불려 와서 「닐니리야」를 잘 불러주었다. 여기 진장섭, 조재호 씨 등의 고사(高師) 동창생들과 연희전문학교 교수 정인섭, 동덕여고의 정순철, 중동학교 역사 교사 최진순 씨도 참석한 바 있다. 소파가 사망한 후 이 기생은 진장섭 씨와 가까이 지냈다.[2]

어떤 날은 이렇게 요릿집에서 「닐니리야」를 들어가며 술을 마시는 낭만주의자의 모습을 보이기도 하고, 그중에는 주사가 심해서 다른 사람 집에서 실수를 하는 이도 있었다.

> 색동회 창립 동인 중의 한 분인 조재호는 술만 만취가 되면 수시로 순철의 집에 찾아와서 주정을 잘 부렸다. 당시도 살림이 넉넉하지 못하여 단칸방에 온 식구가 함께 잠자고 있는데 늦은 밤 난데없이 물을

뿌리니 온 식구가 물벼락을 맞고 새벽까지 잠을 설친 적이 한두 번이 아니었다. 그러나 순철 본인은 물론이고 부인이나 식구 아무도 불쾌감과 분노를 표시하지 않고 덤덤하게 넘어가곤 했다. 조재호는 다음 날 찾아와서는 순철 부인에게 "형수님 죄송합니다. 용서하세요"라고 깍듯이 사과하곤 했다. 이 일은 당시 알 만한 사람은 다 아는 뒷이야기로 남아 있다.

조재호로서는 그럴 만한 것이, 그는 당시 일제하 총독부 시학관이란 직책에 있었는데 그것은 한국인으로 학교 행정의 최고 자리 중의 하나였다. 그러나 한국인에 대한 차별 대우가 극심한 속에서 시달리다보니 울화와 분통을 참기 어려웠고, 그래서 같은 동네에 사는 마음이 잘 통하는 순철의 집에 와서 넋두리와 더불어 주정을 부린 것이다. 워낙 착한 내외분이라 모든 것을 참고 견디어냈다.[3]


한밤중에 찾아와 물을 뿌리다니 그게 무슨 일이냐고 정순철의 장남 정문화 옹에게 사석에서 물었더니 웃으며 물이 아니라 사실은 오줌이었다고 한다. 주사가 좀 심했던 것 같다. 그래도 그걸 참고 받아주어야 하는 정순철과 그의 아내는 얼마나 속이 상했겠는가? 그런 자학적인 방식으로라도 풀지 않으면 안 되는 피식민지 지식인의 응어리진 억압 감정이 있기 때문이라는 걸 알기 때문에 참고 넘어갔을 것이다.

사실 국내 정치 상황은 분열과 대립이 반복되고 있었다. 천도교는 신파와 구파로 나뉘어 대립하다 손병희의 죽음 이후 분열의 골이 더 깊어졌다. 손병희는 죽기 전 병상에 있으면서도 천도교의 분열을 막아보려 했으나 결국 손병희 사후 약 7개월 후인 1922년 12월 오지영, 김봉국, 윤익선을 주축으로 한 일부 세력이 '천도교연합회'를 조직하여 천도교를 이탈한다.

천도교가 분열됨으로써 그간의 조직과 기능도 분열되었다. 어린이날 행사를 이끌던 청년조직인 천도교청년당은 신파가 주도해왔기에 구파는 별도의 조직인 '천도교청년동맹'을 결성하여 분리된다. 그간 발행해왔던 『천도교회월보』는 구파가 가져가고 신파는 1926년 4월부터 『신인간』이라는 이름의 새로운 기관지를 발간하기 시작했다.

1926년에는 『개벽』이 폐간되고, 소파는 6월에 6·10만세 사건으로 구속되었다 풀려나오면서 건강도 악화된다. 이 일로 1926년에는 어린이날 행사를 열지 못해 소파는 어린이들에게 미안한 마음이 들었다. 이를 만회하고자 8월 25일 저녁 7시 반부터 천도교당에서 동화, 동요, 동극대회를 개최했다. 동화는 방정환, 진장섭, 동요는 정순철, 동극은 정인섭이 맡았다. 모두 색동회 동지들이었다.

시대적 상황은 분열을 가속화했다. 소년운동 단체도 소년운동협회와 오월회로 대립한다. 이제 어린이날 행사도 각각 단체별로 준비하고 개최하게 된다. 이때 방정환이 주도해온 소년운동은 격렬한 비난에 부딪혔다. 당시의 상황은 이상금의 책에 잘 기록되어 있다.

조선소년총연맹의 출범과 때를 같이하여 김태오는 『조선일보』(3월 25일부터) 지상에 「이론투쟁과 실천적 행위: 소년운동의 신전개를 위하야」 6회를 싣는다. 그는 소년운동은 신간회와 청년총동맹과의 유기적 연락 아래 소년대중이 요구하는 소년 본위의 운동을 전개해야 한다고 역설한다. 과거의 소년운동은 소부르주아적이고 무체계적이라고 단정하여 이론투쟁을 하려면 마르크스주의적 방법론에 의한 지도이론 확립에 노력해야 한다고 강조한다. 당대 최고의 소년운동 이론가 김태오에 의해 이 시대의 소년운동 키워드가 많이 만들어졌다. 즉 기분적 운동에서 과학적 운동으로, 분산적 운동에서 통일적·조직적 운동으로 방향 전환, 목적의식 등, 가장 많이 사용된 표현은 기분운동에서 과학운동이었다. (⋯) 소파의 어린이 운동은 어린이의 천진성에 치중하고 현실성을 무시하고 목적의식이 없고 기분적이고 비과학적이라는 비난을 서슴지 않는 풍조가 일었다.[4]

소년운동 단체가 분열하는 상황에서도 색동회는 늘 소파와 함께였다. 1928년 2월 11일자 『동아일보』를 보면 색동회 주최로 아동문제 강화(講話)가 개최된다는 기사가 실려 있다.

아동문제 전문연구단체에서는 어린이사의 후원하에 오늘 십일 일 (토) 십이 일(일) 양일간 오후 한 시부터 시내 관훈동 동덕여학교 강당에서 아동문예 강화회를 개최한다는데 특별히 녀학교 출신자의 청강을 환영한다 하며 청강료는 이 일간 이십 전이라 하며 예매 장소는 개벽사 내라 하며 당일 지참도 조타는데 연사와 연제는 다음과 갓다더라.

제1일 2월 11일(토) 오후 1시부터
아동연구에 관한 기초 지식 방정환
아동의 가정생활의 일반적 연구 최진순

제2일 2월 12일(일) 오후 1시부터
아동 교양에 필요한 동화 지식 방정환
가정에서 알아둘 동요 지식 진장섭

『동아일보』의 이 기사를 보면 소년운동 단체들이 분열하고 있는 시기에도 색동회는 결속을 유지한 채 행사를 계속하고 있었음을 알 수 있다. 행사 장소는 정순철이 근무하는 학교인 동덕여학교다. 그리고 여학교 출신자의 청강을 환영한다고 강조하는 것을 통해 이 행사가 여학생들이나 여학교 출신자들을 대상으로 하는 행사였다는 것을 알 수 있다. 아동교육을 위해서는 여성교육이 꼭 필요하다는 목적의식을 가지고 행사를 열고자 했던 것이다. 이틀에 걸친 이 강연회에는 방정환, 최진순, 진장섭, 정순철이 강사로 나섰는데 모두 다 색동회 회원들이다.

결국 1928년 소파는 조선소년총연맹과 완전히 결별하고 전국 천도교 산하 소년회를 망라하는 천도교소년연합회를 결성했다.

---

## 세계아동예술전람회

1928년 8월 색동회의 방정환, 조재호, 정순철, 진장섭, 정인섭 다섯 동인이 모여 '세계아동예술전람회' 개최에 관한 의논을 한다. 방정환은 1925년부터 세계각국아동작품전람회를 열고자 했다. 그러나 독일의 아동작품 70여 매를 수집한 채 더 이상 진행을 못하고 있었다. 그런데 뜻밖에 도쿄에 있는 색동회 회원 정인섭이 친구들과 7월에 경남 일대에서 아동작품전시회를 열고 있다는 소식을 들은 것이다. 그들은 소파가 준비해오던 작품들을 합쳐 서울에서 '아동예술전람회'를 개최하기로 결정했다.

사실 이 행사의 공신은 이헌구였다고 한다. 이상금의『사랑의 선물』에는 세계아동예술전람회를 개최하게 된 경위가 상세하게 나와 있다. "1925년 일본 유학을 간 그는 와세다대학 제일고등학원에 입학한다. 거기서 선배 정인섭을 만났고 그들은 같은 집 한방에 기거하면서 자취생활을 하게 되었다. 이헌구는 교내에 있는 '아동예술연구회'라는 서클에 들어가 아동예술에 대한 이론과 실제를 착실히 공부했다. 당시 일본은 동요 동화 자유화 등 아동예술의 전성시대였으니 이런 교내 활동이 성행했나보다. 1928년 학부 불문과에 진학한 그는 고향 선후배와 '백광회'라는 동인회를 만들었고 거기엔 김광섭도 함께했다. (…) 동인들은 여름 방학을 앞두고 함경북도 일대에서 계몽 활동을 벌이기로 작정했다. 무언가 색다른 선물을 어린이들에게 주고자 궁리하던 끝에 이헌구가 유아들의 작품을 모아 전시할 것을 생각해냈다. 자료 모으기는 자신이 맡기로 하고. 큰소리는 쳤지만 작품 수집이 막막하던 이헌구는 운 좋게 그를 돕는 귀인을 만났다. 시인 사이조 야소와 동화가(童畵家) 다케이 다케오(武井武雄)이다. (…) 그리고 이헌구는 오며가며 보아두었던 아오야마 유치원에 덮어놓고 찾아가서 원아들의 그림도 얻었다. 원장이 친절하게 협조해주었다고 한다. 학교 강의도 빼먹어가며 자료 수집에 동분서주하는 이헌구를 지켜보던 정인섭이 함경도로 가기 전에 경상남도 일대에서 먼저 전시회를 갖자고 제안한다."[5] 이런 과정으로 소파의 오랜 꿈이었던 세계아동예술전람회를 개최할 수 있게 되었고, 이를 계기로 이헌구 역시 색동회의 정식 회원이 되었다.

전시회 명칭은 '세계아동예술전람회'로 하고 기간은 10월 2일부터 7일까지, 시간은 오전 11시부터 오후 5시 반까지, 장소는 경성 경운동 천도교당에서 개최하기로 했다. 개벽사 어린이부가 주최하고, 후원은 동아일보 학예부에서 맡았다. 작품이 출품된 나라는 영국, 미국, 러시아, 스웨덴, 일본, 중국, 벨기에, 스위스, 독일, 프랑스, 포르투갈 등 20개국이 넘는다. 전람회 준비위원 명단도 공개되었다.

총무부 : 방정환 김기전
재무부 : 신형철 최경화
정리부 : 차상찬 이석호 전준성 이구 이희로
설비부 : 최진순 조재호 홍세환 허익준 김규택 서정권 손성화
진열부 : 정인섭 진장섭 정순철 이정호
선전부 : 이을 김기진 유광열 이익상 유도순 이두성 최의순[6]

방정환은 전체를 총괄하고, 이헌구(명단에는 이구)는 작품을 정리하는 일을 맡고, 조재호는 설비부에 들어가고, 나머지 색동회 회원들은 작품을 진열하는 일을 맡는다. 정순철도 진열부에 들어가 3천여 점에 이르는 어마어마한 전람회 작품 전시를 맡는다. 이들은 작품을 전체 10부로 나누고 특별관을 따로 두어 이헌구가 다케이 다케오를 통해 수집해 온 일본동화가협회 걸작 원화, 특작 걸작 40점을 전시하는 계획을 세운다.

행사가 시작되기 전부터 행사를 알리는 기사와 광고가 실렸다. '전에 보지 못한 이채로운' 작품들이 미리 소개되기도 했다.

연일 밤을 새우며 만반의 준비를 마치고 전람회 개막일이 되었다. 많은 이들이 기대했던 행사인 만큼 첫날부터 엄청난 수의 입장객들이 줄을 서서 기다렸다. 첫날 개관 30분 만에 400명이 입장했고(『동아일보』 1928. 10. 3.) 그날 하루에만 1만 명을 돌파했다(『동아일보』 1928. 10. 5.). 1928년 10월 2일자 『동아일보』에는 이런 사설이 실려 있다.

1. 조선에서 처음 되는 계획인 세계아동예술전람회는 금일부터 열리게 되었다. (…) 출품국의 수효 20에 달하야 비록 간단한 작품에서라도 각기 색다른 민족의 독특한 기품과 재질을 간취할 수 있음도 흥미로운 사실이려니와 일방에 있어서 그 공통점을 발견함으로서 천진의 세계를 통하야 세계일가의 실증을 감득함도 이익일 것이다. 더욱이 소년소녀의 자유스러운 상상력으로 하야금 광활한 지구의 저 끝까지 자유롭게 놀게 함으로 그 안목과 포괄력을 확대케 하는 등 일상교과 이상의 다대한 효과가 있으리라고 생각한다.

2. 학교교육의 폐가 균일주의 주입주의에 다재한 것은 정평이 있는 바다. 물론 다수의 학생을 일 교실에서 가르치기 위하야 어느 정도까지 이러한 주의를 써야 될 것은 불가피의 일이라 할지나 균일주의 및 주입식 교육의 결과는 개성의 자유 차(且) 완전한 발휘를 목적으로 하는 교육의 원의(原義)에 불급하는 결과를 많이 생기게 한다. 더욱이 작문 회화 음악 등 소위 예술교육의 범위에 들 만한 자에 있어서는 주입식 또는 균일식 교수(敎授)의 결함은 여지없이 폭로된다. 그리하야 심한 예를 들자면 소동(小童)시대에 이 방면에 천재를 보이든 자라도 학교교육을 마치고 나올 때는 그 특수한 재질이 다 말살되고 평범 또는 평범 이하의 성적을 가지게 된다. 그 반대로 아동으로 하야금 그의 천분(天分) 또는 기호를 자유자재하게 발휘케 할 때는 실로 경탄할 만한 결과를 생하게 하는 것을 본다. (…)

3. (…) 금회의 예술전람회가 조선인의 아동에 대한 관념을 세계적 수준에 올리는 데 가장 유효한 방법임을 오인(吾人)은 확신한다. 이것이 재래의 각 학교의 학예회 등에 비기어 이번의 계획이 더욱 의미 깊은

일이라 하는 바다. 여기에 전개된 자유천진의 세계는 또한 인류의 진
보, 발전의 희망을 표상한 세계다. (…) 20세기는 아동의 세기라 말한
자 있다. 조선의 아동으로 하야금 그 고유의 권리를 가지게 하자. 그들
의 개성을 가장 자유롭게 발달할 기회를 주자. 아동예술전람회는 오
인에게 이렇게 가르치지 않는가.

『동아일보』 사설은 세계아동예술전람회의 의의와 교육적 효과를 잘
정리하고 있다. 20개국 아동들의 작품 속에 들어 있는 각 민족의 독특
한 기품과 재질을 보고 배우는 동시에 그 안에 들어 있는 공통점을 발
견하는 동안 상상력도 기르게 되고 세계적 수준의 안목과 포괄력을 기
를 수 있게 된다는 것이다. 사설은 세계아동예술전람회가 조선인의 아
동에 대한 관념을 세계적 수준으로 끌어올리는 가장 유효한 방법임을
확신한다고 말하고 있다.

▲  1928년 10월 2일자 『동아일보』 사설. 세계아동예술전람회가 갖는 의의와 교육적 효과를 매우
잘 정리한 글이다.

▲ 성황을 이룬 세계아동예술전람회.

또한 학교교육의 균일주의와 주입식 교육이 주는 폐해를 지적하면서 아동 작품이 보여주는 자유롭고 천진난만한 세계를 직접 보면서 어린이들이 가지고 있는 고유한 개성을 자유롭게 발휘할 기회를 주자고 주장한다. 아이 때 예술 방면에 천재적인 재능을 보이던 학생도 학교교육을 마치고 나오면 특수한 재질은 말살되고 평범 이하의 성적을 가지게 되는 교육현실을 비판하면서, 아동이 지니고 있는 재능 또는 아이들이 좋아하는 것을 자유자재로 발휘할 수 있도록 할 때 경탄할 만한 결과를 창조해낼 수 있다며 세계 각국 아동들의 작품이 바로 그 증거라고 강조한다. 1920년대에도 아이들의 예술적 개성을 말살하는 주입식 교육의 폐해가 얼마나 큰지를 지적하는 언론인이 있었다는 사실에 놀라지 않을 수 없다.

4일째인 5일부터는 야학 학생과 공장 직공을 위해 야간에도 개장했고 각 공립학교에서 2, 3일 더 연장해달라는 요청이 있었으나 비용과 장소 문제로 하루만 연장했다. 관람자는 65개 단체에서 7,920명, 일반 입장자는 대인 1만 8,230명, 아동 1만 2,965명이며 합계 3만 9,115명에 이른다.* 행사의 규모 면에서나 관람객의 숫자 면에서나 정말 대규모의

---

* 이상금의 『사랑의 선물』 574면에는 합계가 3만 9,021명이라고 나온다. 실제로 합산을 해보면 3만 9,115명이다. 어느 부분이 오기인지는 정확히 알 수 없다.

행사였다고 할 수 있다.

방정환의 아들 방운용은 「아버님의 걸어가신 길」이라는 글에서 이 행사에 대해 이렇게 이야기하고 있다.

세계 각국에서 보내 온 정성 어린 어린이들의 빛나는 작품들이 진열되고 한쪽에는 국내 어린이들의 작품이 진열되어서 교육자들과 전문가들에게 큰 자극을 준 것은 물론이고, 『어린이』 잡지 구독을 금지하고 소년운동을 방해하던 각 공립학교 선생들과 일본인 학교 선생들까지도 학생들을 단체로 인솔하는 예기치 못했던 성과를 올렸던 것입니다.[7]

## 방정환의 죽음

방정환이 20대였던 1920년대는 해마다 바쁜 날들의 연속이었다. 색동회를 조직하여 소년운동을 이끌었고, 해마다 어린이날 행사를 치렀으며, 잡지를 발행하고, 동화대회와 강습회도 열었다. 모든 일을 아이들을 사랑하는 마음으로 사명감을 갖고 성심을 다해 열심히 해냈다. 그 와중에 천도교와 소년단체들의 분열도 있었다. 그리고 1928년에는 세계아동예술전람회라는 큰 행사도 열렸다. 매번 행사 때마다 며칠씩 밤을 새우기가 일쑤였다. 많은 이들이 소파의 건강을 걱정하지 않을 수 없었다.

1928년부터 소파는 중앙보육학교에서 강의를 시작했다. 보육학교는 유치원 교사를 양성하기 위한 전문학교로 당시에는 경성보육학교, 이화보육학교, 중앙보육학교 세 곳이 있었다. 보육학교 전에는 유치원사범과에서 교사를 양성했는데 이화학당에 최초로 설치되었다. 중앙보육학교는 중앙유치원 내에 설치된 유치원사범과에서 1928년 9월 5일에 보육학교 인가를 받았다. 그러면서 교육의 수준도 높아지고, 유치원 교사를 양성한다는 목적이 뚜렷해졌다. 이에 중앙보육학교는 소파에게 동화 강의를 맡겼다. 중앙보육학교의 또 하나의 의의는 음악 활동에서 찾을 수 있다. 일제 당국은 교육을 하면서 한국어를 쓰지 못하도록 탄압했지만 유치원생을 대상으로 노래를 부르고 동화를 들려주는 것 등에는 일부 한국어 사용을 허락했기 때문이다. 이는 일종의 애국운동이었다.

1931년 소파의 건강이 눈에 띄게 나빠지고 있었다. 윤극영은 「나의 이력서」란 글에 그가 1930년에 간도에서 잠시 서울에 다니러 왔을 때의 일을 이렇게 썼다.

나는 1930년에 간도에서 한 번 서울에 온 적이 있다. 집안일 때문에 잠깐 들렀던 것이다. 나는 안국동 앞 별궁(현 원호빌딩) 앞에서 소파 방정환을 만났다. 먼발치서 보니 뚱뚱한 소파는 길가 돌 위에 앉아 가쁜 숨을 쉬며 잠깐 쉬고 있었다.

"윤극영! 오래만이네. 언제 왔나? 이제는 와도 괜찮아, 다시 와야겠어." 그는 말을 하는 것조차 힘이 드는 듯했다.

"왜 어디가 아프오?"

"심장도 약하고 당최 못 배기겠어, 무슨 병인지도 알 수 없고…"

그의 손에 약병이 들려 있었다. 나에게 빨리 돌아와 같이 일을 하자고 당부했다.[8]

아들 방운용은 아버지 방정환의 임종에 대해 이렇게 말하고 있다.

일경(日警)에게 일선 활동의 자유를 빼앗기고 중앙보육에서 아동문제를 강의하시는 등 바쁜 활동이 계속되었으나, 어린이날과 동화대회에서 보던 행복스러운 모습은 다시 찾아볼 길이 없었습니다. 그 후로는 『어린이』『신여성』과 함께 『별건곤』 등 월간 잡지도 책임 편집을 하시느라고 무리해서 건강이 극도로 악화되어갔습니다. 두통약과 냉수, 빙수로 몸의 열을 식히며 겨울밤에도 빙수를 몇 그릇씩 먹고야 잠을 자는 때가 많았습니다.

30세가 넘어서는 병색이 짙어져서 얼굴이 붓고 핏기가 없어지고 50세의 중늙은이처럼 보였습니다. 33세 되던 해, 개벽사의 부채에 대한 정신적 고통과 지나친 육체의 피로로 색동회 동지들과 약속한 금강산 휴양도 못하고 연극과도 같은 짧은 생애에 막을 내렸던 것입니다."9


소파의 마지막을 지킨 사람은 의사 외에 아내 용화, 아들 운용, 개벽사의 차상찬과 박진, 색동회의 조재호였다. 조재호는 「색동회 회고록」에서 당시를 이렇게 이야기하고 있다.


"소파…" 하고 불러보았더니 말은 알아듣는 것이었으나, 눈은 이미 시력을 잃어 나를 보지 못하였다. 나는 다시 소파의 손을 잡고
"이것이 웬일이냐?"고 하였더니 소파는
"우리 어린이들을 어찌하오!"
하는 말 한마디뿐 다른 말은 없었다. 그리고 조금 있다가 어린이 벗 소파는 우리 어린이의 앞날을 걱정하면서 돌아오지 못할 길을 아주

떠나고 만 것이었다.

그날이 바로 색동회를 만들고, 서울서 전국소년지도자강습회를 열었던 그 날짜와 같은 7월 23일이었던 것이다.[10]

1931년 7월 23일 소파는 숨을 거두었다. 만 31세의 짧은 생이었다. 소파의 장례식은 7월 25일 천도교당 앞마당에서 거행되었다. 개벽사의 어린이부와 색동회가 주관했다. 장례식의 사회를 맡았던 개벽사의 박진은 "그때 천도교 마당에서 영결식을 올렸습니다. 그런데 수백 명의 아이들이 몰려왔습니다. 수백 명의 아이들이 와서 어떻게들 우는지 내가 그때 명색이 사회를 보는데 나도 우느라고 정신을 못 차렸어요"라고 당시를 떠올렸다.[11]

가장 가까이서 소파와 10여 년을 같이 보낸 정순철은 얼마나 정신적인 충격이 컸을까 짐작하고도 남음이 있다. 천도교소년회 활동에서부터 색동회를 만드는 일, 잡지『어린이』를 지켜나가는 일, 어린이날 행사와 세계아동예술전람회에 이르기까지 정순철은 소파 방정환의 그림자처럼 옆에 있었다. 방정환이 동화구연을 하는 곳에 같이 가서 동요를 노래했고 가르쳤다. 어려서 같은 가회동 집에서 살았고, 같은 천도교 신자였으며 동지였고, 어린이 운동가로 함께 일했으며, 정신적 의지처였다. 아니 한 가족이나 다름없었다. 언제나 같은 정치적 입장을 가졌으며 같은 편에 서 있었다.

5년 후 최영주, 윤석중의 이름으로『중앙』5월호에 광고를 내고 모금을 해서 소파의 묘소를 망우리에 마련할 때 정순철은 유광열, 차상찬, 조재호 등과 함께 발기인으로 참여하고 산 위에서 여러 날 밤을 새워 묘비를 세운다.

우리는 위창 오세창을 찾아가 '동심여선(童心如仙)' 네 글자를 앉은자리에서 받아다가 석수를 시켜 화강석에 새겼다. 선비들이 주머닛돈을 털어 세운 비석 뒤엔 다만 '동무들이'라고만 새겨 넣었다. 차도 다니지 않던 망우리 아차산 상상봉까지 소 여러 필이 끄는 수레에 육중한 돌을 싣고 삼복더위에 땀을 비 오듯 흘리며 기어 올라가던 최영주, 정순철(작곡가), 이정호(동화가), 방운용(소파 큰 아들) 이런 분들이 산 위에서 여러 날 밤을 새워 세운 것이 소파 묘비다.[12]

윤석중의 회고에 나오는 대목이다. 이들 중에 최영주는 수원의 화성 소년회에서 있었던 소파의 동화회와 일본 경관 이야기로 앞에서 소개한 적이 있는 그 사람이다. 개벽사에 들어와 어린이부와 학생부에서 일했다. 최영주의 소파에 대한 공경은 지성이며 일편단심이었다고 이상금은 말한다.

그의 아버지 최경우도 열렬한 소파 숭배자였는데 1939년 작고하자 최영주는 망우리의 소파 묘 아래에 아버지 산소를 모셨다. 그래야 더 자주 소파의 성묘를 할 수 있다고 해서이다. 그의 아들이 갓 나서 죽자 그 옆에 묻었다. 그리고 자신도 유언으로 그곳에 나란히 묻혔으니 최씨 삼부자는 지금도 소파 가까이 있다. (…)

최영주는 소파 사후 색동회 회원 중심으로 운영한 경성보육학교에도 있었고 그 후 중앙일보사에서 일했다. 1936년 소파의 산소를 망우리에 모시게 된 것은 그가 편집을 맡아보던 『중앙』에 광고를 내서 모금 활동을 전개하여 그 계기를 만들어 이루어진 것이다. 또한 일본에 있는 마해송과 천진에 있는 최진순의 발의로 1940년 박문서관에서 500부 한정판으로 최초의 소파전집을 낼 때도 그가 실무를 맡아보 았다.[13]

최영주는 살아서도 소파를 따랐고 죽어서도 소파의 곁에 있고자 했던 사람이다. 소파의 산소를 마련하고 묘비를 세우고 전집을 내는 데 큰 기여를 했다. 최영주의 여동생 최순애는 박태준 작곡으로 널리 알려진 「오빠 생각」을 썼으며 그 작품을 12세에 『어린이』에 투고했었다. 최순애 는 「고향의 봄」을 쓴 이원수와 결혼했다.

# 9장

## 녹양회와 음악 교사 정순철

## 경성보육학교 운영

방정환이 중앙보육학교에서 동화를 가르치는 동안 색동회 동인인 조재호, 정순철, 정인섭, 최영주, 이헌구 등은 경성보육학교 운영에 참여했다. 색동회 동인인 최진순이 교장을 맡고 이헌구가 교감으로 일하며 나머지 동인들은 직접 수업을 했다. 색동회 동인들의 어린이에 대한 관심이 유아교육, 유치원 교사 교육으로 발전해나간 것이다. 경성보육학교에 참여하게 된 배경에 대해 이헌구는 이렇게 이야기한다.

드디어 1931년 6월 졸업 후 3개월 동안 도쿄에 그냥 남았다가, 귀국하여 서울에 일시 정착했다. 소파도 공사 간 수차 만났다. 마침 7개월 방학 동안 중앙보육학교에서 보모 강습회가 있었는데, 당시 소파는 지병이 악화되어 입원하게 되었고, 내가 대신은 아니지만 소파가 맡은 강습 과목도 겸해 맡아보게 되었다. 이 기간 중인 7월 23일, 소파는 운명하고 말았다.

가을이 되었다. 소파가 중앙보육학교에서 맡았던 동화 등 시간이 내게로 넘어왔다. 당시 교장은 박희도 씨였다. 그런데 8월 하순, 당시 중동학교에서 교편을 잡고 있었고 또 색동회 회원이기도 한 최진순 씨가 나와 요담이 있다는 연락이 왔다.

우리 둘은 중국 음식점에선가 만났다. 사실 요담 이상의 요담이 오고 갔다. 즉 최씨는 경영난에 허덕이고 있는 유일선 목사가 설립자 겸 교장인 경성보육학교 인계 문제가 종결 단계에 들어갔는데, 나더러 같이 일해보자는 간곡한 요청이었다.

나는 겨우 중앙보육에 몇 시간 맡은 일 외에는 소임이란 아무것도 없는 형편이었다. 그런데 봉급이 30원 정도밖에 낼 수 없는 실정이란 것이다. 당시 하숙비가 독방 쓰면 25원 할 때다. 담배도 피우지 않는 때니까 식비는 해결된다 하더라도, 대학 출신이 최저 60원 내지 70원을 받던 때인지라, 그 반값도 되지 않는 데 나는 조금 난색을 보였다. 그런데 그럴 이유로는, 당시 경성보육에는 20명 정도의 학생밖에 없어 이제 2학기에 새로 신입생, 보결생을 모집해서 적어도 50, 60명의 학생은 될 것이니, 그리되면 그만한 월 지급은 할 수 있다는 가상인 것이다. 금전 문제에 있어서는 과욕이라기보다 거의 손쓸 길 없이 지내온 나의 학창생활인지라, 고학에 가까운 학생 시절은 아직도 끝나지 않았구나 하는 허망감 같은 것을 느꼈다.

그렇다고 무위도식할 수는 없는 일이 아닌가. 또 아동(유아)교육 방면은 전공은 아닐지라도 늘 관심이 있었고, 또 나대로의 그 방면에서 애써왔던 처지라, 이따가는 용빼는 수가 생기더라도 그 일 자체에 마음이 끌려서 수락하는 태도를 보이고야 말았다.

이러한 다음다음 날인가 새로운 인사·학사에 대한 문제를 위해 동지끼리의 모임이 벌어졌다. 그 자리에 나타난 이들은 주로 색동회 동인인 조재호, 정순철, 정인섭, 최영주(신복) 등이었다.

이미 소파는 떠나갔지만, 그 정신으로 경성보육을 키워나가자는 비장한 패기 넘치는 분위기였다. 전임으로 최영주 한 사람을 더 추가하고, 교원진은 상기 인사들이 최대한으로 시간 출강케 하고, 그 외에 이북 간 이태준 내외(부인은 음악), 유형목 등으로 하여 교원진을 일신시켰다. 그리고 신입, 보결생을 모집했다.

당시 보육학교의 실정이란, 학생의 반 이상은 불행한 환경에 있는 여성들이 평생을 유아교육에 헌신하겠다는 눈물겨운 열의에 찬 나이든 여성들이었다. 그리고 또 하나는 1929년 광주학생사건을 치르고 복교할 길 없는 학생의 수도 더러 있었다.

이럭저럭 약 30명이 새로 들어왔다(당시 보육학교는 2년제였다). 가난한 새 살림이 시작되는 것이다. 당시 가정을 갖고 있지 않던 나는 아침부터 밤까지 학교에서 살다시피 했다. 교감이요, 학생주임이요, 또 사동 노릇까지 조금도 괴로움을 모르고 이에 헌신했다.

그럭저럭하는 동안 동기 방학이 되었다. 교원회의를 열고 신년도의 계획을 논의했다. 거기서 두 가지 중요한 안건이 나왔다.

1. 『보육시대』라는 계간지를 발간할 것.

2. 오는 6월 초 전후하여 '전국유아작품전람회'를 개최할 것.

등이었다. 물론 짧은 가을 학기지만 서둘러서 금강산 수학여행도 갔고, 12월 초에는 '동요동극의 밤'도 가졌다. (…)

1932년 신학기에는 좀더 많은 학생들이 모였고, 새로 젊은 선생들도 몇 분 왔다. 그리고 『보육시대』 2호는 '유치원 교육의 아버지'라고 불리는 프리드리히 프뢰벨의 탄생 150주년 기념호를 냈던 것이다. 지금 생각하면 부끄러운 일이나, 나 자신 프뢰벨의 교육사상을 논한 글을 권두에 실었다. (…)

이렇듯 내적인 충실을 위해 전력을 다하는데도, 학교의 운영은 여러 가지 난관에 부딪치게 되었다. 그중 중요한 것의 하나가 설립자 유일선 씨(유목사는 태반 일본에 체류했음) 일가 생활비 지불 건이었다. (…)

그런 중에도 가을의 금강산 수학여행과 제2회 동요동극의 밤을 갖기도 했다. 그뿐 아니라 1932년 겨울방학에는 유아교육자회의를 경성보육의 주최로 열었는데 이화보육, 중앙보육의 선생도 참석했다. 이 자리에 유아교육에 대한 견해의 차이가 생기어 나는 『중앙일보』 지면을 통하여 8회에 걸쳐 내 나름대로의 유아보육 문제에 대한 견해를 피력하기도 했다.

나는 일찍이 30 미만의 청년으로 학교 운영에 대한 하등의 실력도 발휘할 수 없으나, 최진순 교장은 여러 가지로 대책을 강구하여 몇 번 유지들과 회담도 가졌는데, 서광이 보이는 듯하다가도 좌절되기 수차, 1933년 2월 이후로는 딴 사람의 손으로 학교 운영이 옮겨진다는 설이 점차 양성화해갔고, 이에 따라 색동회 동인들이 수차 회합을 가졌으나 별로 뾰족한 수가 생기지 않았다.

설상가상으로 최씨 개인 문제가 개재되고 하여, 학교는 거의 허공에 떠버리고, 학생들의 미묘한 움직임도 있었으나, 3월 10일 졸업식이 끝난 후, 사태는 급전직하로 기울어져 3월 24일, 25일경에는 독고선 씨에게 학교 운영권이 넘어갔다. 나에게는 유임해도 좋다는 통고가 오고 재학생들이 유임을 진정하기도 했으나, 나 혼자 남을 수도 없는 실정이고 보니, 4월 1일부터 경성보육학교는 우리들이 인계한 지 1년 반만에 다른 이의 손으로 넘어갔다. 그동안 색동회 동인들의 희생적인 봉사와 노력의 경주도 하루아침 무로 돌아가고 말았다.[1]

## 녹양회와 아동극

정순철은 경성보육학교 운영에 참여하면서 색동회 회원인 정인섭, 이헌구와 함께 '녹양회'라는 동요동극단체를 만들었다. 녹양회는 「오뚝이」 「마음의 안경」 「쳉기통」 등의 창작 동극, 「소나무」 「백설공주」 등의 동화극, 「파종」 「금강산」 등의 학교극을 무대에 올렸다. 정인섭이 각본을 쓰

▲ 경성보육학교 녹양회 시절. 정순철(동그라미 안) 옆으로 이헌구, 정인섭 등이 보인다.

고 정순철이 작곡과 노래 지도를 하고 이헌구가 동극을 지도했다.

경성보육학교 녹양회에서 시도한 것 중 가장 눈에 띄는 것은 역시 동극이었다. 정인섭은 『색동회 어린이 운동사』 중의 「색동회와 아동극 문제」라는 글에서 "윤극영 씨와 정순철 씨는 동요를 취급했고, 방정환 씨와 마해송 씨, 진장섭 씨들은 주로 동화를 취급했고, 손진태 씨는 역사이야기, 조재호 씨는 혹간 훈화를 썼지마는 고한승 씨와 나는 동화극을 전문하다시피 하였다. 그런데 고한승 씨가 쓴 동화극은 몇 개 안 됐지마는, 내가 마련한 동극은 상당히 많았다"고 회고했다.[2] 이렇게 색동회 동인들이 맡았던 역할을 언급하면서 당시의 아동극에 대해 이야기한다.

맨 처음 내가 발표한 동화극은 「소나무」라는 1막극이었다. 어떤 산중에 소나무가 하나 있었는데, 그 잎이 바늘같이 빳빳하고 뾰족뾰족한 것이 싫다고 울고 있었다. 선녀가 나타나서 그 소원을 물으니 보들보들한 버드나무가 소원이라고 했다. 그래서 그 선녀는 천사들을 불러서 버드나무 잎사귀로써 소나무를 꾸미게 했다. 그래서 소나무는 좋아서 빙글빙글하고 있는데, 산염소가 와서 그 부드러운 잎사귀를 다 따 먹었다.

소나무는 다시 울고 있는데, 먼저 왔던 선녀가 다시 와서 그 이유를 물으니, 이제는 반짝반짝하는 황금나무가 됐으면 하는 소원을 말했다. 그래서 그 선녀는 천사들을 시켜서, 황금나무 가지와 잎사귀로써 그 헐벗은 소나무를 치장해주었다. 그랬더니 소나무는 "나는 기뻐요, 나는 기뻐요!" 하면서 춤을 추고 있었는데, 그곳을 지나가던 도둑이 두 사람 나타나서 그 황금잎을 다 따갔다.

그래서 소나무는 또다시 울고 있었다. 선녀는 다시 나와서 슬픔에 잠긴 소나무에게 이제는 무엇이 소원이냐고 물었더니 소나무는 비로소 자기의 잘못을 깨닫고, 도로 소나무가 되기를 희망했다. 그래서 선녀는 천사들을 불러서 소나무 가지로 그 본래의 모습으로 꾸며주면서 자기 본꼴을 잊지 말고 그것을 도로 찾으라는 충고를 한다. 소나무도 자기의 본모습대로 소나무가 된 것을 다행으로 생각하고, 참으로 기쁜 미소를 띠며 우쭐거린다.

「소나무」의 줄거리를 말하면 위와 같은데, 노래와 춤으로 엮었다. 여기엔 한국 민족의 얼을 지키고, 잃었던 강토를 도로 찾자는 뜻이 숨어 있다. 무대 효과도 좋고 30분 정도로 해낼 수 있는 동극이다. (…)

서양동화의 「백설공주」를 내가 동극으로 만들어 『어린이』 잡지에 발표를 했더니, 각지에서 상연되었었다. 이렇듯 거의 매호마다 동극 하나씩을 발표했는데, 그 가운데 나오는 동요는 작곡을 아니 하고 그냥 음율적으로 즉흥적인 노래를 해도 좋다고 했다. (…)

우리가 일본의 지배 아래에 있었을 때의 아동운동은 일종의 민족운동이었다고 기억한다. 일본 총독부의 검열관들이 우리의 진의를 알았는지 모르지마는, 그것이 어린이문학인 이상에는, 겉으로는 금지할 아무런 이유가 없었다. 다른 신문, 잡지들은 모두 검열제도로 되어 있었으나, 『어린이』 잡지는 그다지 당국의 간섭을 받지 않았지마는 주목의 대상은 돼 있었다.

그런데 또 하나 내가 발표한 「파종」이란 동극은, 역시 중학교 정도의 학생극으로 지었는데, 내용은 신라시대의 경주 에밀레종 이야기를 주제로 한 것이다.

종을 만들 때 아기를 쇠와 같이 녹여 만들었다는 그 이야기를, 어린이 학대라고 보았기 때문에, 그때의 어린 왕녀가 이 아기 소년과 동무가 되어, 그를 희생시키지 않으려고 여왕님과 합심해서 숨겼으나, 결국 발각이 되어 종을 만드는 불 속에 희생되었다. 종소리가 울릴 때마다 왕녀가 나와서 그 소년을 생각하는 순간, 종 위에 그 소년의 혼이 나와 보이더니, 우뢰와 번개와 함께 그 종은 도로 깨졌고, 그 소년이 다시 살아나서 왕녀와 함께 춤을 추는 여명의 아침으로 막이 내리도록 꾸몄다.

이 동극은 배화여학교에서 학생극으로 상연했을 때 내가 그 연출을 맡아보았고, 청중들도 열광적으로 박수로써 감상해주었다. 끝으로 왕녀가 부르는 노래는 다음과 같다. 작곡은 정순철 씨가 했다.

바람아 불어라
번개야 내려라

이 종이 깨질 때
세상이 눈 뜬다

이 동극은 왕의 권력이라도 어린이를 희생시켜서는 안 된다는 뜻이지마는, 민족의 고난도 암시되어 있다. 물론 원래의 에밀레종의 전설과는 좀 달리 꾸몄지마는, 그것을 어린이 운동의 자료로 다시 창작해 보았던 것이다.

그런데 내가 시도하던 동극은, 그다음 고등·전문학교에까지 발전시킬 필요가 있었다. 우리가 동극운동을 시작한 후부터 각 교회의 일요일학교에서는, 특히 크리스마스 때에 성극을 만들어 상연시킨 것은 물론이다.

그 가운데는 고등학교 정도의 작품도 있었지마는, 내가 시도한 작품으로는 「허수아비」「쳉기통」「사람늑대」 같은 것이 있다.

「허수아비」는 완전히 동요극이었는데, 작곡은 색동회 동인인 정순철 씨가 맡아했다. 줄거리는, 계모에게 학대받는 소녀가 눈 오는 겨울에 물레를 젓고 있는데, 찾아온 헐벗은 허수아비가 도움을 받는다. 소녀는 참새에게도 친절하게 밥알을 던져주곤 했으나, 계모에게 꾸지람을 들어 집에서 쫓겨나가는데, 밖에서 돌아오는 아버지에게서 구원을 받는 이야기다.

여기 나오는 참새들의 노래는 그 후 오늘날까지 유치원에서 불리어지고 있다.

아가씨 아가씨 안녕하셔요?
아가씨 지붕에 집을 짓고요,

▲ 동극「허수아비」대본.

아침에도 짹짹 저녁에도 짹짹.

이 이외에도 구슬픈 노래가 많은데, 이 동극은 민중서관에서 발간한 아동문학전집 가운데 동극집에 수록되어 있다.

이 동극은 당시 색동회 동인들 중에 이헌구, 정순철, 최진순 씨와 내가 중심이 되어 경영하던 경성보육학교에서 여학생들이 그 강당에서 상연했다.

물론 동심을 그렸지만, 그 소녀와 허수아비는 한국 민족의 고난을 상징한 것이었다. 그리고 「쳉기통」*이란 것도 『어린이』잡지에 게재됐는데, 좀 이색적인 동극이다.

그 줄거리는 복동이라는 부잣집 아이가 장난감을 학대하는 나머지, 여러 인형의 팔다리를 부셔서 쳉기통에 버렸다. 그랬더니 그 병신이 된 절름발이 인형들이 쳉기통에서 튀어나와 데모를 하는 장면이 있고 복동이에게 항의하여 잘못을 깨닫게 하니, 그 후로는 인형을 소중히 한다는 내용이다. 동극으로서 퍽 활기가 있고 재미있는 것이었다. 물론 여기서도 도덕적인 뜻이 있고, 민족적인 설움도 암시되어 있다.

「사람늑대」라는 것은, 내가 이 글 처음에 말한, 세계영문동화집 속에 있는 아메리칸인디언의 동화를 소재로 해서 지은 동극이다. (…) 이 동극은 상당히 흥분되는 극으로, 위에서 말한 경성보육학교 학생들이, 그 시절의 서울 공회당 큰 무대에서 공연해서 장안의 갈채를 받은 일이 있다.

이와 같이, 동극의 수준은 차츰차츰 높아져갔다. 물론 이것들은 당

* 쓰레기통을 진개통(塵芥桶)이라고도 하는데 이것을 일컫는 말이 아닌가 한다. 진개는 먼지와 쓰레기를 뜻한다.

시의 보육학교 학생들을 위해서 지은 것으로, 장차 유치원 선생이 되려는 학생들에게 교육사상을 전달하기 위한 방편이었다고 하겠다.

사람은 어린이 시절부터 교육을 시켜야지, 그렇지 않으면 모양은 사람과 같으나, 짐승처럼 되고 만다는 뜻이 있는 것은 물론, 형제간의 신의를 호소하는 의미도 있다.[3]

아동극에 대한 정인섭의 글을 보면 경성보육학교 녹양회에서 무대에 올린 대부분의 아동극은 정인섭이 극본을 쓰고 정순철이 노래를 작곡하고 지도했음을 알 수 있다. 경성보육학교 여학생들이라면 어린이가 아니라 유치원 교사가 될 학생들인데 그들이 아동극을 연습해서 공연을 했고 호응도 좋았고 서울 공회당의 큰 무대에서 공연을 할 만큼 대단했었다.

정인섭의 창작집 『색동저고리』에는 이 동극들의 대본이 실려 있다. 정인섭은 후기에서 이렇게 이야기한다.

그 후 최○○* 씨가 맡아보고 있던 경성보육학교에 관계하여 거기서 시무하던 정순철, 이헌구, 최영주 씨 등의 협력으로 실제로 유치원 아이들을 취급하는 보모 양성에 노력하면서 아동문학의 창작과 그 실천을 해보았던 것이다. 이리하여 이 세 분**도 색동회 회원으로 추천되었었다.

여기 모은 작품은 『어린이』 『신소년』 기타 아동잡지에 실렸던 것과 보모 양성을 위해서 지은 것들이다. 「쳉기통」 「파종」 「허수아비」 「사람

* 동그라미로 지워진 이름은 '진순'이다.
** 세 사람이 아니라 두 사람이다. 정순철은 색동회 창립 멤버다.

늑대」들은 경성보육학교 학생
회인 녹양회에 의해서(「허수아비」
「파종」: 1931년 12월 8일, 「쳉기통」「사람
늑대」: 1932년 11월 11일) 전부 그때 공
회당(지금은 상공회의소)에서 실제
로 상연되어 큰 성과를 얻은 것
인데 「허수아비」는 다른 아동
문학전집에 넣었기 때문에 여기
는 넣지 않았고, 「사람늑대」는
원고를 잃어버렸기 때문에 여기
실릴 수가 없었다. 그중 「파종」

▲ 정인섭 창작집 『색동저고리』 표지.

은 일찍이 배화여학교 학생들에 의해서도 상연된 바 있고, 「금강산」은
해방 후 중앙여자대학 학생들에 의해서 상연된 일이 있다. 그리고 동
요 중에 「참새」와 「봄노래」는 정순철 씨의 작곡으로 이미 세상에 널리
불려져 있지마는, 동극 가운데 나오는 노래에도 그분의 작곡이 많으
나 악보를 잃어버려서 이 책에 실리지 못함을 유감으로 생각하는 바
이다.[4]


이 글을 통해 새롭게 알 수 있는 것은 「참새」와 「봄노래」라는 노래가
정순철에 의해 작곡되었다는 것과 그 두 노래가 세상에 널리 불리어지
고 있었다는 것이다. 그중에 「참새」는 정순철의 동요집 『참새의 노래』
맨 앞에 수록되어 있다. 다만 정인섭이 작사한 노랫말이 1절만 수록되
어 있는데 정인섭의 『색동저고리』에는 2절까지 실려 있다.

참새

아가씨 아가씨! 안녕하세요?
아가씨 지붕에 집을 짓고요.
아침에도 짹짹! 저녁에도 짹짹!

도련님 도련님! 안녕하세요?
도련님 지붕에 집을 짓고요.
아침에도 짹짹! 저녁에도 짹짹!


이것이 「참새」의 전문이다. 그런데 「봄노래」의 악보는 찾을 수 없다.
정인섭의 「봄노래」 노랫말은 다음과 같다.

봄노래

보리밭에 종달새 노래 부르니
나물 캐던 누나가 하늘을 보네
어디서 오라는지 보이지 않고
노랑나비 한 마리 날르고 있네

뒷산에서 꾀꼬리 봄노래 하니
나무하던 내 동생 한숨을 쉬네
진달래 꽃방망이 만들어 쥐고
푸른 무덤 두드리며 울음을 우네


222

동생이 누나하고 나비를 따라
강 건너 버들가지 꺾으러 가자!
피리 불며 꽃방망이 뚜드려보면
봄물에 아늘아늘 어머니 뵈네.

정순철이 작곡하기 좋아하는 노래 중에는 어머니에 대한 노래, 어머니에 대한 그리움을 담은 노래가 많은데 정인섭의 「봄노래」도 그런 계통의 노래다. 악보를 찾을 수 없는 점이 안타깝다. 정인섭의 아동극에는 대부분 노래가 삽입되어 있다. 「쳉기통」에는 막이 열리기 전에 정순철이 작곡한 「헌 모자」를 부르며 극이 시작된다. 그리고 극이 끝나면서 「우리 애기 행진곡」을 부른다. 앞에서 정인섭이 에밀레종을 소재로 한 「파종」에 나오는 왕녀의 노래를 정순철이 작곡했다고 언급했는데 「파종」에는 왕녀가 부르는 노래가 하나 더 있다.

    1. 종소리 들린다
       종소리 들린다
       에밀레 종소리
       오늘도 들린다

    2. 종소리 울리고
       내 마음 울려도
       세상의 마음은
       울리지 못하네

▲ 정인섭 극본 「금강산」. 「금강산」에는 정순철이 작곡한 「물새」가 들어 있다.

　왕녀의 이 노래를 듣다가 귀동이 종 위로 핼끔하고 얼굴을 내어 밀고 왕녀를 바라보는 것으로 극은 이어진다. 이 노래 역시 악보를 찾을 수 없다.

　「금강산」은 정인섭의 대본 중에 가장 대작이다. 이 작품에는 소녀 독창, 선부 합창, 인어 합창, 바위 합창, 인어 독창 등 열일곱 곡의 노래가 들어 있다. 아동극이라기보다 뮤지컬에 가깝다고 할 수 있다. 그런데 이 대본 중에는 정순철이 작곡해서 널리 불리어지고 있는 「물새」와 화암 작사, 이건우 작곡 「여명의 노래」 두 편은 이름이 밝혀져 있고 나머지는 작곡한 사람의 이름이 없다. 「물새」도 허삼봉 지음이라고 작사자만 밝히고 작곡자는 밝히지 않았다. 나머지 노래는 당연히 정인섭이 노랫말을 지었을 것이고 지금까지 해온 대로 보면 작곡은 정순철이 했을 것으로 짐작된다.

창작 동극 「소나무」에도 소나무의 노래 두 곡이 들어 있고 「오뚝이」와 「맹꽁이」에도 노래가 들어 있다. 나중에라도 이 노래의 악보들을 찾게 되기를 기대한다.

색동회 동인들은 동요나 동시 작품에 슬픈 내용이 많은 것을 두고 스스로 비판하기도 했다.

색동회 동인들은 가끔 모여서 어린이 교육에 대한 자아비판을 했다. 동화에 있어서는 너무 슬픈 것이 많다고 하여, 그 후로는 슬픈 것을 3할, 기쁜 것을 7할 정도로 하자고 결론을 내렸는데, 특히 마해송 씨는 동화가 너무 눈물을 흘리게 한다고 한 데 대해서, 방정환 씨는 먼저 사물에 대해서 느낄 줄 아는 교육을 하기 위해서 부득이 처음에는 슬픈 것을 주게 된 것이라고 대답했고, 이제는 한국 아이들의 정서도 발전되고 했으니, 유쾌하고 씩씩한 동화를 더 많이 주자는 의견에 일치했다.

동요에 있어서는 곡이나 가사를 아이들의 연령에 맞도록 하자고 해서, 유치원 아이들에게 너무 수준이 높은 동요는 삼가자는 의견들이 나왔다.

윤극영 씨의 「반달」도 곡조가 너무 어린아이에게는 숨이 가쁘다고까지 생각한 동인도 있었다. 따라서 내가 시도하던 동극도 너무 수준을 높이는 것보다, 훨씬 낮추어서 순수하게 유치원 아이들을 위한 것을 지어야겠다고 해서, 처음으로 시도한 것이 「오뚝이」라는 원아극이다. 아주 쉬운 말로 엎어져도 울지 말고, 오뚝이처럼 팔딱 일어나라는 것을 주제로 했는데, 재미있는 것이다.[5]

윤석중은 이것을 '눈물주의'에 대한 비판이라고 했다.

소파 방정환의 '눈물주의'를 정면으로 공격하고 나선 이는 색동회 동인 마해송(마상규)이었다. 그는 1931년 9월 『조선일보』에 실은, 죽은 소파를 추도하는 글에서 이렇게 따지고 있다.

"방군과 우리들(우리들이란 주로 색동회)은 근년에 와서 오히려 상반되는 사이에 있었다. 우의는 여전히 두터우면서 방군의 『어린이』 편집 방침, 아동 지도 방침에 대하여는 오히려 대립적 태도를 가지고 있었던 것이다. 말하자면 군의 영웅주의와 눈물주의를 극력 배척한 것이다."

마해송의 주장은 '현실을 과학적으로 똑똑히 바라볼 수 있는 눈'을 지니도록 어린이들을 지도해야 된다는 것이었는데, 그렇게 말한 그 자신이 지은 대표작 「바위나리와 아기별」(1926년 『어린이』 신년호)이나, 「어머님의 선물」(1925년 『어린이』 송년호)을 보면 눈물을 자아내기는 소파의 슬픈 이야기와 별로 다를 바 없었다.[6]

윤석중은 마해송의 비판이 마음에 들지 않았던 것 같다. 슬픈 이야기를 많이 하면서 슬픔을 통해 감성 해방에 이르는 경험이나 자기정화의 경험을 하게 하는 것은 문학이 갖고 있는 본래의 기능 중에 하나다.

이원수는 이런 방정환 문학을 "슬픔을 같이 보고, 같이 울어주는 문학"이라고 했다. 또한 이 감상성이 "꿋꿋한 의지와 함께 있는 여린 연민의 정의 소산이요, 그것은 또 억압당하는 민족의 슬픔과 구박받는 아동들에 대한 동정의 마음에서 우러난 것"이라 보았다.[7]

심명숙도 방정환을 향한 눈물주의 비판을 좀더 적극적으로 방어한다. "문학에서 슬픔은 또 다른 힘일 수 있다. 방정환 동요는 쓸쓸하고 슬프지만 좀더 자세히 들여다보면 그 슬픔은 강제로 만들어낸 억지 슬픔이 아니다. 자연물에 대한 따뜻한 눈길에서 오는 슬픔이며 어려움을 견디게 하는 슬픔이다. 방정환은 식민지 현실에 처해 있던 겨레의 슬픔을 자신의 슬픔으로 받아 안고 스스로 어린이가 되어 슬픈 동요를 불렀다. 1920년대 대부분 동요가 자신의 개성을 못 찾고 막연한 감상에 머물렀던 것은 큰 문제지만 그렇다고 이런 슬픈 동요를 눈물주의, 감상주의라 하여 모두 버릴 필요가 있을까?"라며 슬픔이 가진 힘을 옹호한다.[8] 슬픔은 도리어 어려움을 이기게 하는 힘이 있다는 것이다.

그러나 문학은 전부 슬프다는 식으로 생각하게 해서는 안 된다는 비판은 얼마든지 있어도 좋은 비판이라고 생각한다. 이런 비판과 반비판을 통해 발전하는 것이다. 윤석중도 나중에는 이런 점에 동의하면서 어린이에게 기쁨과 즐거움을 주는 동요, 놀이의 기쁨을 알게 하는 동요를 많이 쓰게 된다. 또 하나 중요한 것은 '동요에 있어서는 곡이나 가사를 아이들의 연령에 맞도록 하자는 것', 그래서 '유치원 아이들에게 너무 수준이 높은 동요는 삼가자는 것' 등의 의견들이 있었다고 한다. 이런 논의들은 구체적이고 발전적이며 생산적인 논의라고 생각한다.

## 음악 교사 정순철

정순철은 1927년 4월부터 1938년 8월까지 동덕여고 음악 교사로 재직했다.[*] 그리고 1931년부터 1933년까지 경성보육학교에서 보육 교사들을 가르쳤으며, 1939년부터 1941년까지 음악공부를 하기 위해 두 번째로 일본에 건너갔다. 1942년부터 1946년까지 중앙보육학교를 거쳐 1947년에는 무학여고, 1948년에는 성신여고에서 교직생활을 했다.** 학교에 재직할 때 그의 별명은 '한국의 베토벤' '면도칼'이었다. '면도칼'은 대쪽 같은 성품과 불의를 보고는 못 참는 불같은 성격 때문에 붙여졌다고 한다. 음악 교사 정순철에 대해 차웅렬은 이렇게 이야기한다.

> 정순철은 1938년까지 서울 동덕여고에서 음악 선생으로 명성을 떨쳤다. 합창 지도를 잘하였을 뿐 아니라 멋쟁이 미남 선생으로 '한국의 베토벤'이라는 별명으로 인기를 한 몸에 안았다. 그 시절 천도교인의 딸들은 대다수가 동덕여고 출신이었으며, 나의 두 누님도 모두 정선생의 음악 지도를 받았다. (…)
>
> 동덕여고 재직 시 교장 댁 혼사가 있어 선생님들끼리 축의금에 대한 논의를 하고 있었다. 어떤 교사가 웃어른 댁이니 좀 높게 청하여 보냈으면 하는 의견을 내놓았다. 그러나 순철은 교장 댁 살림이 어려워서라면 마땅히 도와드리는 것이 도리지만, 직위의 상하를 가려서 축의금에 차등을 두는 것은 좋지 않다고 반대하였다. 한마디로 대쪽 같은 성품과 불의를 보고는 못 참는 불같은 성격이라 친구 간의 별명이 '면도칼'이다.[9]

그는 훌륭한 음악 교사이기도 했다. 그는 「옛이야기」라는 노래에 대

---

*　동덕여고 재직 기간은 동덕여고 교감을 역임하고 현재 동덕여자중·고등학교 총동창회(동진회) 부회장으로 있는 손인희 부회장을 통해 '동덕여고 50년사'에서 확인한 것이다.

**　차웅렬의 글에는 경성보육학교에서 1931년부터 1934년까지 재직한 것으로 나와 있으나, 이헌구의 수기에 의하면 경성보육학교는 1931년에서 1933년 3월까지 일한 것으로 나와 있다. 동덕여고에 1927년 4월부터 1938년 8월까지 재직했으므로 경성보육학교에서는 학생들 음악 지도를 한 것으로 보인다.

▲ 학교 교정에 앉아 있는 정순철.

해 쓴 글에서 "그 노래의 내용(내적 생명) 모든 문제는 생각할 필요도 없이 자기의 목소리만 아름답게 내고자 한다면 그 노래는 생명을 잊어버린 노래가 되고 마는 동시에 생명 없는 노래를 하는 성악가도 생명이 없는 것입니다"라고 말했다. "명석한 머리, 풍부한 지식, 예민한 감정과 감각 그리고 열렬한 열정과 통찰력"을 가지고 "노래의 온 생명을 다시 재현시키는" 노래를 하라고 가르쳤다.[10]

음악에 대한 원론적인 생각과 자세만 바르게 가르친 게 아니라 구체적으로 노래하는 방법을 가르치는 데 있어서도 그는 자상하고 분명했다. 『어린이』 11권 2호(1933년 2월)에 실려 있는 「노래 잘 부르는 법: 동요 '옛이야기'를 발표하면서」는 지금 읽어도 훌륭한 음악교육 지침이다.

사람은 누구나 다 노래를 부르고 있습니다. 부르지 않고는 견딜 수가 없을 만치 여러 가지의 이유로 노래를 부르고 있습니다.

노래는 쓸쓸한 사람에게는 충실하고 유순한 동무가 되어주고 호올로 외로울 때 마음이 아프고 괴로울 때 그 외롭고 괴로움을 잠재워도 줍니다.

때로는 끝없는 희망을 말해주며 우리의 하는 가지가지 일에 '리듬'을 주는 다시없는 친한 친구가 되어줍니다.

사람은 노래를 부릅니다.

괴로운 사람이나 일하는 사람이나 번민하는 사람이나 누구나 자기의 처지에 따라 노래를 부르고 있습니다.

기쁠 때 기쁨을 나누어주며 슬플 때 슬픔을 나누어주는 둘도 없는 친한 동무가 있다면 그것은 노래뿐만이라고 생각합니다.

그럼으로 해서 우리 인간 세상에는 노래라는 것이 없어서는 안 될 커다란 자리를 잡고 있습니다.

아침에 일찍이 소를 끌고 들로 나가 일하는 농부는 소와 더불어 노래하고 있고 나무하는 초동은 흩어진 낙엽과 같이 노래하고 있으며 푸른 바다에 배를 저으며 고기 잡으러 가는 어부들은 바다를 노래하고 있습니다.

그리고 어린이는 어린이의 마음을 노래하고 기쁨을 노래하고 그의 생각 그의 생활 전체를 노래하고 있습니다. 이것을 말하여 동요라고 할 수 있겠습니다.

그러면 이번에 보여드리는 「옛이야기」 노래는 물론 동요입니다. 그러나 이 노래를 지은 사람은 어린이가 아닙니다. 어른입니다. 클 대로 다 큰 사람입니다. 그러나 사람의 마음에는 지나간 옛날을 추억하는 거룩한 보배가 있지 않습니까? 그 추억의 보배가 글로도 되고 그림으로도 되고 때때로 노래로도 되어 나타나는 것입니다.

그래서 나는 이 노래의 말을 읽으면서 직감적으로 나의 마음 나의 생각은 끝없이 길고 긴 옛날의 어린 시절로 돌아갔습니다.

그리도 행복스럽지 못하던 어린 시절! 그리도 즐겁지 않던 어린 시절! 언제나 쓸쓸하였고 언제나 외로웠던 어린 시절이었습니다.

그래서 마음에 깊이깊이 스며드는 외롭고 쓸쓸함을 잊기 위하여 즐거움을 찾았었고 번거로움을 바랐었으며 마음이 요구하는 양식도 찾았었을 것입니다. 그래서 노래도 요구했었을 것이요. 옛날이야기도 듣고자 했었을 것입니다.

그러나 가엾습니다. 이 어린이의 나라에 노래가 있었을 이치야 있겠습니까. 다만 바라는 바 한 가지 있다고 하면 그것은 옛날이야기가 있었을 뿐입니다.

그래서—

"엄마! 옛날이야기 하나만 해주."

하고 바느질하면서 콧노래하는 어머니를 조르던 그때의 그 생각이 지금도 잊을 수 없이 생각에 떠오릅니다.

"호랑이가 잡아먹자 하고 나오지—"

하면서 호랑이 이야기를 들으며 희미하게 껌벅이는 불을 무심히 넋을 잃고 바라보던 그때 일이 잊을 수 없습니다.

그렇습니다.

지나간 옛날에 어린 시절에 잊을 수 없는 이 추억이 나로 하여 이 「옛이야기」란 노래를 작곡하게 한 동기였습니다.

이 노래의 말을 읽으면서 마치 나의 지나간 일을 써놓지 않았는가 하고 할 만치 감흥을 일으켜주었습니다.

그래서 처음 생각한 그 동기가

버선 깁는 우리 엄마⋯ 첫 줄 제일 제이 소절이 되었습니다.

여러분!

이 위에 한 말씀을 잘 생각하셔서 이 노래를 작곡한 사람의 작곡한 동기와 그의 그 지나간 생활의 한쪽을 잘 이해하시면서 이 노래를 불러보시는 게 어떻습니까? 그리하는 것이 어떠한 노래이든지 그 노래를 부르는 데 가장 중요한 조건의 하나일 것입니다.

그리고 그 효과로 보아 가장 잘 그 노래가 표현되었다고 할 수가 있겠습니다.

그러면 이 노래는 어떻게 부르나?

이렇게 이러한 생각을 가지고 노래를 불러보십시오.

여러분! 여러분은 생각하시기를 노래를 잘하자면 첫째 목소리가 좋아야 한다고 하시겠지요! 그러나 목소리가 아주 나빠서 병적으로 소리가 흉 없지 않다면 그만입니다. 세상에서 유명하다는 성악가도 목소리가 좋지 못한 사람이 십에 칠팔이나 된다니 목소리의 아름답다 아름답지 않다 하는 것은 문제가 안 된다고 볼 수가 있습니다.

다시 말하면 목소리가 좋다 하는 것과 노래를 잘한다는 것과는 별문제로 생각할 것입니다. 목소리가 좋다고 하면 그것은 성악(예술)이 아니라 그것은 성대 기술이 좋다고 할 것입니다. 그저 조그마한 어린이가 조용히 앉아서 엄마나 할머니에게 옛이야기를 듣고 있는 것을 한 폭의 그림같이 그리면서 천천히 깊어가는 밤! 재미있어가는 이야기와 같이 부드럽고 너무 무겁지 않게 옛이야기의 환상과 같이 처음부터 끝까지 흘러가야 합니다.

처음 버선 깁는 우리 엄마 졸라 졸라서⋯

▲ 동덕여고 음악 시간(1929년).

이 멜로디를 부를 때— 엄마와 어린이 희미한 등불 깊어가는 밤 그
리고 쓸쓸하여 옛이야기를 듣고 싶어 하는 어린이의 마음(心理)이 모
든 것을 머릿속에 생각하면서 이러한 정경을 잘 나타내어야 합니다.

성량을 적게 하고 타임(拍子 — 템포)은 천천히 시작하십시오. 그리고
다음 줄

옛이야기 한마디만 해달랬더니…

여기 와서 소리를 조금 크게 그러나 최초의 음색을 잊어버리지 말
고서 '옛이야기 한마디만'을 부른 뒤에 '해달랬더니'는 점점 크게 소리
의 폭을 더 넓혀서 부르고 다음

저기 저기 아랫마을 살구나무집…

'저기 저기 아랫마을' 이 여덟 자의 노래는 강하게 그러나 전체의 기
분을 벗어나지 않는 모든 조건에서 노래하여야 합니다. 그리고 음색(흥
분)을 달리 소리가 좀 뒤쳐서 나오게 하여야 합니다. 왜 그런가 하면

버선 깁는 우리 엄마 졸라 졸라서

옛이야기 한마디만 해달랬더니

이 두 줄의 악구나 또 두 줄의 문구에는 어린이가 엄마나 또는 할머니에게 이야기가 듣고 싶어서 이야기해달라고 조르고 조르는 것이요 셋째 넷째 줄

저기 저기 아랫마을 살구나무집

울음쟁이 못난 애기 우리 귀분이

이 두 줄은 이야기를 하여주는 어머니나 할머니의 말이니, 즉 어린이 말의 대답입니다.

그래서 노래하는 이는 어린이와 어머니의 두 인물의 문답적 크나큰 두 가지 구별을 잘 해석하여야 하겠음으로⋯ 위의 말과 같이

'저기 저기 아랫마을'− 을 크게 음색을 달리 어린이에게 대답하는 효과를 충분히 나타내어야 할 것입니다. 그리고

'살구나무집'− 은 조용히 저기 저기 아랫마을이 (큰 소리로 했음으로) 천천히(디미누엔도) 적게 소리가 하행(下行)하여야 그 줄의 멜로디 아니 전체의 노래가 밸런스(平衡)가 되는 것이니 '살구나무집'− 이 멜로디에서 이야기하는 그 이야기의 재미가 절정에 이른 것과 같이 긴장한 태도 천천히 차차 하행하십시오.

그리고 '울음쟁이 못난 애기 우리 귀분이⋯' 이 최종 악구에 와서 이 말의 의미로 보면 이야기를 해달라고 하나 할 이야기는 없으니까 '저기 저기 아랫마을 살구나무집' 여기까지 정말 이야기 같으나 결국 울음쟁이 못난 애기 우리 귀분이 니다 하는 기분적 변화로 유머릭하게 그리고 재미스러운 기분으로 부르십시오.

그리고 제이 절도 마찬가지로 부르십시오. 그리고 노래의 말, 즉 시

옛이야기 金福鎭謠 鄭律哲曲

버선깁는 우리엄마 졸라졸라―서
못벼젓는 할머니를 졸라졸라―서

옛이야기 한마디만 해달넷―드니
옛이야기 한마디만 해달넷―드니

저기저기 아랫마―을 살구나무 집
옛날옛적 성은고―가 이름은분이

우름쟁이 못난애기 우리귀분―이
그래저래 그래저래 고분이라―나

童謠

옛이야기

金水鄉謠
鄭律哲曲

버선깁는 우리엄마
졸라졸라서
옛이야기 한마듸만
해달랫드니
저기저기 아랫마을
살구나무집
옛날옛적 성은고가
이름은분이
우리귀분이
못난아기
울기쟁이
×
풀베짓는 할머니를
졸라졸라서
옛이야기 한마듸만
해달랫드니
옛날옛적 성은고가
이름은분이
그래저래 그래저래
고분이라나。

-( 5 )-

▲ 「옛이야기」 악보.

235

(詩)에 대한 충분한 이해를 가지고 그 시를 잘 해석한 후에 음악의 작곡을 잘 재현하여야만 거기서 완전한 예술적 노래를 발견할 수가 있는 것입니다.

끝으로 한 말씀은 이 노래의 멜로디는 이 노래의 가사를 빼고는 아무 의미가 없다는 것을 말씀해둡니다.


길지만 일부러 전문의 대부분을 인용했다. 그리고 이해를 돕기 위해 이 인용문은 3장과 달리 가능한 한 현대어에 맞게 옮겼다. 정순철은 글에서 자상하고 친절하게 노래의 배경에 대해 설명한다. 그러면서 노래를 부를 때 어떻게 불러야 하는지, 왜 그런지를 친절하게 알려준다.

첫 소절인 '버선 깁는 우리 엄마 졸라 졸라서' 이 멜로디를 부를 때는 성량을 작게 하고 박자는 천천히 시작하라고 한다. 그 이유는 엄마와 어린이가 희미한 등불 깊어가는 밤에 너무도 쓸쓸해서 옛이야기라도 듣고 싶어 하는 어린이의 마음을 머릿속에 생각하면서 이러한 정경을 잘 나타내야 하기 때문이라는 것이다.

두 번째 소절인 '옛이야기 한마디만 해달랬더니' 여기서는 소리를 조금 크게 그러나 최초의 음색을 잊어버리지 말고서 '옛이야기 한마디만'을 부른 뒤에 '해달랬더니'는 점점 크게 소리의 폭을 더 넓혀서 부르라고 가르친다.

세 번째 소절인 '저기 저기 아랫마을' 이 여덟 자는 강하게 노래해야 한다. 그리고 음색을 달리 소리가 좀 뒤쳐서 나오게 해야 한다고 말한다. 왜 그런가 하면 앞의 두 소설은 어린이가 엄마나 할머니에게 이야기가 듣고 싶어서 이야기 해달라고 조르는 것이요, 셋째 넷째 줄은 이야기를 해주는 어머니나 할머니의 대답이기 때문에 '저기 저기 아랫마을'을 크게 해서 어린이에게 대답하는 효과를 충분히 나타내야 한다. 그리고 '살구나무집'은 조용히 천천히 작은 소리로 하행해야 전체의 노래가 밸런스가 맞게 된다. '살구나무집'이 멜로디에서는 이야기의 "재미가 절정에 이른 것과 같이 긴장한 태도 천천히 차차 하행하십시오" 하고 가르친다.

그리고 마지막 '울음쟁이 못난 애기 우리 귀분이' 이 마지막 악구에와서는 '유머틱하게' '재미스러운 기분'으로 불러야 한다. 아이가 이야기를 해달라고 해서 이야기를 시작했지만 할 이야기가 없으니까 '저기 저기 아랫마을 살구나무집' 여기까지 정말 이야기같이 끌고가다가 결국 울음쟁이 못난 애기 우리 귀분이는 바로 너다 하는 이야기로 끝나게 되니까, 기분의 변화를 주면서 유머스럽고도 재미있는 기분으로 부르라는 것이다.

이런 설명을 듣다보면 정순철이 윤복진의 시를 얼마나 잘 이해하고 있으며, 어떻게 그것을 노래로 잘 해석해내고 있는지 알 수 있다. 본인도 "노래의 말, 즉 시에 대한 충분한 이해를 가지고 그 시를 잘 해석한 후에 음악의 작곡을 잘 재현하여야만 거기서 완전한 예술적 노래를 발견할 수가 있는 것입니다"라고 말하고 있다.

# 10장

## 졸업식 노래와 노래동무회

## 일제 말기 색동회 활동과 두 번째 유학

일제강점기 천도교소년회와 색동회의 활동은 쉽지 않았다. 특히 언론과 출판은 일본 당국의 주요 감시 대상이 될 수밖에 없었다. 1926년 소년단체의 분열과 6·10만세운동 등으로 어려움을 겪었던 소파 방정환은 1928년 행사 이후 제일선에서 물러나 『어린이』의 편집과 출간, 개벽사의 운영에 집중하기로 했다. 총독부의 출판물 검열, 삭제, 압수 등이 일상적으로 벌어졌다. 『어린이』 역시 그 풍파를 피할 수 없었다. 당시의 상황을 이상금은 "1928년 『어린이』 신년호가 송영의 「쫓겨 가신 선생님」을 게재한 이유로 압수를 당하고 소파는 총독부에 수없이 불려 다니는 고초를 겪지만 그는 굽히지 않았다. 다음 호에도 송영의 작품을 또 싣고 12월호에 실으려던 그의 작품은 삭제를 당하지만 재도전을 멈추지 않았다. 총독부의 검열은 갈수록 까다롭고 어느 달 치고 『어린이』는 성하게 나오는 달이 없다. '하기방학호'는 특고(特告)를 내고 원고 압수로 다시 편집을 하게 되었으며 필자에게 두 번씩 원고 청탁을 했는데 협력해준 필자에게 감사의 뜻을 전하고 있다. (…) 1928년에는 1년 중 다섯 번이나 결간하게 되어 일곱 권밖에 내지 못한다"라고 했다.[1]

총독부의 검열이 날이 갈수록 심해져 1930년에는 『어린이』 12월호의 원고가 전부 다 '불허'되었다. 그래서 저자들에게 글을 다시 써달라고 급히 부탁하는 등 어려운 상황에서도 잡지의 결간만은 막기 위해 최선을 다했다. 1931년 방정환의 사후에 개벽사와 색동회가 소파의 뜻을 계승하기 위해 부단히 노력했으나 총독부의 탄압과 운영난으로 1935년 3월을 마지막으로 『어린이』도 폐간하고 어린이날 행사도 더 이상 이어가지 못했다.

색동회도 제 기능을 발휘하기가 점점 어려워지는 암흑기가 찾아오게 된다. 정인섭은 그 시기를 이렇게 기록으로 남기고 있다.

일본 당국이 차츰 어린이 운동을 방해하는 경향이 있어 색동회는 그 기능을 활발하게 발휘할 수 없게 됐다. 다만, 1933년과 1934년 5월의 제12회 어린이날의 기념식 때 측면적으로 어린이날을 창설할 초창기의 회고와 추억에 관한 담화를 개인 자격으로 발표하였고, 『어린이』 잡지 1934년 10월에 통권 123호를 내고 폐간할 무렵에는 어린이 운동을 간접적으로 협력하는 정도였다.[*]

1935년 5월 어린이날 기념식은 일부 인사들에 의하여 형식적으로 치러졌으나, 1936년과 1937년의 어린이날 행사에 대해서는 일본 당국이 그것을 해산시키려는 움직임이 심해져서, 어린이 운동 단체들은 분함을 이기지 못했다.

그래서 1936년 7월 23일은 소파 방정환 씨의 제5주기가 되는 날이어서, 홍제동 화장터에서 5년 동안 묵힌 그의 유골을 찾아 망우리 아차산 묘지에 안치하고, 거기에 자연석 쑥돌로써 묘비를 세웠는데, 거기다가 위창 오세창 씨의 글씨로 '동심여선(童心如仙)'이라고 새기고, 그 옆에 '어린이의 벗 소파 방정환 묘'라고 적고, 동지들의 뜻깊은 추도식을 거행했다. (…)

1935년 가을 윤극영 씨는 그가 서른두 살 됐을 때에 다시 서울로 돌아와서 독창회를 가졌는데, 그는 말하기로 이 독창회는 그가 다리아회를 버리고 애인과 함께 간도로 도망한 데 대해 속죄하기 위한 공

---

[*] 『어린이』는 1923년 3월 창간하여 1935년 3월 통권 122호로 폐간되었다가, 해방 후 1948년 5월에 복간하여 123호를 발행했고 1949년 12월 통권 137호까지 발행하고 폐간되었다.

연이었다고 하고, 또 7년간의 귀향살이로 끝내는 행사이기도 하다고 했다. 그때 독창회는 공회당에서 개최됐는데, 그는 외국민요, 가극, 동요를 불렀는데, 그의 대표 동요 「반달」을 부르다가 너무 감격한 탓인지, 갑자기 도중에 가사가 막혀서 큰 실수를 했다. 동요 작가의 선구자로서의 면모를 보이면서 또한 일반 가곡도 불러 그의 독특한 음성으로 청중을 매혹시켰으나, 이 실수로 소망의 성공을 하지 못했다. (…)

이 시기는 이미 일본이 일으킨 만주사변과 곧 연달아 발전한 지나사변의 직후였는데, 어린이 운동이 일본 당국의 탄압을 받아, 1937년의 어린이날 기념식은 드디어 금지되고, 여러 소년운동 단체들도 명실공히 힘을 쓰지 못했다. 9월 3일 조선소년단총연맹도 정식으로 해산을 당했다.

그러나 색동회도 원래 사회운동의 외각적인 일보다 실질적인 연구와 친목을 도모하는 순수한 동인단체이었던만큼, 형식적인 탄압은 받지 않았지만, 실질적으로는 또렷한 회합이나 행사를 하지 못했다.

그러자 1938년 9월 말까지 잡지 『어린이』를 돌보려던 이정호 씨가 사망하였고, 1939년 9월 1일에 제2차 세계대전이 폭발되자, 어린이 운동이란 민족운동은 자취를 감추게 되었고 따라서 색동회도 아무런 일을 하지 못했다.

1940년 5월이 되었으나 어린이날도 폐지되어 아무런 행사도 없었다. 그리고 세계대전도 한창이어서 색동회의 모임도 뜸하게 되고, 일반 문화인들도 모두들 조심조심 살아가는 판이었는데, 그렇다고 색동회 동인들은 그냥 있을 수도 없었다. 그래서 소파 방정환 씨의 10주기를 맞게 되자, 어린이날을 추억하는 의미에서 마해송 동인과 최영주 두 사람이 소파전집을 500부 한정판으로 박문서관에서 발간했으니,

그것이나마 색동회의 울적한 심정을 달래주었다. 또 여러 어린이나 어른들에게 색동회의 꿈의 일부를 전할 수가 있었다. 이때는 벌써『조선일보』『동아일보』가 폐간되고 일반적으로 한글로 출판하는 서적이 차츰 금지돼가는 형편이었다.

색동회 동인들의 아동문학과 아동독물은 원래 민족의 해방이 그 목적이었지마는, 겉으로는 어디까지나 아동의 순수한 정서교육을 위한 것이었기 때문에 그의 전집이 출판될 수 있었다. 1941년 12월 8일에는 태평양전쟁이 폭발하였고 1942년에는 조선어학회사건이 함경남도 홍원에서 발생하자, 정인섭 씨는 한글운동에 관계한 것과 덴마크에 가서 한글에 대한 강연을 했다고 해서, 그것이 독립운동으로 취급되어 홍원으로 잡혀가서 9개월간의 옥고생활을 치렀다. 이미 국민학교부터 한국말 사용을 금지시켰으며 어린이 정서교육을 위한 아동문학의 학예운동 같은 것도 찾아볼 수가 없었다. 1944년 1월 1일에는 최후의 아동잡지『아이생활』까지도 폐간되었으니 어린이 운동은 참으로 죽어버린 것 같은 인상을 주었다.[2]

이렇게 어린이를 위해 아무것도 할 수 없는 상황이 되었을 때 정순철은 일본으로 두 번째 음악공부를 하러 간다. 첫 유학에서 제대로 공부할 수 없던 것이 늘 가슴속에 아쉬움으로 남아 있었기 때문은 아닐까 하고 짐작한다. 최정간은 "1939년 다시 도일하여 동양대학 음악과에서 못다 한 성악공부를 하였다"라고 기술하고 있다.[3] 차웅렬도 "1939년부터 1941년까지 두 번째로 음악공부를 하러 도쿄에 들렀다"고 했다.[4] 정순철의 장남 정문화 옹은 국민학교 6학년 때인가 아버지가 일본 유학을 가 중학교 2학년 때 돌아오신 것으로 기억했다. "햇수로는 3년이지만 실제로는 2년 정도 유학을 하고 오셨다"고 말했다. 자신이 중학교 진학을 해야 할 때인데 아버지는 일본 유학을 가면서 자신은 상업학교로 가라고 했다고 한다. 등록금이 없어 어머니가 돈을 꾸러 다니셨고 외가에서 학비를 대주기도 했다.

그런데 정순철의 두 번째 유학에 관한 자료는 도쿄에서 찾을 수 없었다. 당시 도쿄에는 동경음악학교, 동경고등음악학원(1926년 설립. 현 구니다치 음악대학國立音樂大學)*, 무사시노음악학교(1929년 설립, 현 무사시노음악대학武藏野音樂大學), 우에노학원(1904년 설립, 현 우에노학원대학上野學園大學), 동양음악전문학교(1907년 설립, 현 도쿄음악대학東京音樂大學) 등이 있었다. 그러나 지금까지의 노력으로는 대학에 다닌 학적을 찾지 못했다.

2011년 2월 학적 조회 결과 최정간이 언급한 동양대학에는 음악과가 예전에도 없었고, 지금도 없다 한다. 동양대학이 아니라 동양음악전문학교가 아닐까 한다. 동양음악학교는 1907년 개교하여, 1911년 동양음악전문학교로 개칭했고, 1954년 동양음악단기대학으로 다시 개명한 뒤 1962년부터는 도쿄음악대학이 되었다. 동양음악전문학교는 사립학교 중 가장 규모가 크고 오래된 학교이다. 재일교포 음악인 이정미 씨가 교무과 과장과 정순철의 학적에 관해 전화통화를 했는데 학적부는 1945년 도쿄대공습** 때 소실되어 없어졌고, 졸업생 명부는 있는데 1938~40년 사이 졸업생 명단에 정순철이란 이름은 없다는 답을 해왔다. 첫 번째 유학 때 동경음악학교에서 그랬던 것처럼 수학은 했으나 졸

---

\*   학교 이름 앞에 있는 국립은 국가에서 설립했다는 뜻이 아니라 지명 이름임.

\*\*  도쿄는 1944년 11월 14일 이후에 106회의 공습을 받았지만, 특히 1945년 3월 10일, 4월 13일, 4월 15일, 5월 25일에 대규모 공습을 받았다. 통상 '도쿄대공습'이라고 말했을 경우, 특히 규모가 컸던 1945년 3월 10일의 공습을 가리키는 경우가 많다. 그날 300기가 넘는 미 공군기가 2시간 동안 2,200톤의 폭탄을 쏟아부었다. 소이탄이 대부분이었기 때문에 도쿄는 삽시간에 불바다가 되었다. 건물 42만 채가 불타 없어졌고, 10만 명 가까운 민간인들이 불길 속에서 죽어갔다.

업을 하지 못했을 수도 있고, 자료 자체가 분실되어 확인이 안 되는 것
일 수도 있다.

윤석중은 일본에 공부하러 온 정순철을 만났던 날에 대해 이렇게 기
억하고 있다.

성악공부를 하러 40이 가까워서 도쿄에 온 동요 작곡가 정순철이
묵고 있는 '신주쿠', 셋방을 찾아가보니 좁은 방에 커튼을 치고 세(貰)
피아노를 한 대 들여다 놓았으나 시끄럽다고들 성화를 해서 마음놓고
연습을 못하고 지냈다. 피아니스트 윤기선은 악기에 솜을 넣고, 소리
가 작게 나게 연습을 하고 있었지만 입 다문 성악 연습이란 불가능
했다.

정순철 곡에 춤을 붙여 일본말로 번역해서, 그곳 아이들에게 가르
쳐준 교육무용가 함귀봉을 따라 도쿄군인회관에서 열린 아동무용발
표회에 가보았더니, 아이들이 나와서 '도토리 대굴대굴'이라는 '도토
리 춤'을 추는데, 도토리가 수없이 굴러 나와서, 병정놀이도 하고, 숨
바꼭질도 하고, 발딱발딱 재주들도 넘고… 그런데 그중 작은 도토리
는 재주를 아무리 넘으려야 넘을 수가 없었다.

큰 도토리들은 훌훌 넘는데 아기 도토리만은 넘으려다가는 못 넘
고, 넘으려다가는 못 넘고… 무진 애를 쓰는 가운데 막이 내렸다. 장
내는 웃음이 터졌고 강당이 떠나가도록 손뼉들을 쳤다.

넘으려다 못 넘고 못 넘고 하는 그것은 보다 더 훌륭한 춤이었다.
보통 같으면 넘을 수 있을 때까지 때려가며 연습을 시키든가 잘 넘는
딴 애로 바꿨을 것이 아닌가… '미완성의 미'야말로 아동예술의 극치
였다. 자꾸자꾸 잘못하고, 자꾸자꾸 다시 하고… 그러는 가운데 그들

은 무럭무럭 자라는 것이었다.[5]

이 글을 보면 정순철이 성악공부를 하러 도쿄에 온 게 틀림없어 보인
다. 신주쿠 셋방에 피아노도 세를 내어 들여다 놓고 연습을 하고 있었
고, 경성보육학교 시절에 아동극에 노래를 작곡하여 함께 공연했던 것
처럼 거기서도 아동무용과 함께 하는 노래를 작곡하고 발표회를 갖기
도 하면서 생활했던 것을 알 수 있다. 윤석중의 다른 글에 의하면 이 어
린이들은 분꽃 무용연구소 어린이들이었다고 한다. 부족하면 부족한
대로 열심히 노력하는 어린이들의 모습에서 꾸미지 않은 미완성의 아름
다움을 보았고, 어린이들에게서 발견하는 미완성의 아름다움 그 자체
가 가장 아름다운 모습이라는 걸 윤석중은 그날의 어린이 공연을 통해
깨달았다. 윤석중은 정순철과 함귀봉이 만든 이 공연을 본 이야기를 여
러 책에 썼다.

## 졸업식 노래

1945년 일본이 패망 항복하고 조국의 광복과 때를 같이하여, 사방으로
분산되어 있던 색동회 동인들이 다시 한자리에 모여 앞으로의 사업을
논의했다. 이때의 모습을 조재호는 다음과 같이 회고한다.

하루는 경운동 천도교당 앞을 지나다 옛날 이헌구, 정인섭 동인이
주역이 되어 세계아동예술전람회를 가졌던 문화관 2층에 올라가보니,
고한승 동인이 『어린이』지를 속간한다고 사무실을 마련하고 분주히

246

서두르고 있었다. 난 기쁜 마음을 금치 못하면서 그 장래의 발전을 축하하였던 것이다. (…) 해외에 있던 동인들이 차차 귀국했다. 그래도 살아남아 다시 만나서 색동회 운운하게 되니 다시없는 행복감에 흐뭇하였다. (…) 우리 어린이 문제에 대한 관심은 차차 드높아가서, 어린이날도 되찾게 되어, 5월 5일을 어린이날로 고정시키게까지 됐다.

특히 소파가 국민학교 국어 교재에까지 등장되자, 첫째로 국민학교 교원들 간에 색동회에 대한 관심이 커졌다고 본다. 어린이를 잘 길러야겠다는 자각이 드높아짐에 따라, 우리나라에서 처음으로 어린이 문제를 위하여 뭉쳐진 색동회를 살피기 시작하면서 그 역사적 존재 의의를 인정하였다고 생각한다.

그러는 동안에 색동회 동인들은 스스로 반성하고 색동회에 대한 문제의식을 가지면서 서서히 움직이기 시작하였다. 물론 어린이를 키우는 데 '씩씩하고 참된 어린이가 됩시다. 그리고 늘 사랑하며 서로 도와갑시다'라는 어린이의 다짐은 색동회 발족 당시나 지금이나 별다른 것이 없지만, 그 구체적인 생활목표에 있어서는 해방 전후로 상당히 달라진 것이다.[6]


1945년 광복 이듬해인 1946년에 그간 중지되었던 어린이날을 부활시키기로 했다. 5월 5일 제24회 어린이날 기념식을 열었다. 장소는 휘문중학교였다. 1927년부터 어린이날을 5월의 첫 일요일로 정해 행사를 치렀는데 해마다 날짜가 달라지는 불편이 있었다. 이에 김안서, 정홍교, 윤석중 등이 모여 이 문제를 논의했고, 광복 후 처음인 1946년의 첫 일요일이 마침 5월 5일이어서 이후부터는 어린이날을 5월 5일로 정했다. 1961년 제정된 '아동복지법'에 따라 어린이날은 5월 5일로 확정되었고

1973년 기념일로 지정했으며, 1975년부터 공휴일로 제정되어 쉬는 날이 되었다.

한편 정순철이 「졸업식 노래」를 작곡한 것도 해방 이듬해인 1946년이다. 「졸업식 노래」는 윤석중이 노랫말을 썼는데 이 노래가 만들어지게 된 경위에 대해 윤석중은 이렇게 이야기한다.

해방 뒤 첫 졸업식은 6월에 있었다. 졸업식을 앞두고, 경기도 학무국과 문교부에서 동시에 우리말 졸업식 노래를 지어달라는 부탁이 왔다. 윤형모 장학사와 박창해 편수관이 교섭을 해온 것이다. 나는 쾌히 승낙을 했다. 작곡할 사람을 나에게 맡겼으므로 즉시 정순철을 만났다. 「엄마 앞에서 짝짜꿍」을 지은 분이다.

첫 연은 재학생이, 둘째 연은 졸업생이, 그리고 셋째 연은 다 함께 부르게 된 '빛나는 졸업장'이 바로 그 노래다. 문교부에서는 단지 형님을 언니로, 동생을 아우로, 질머지고를 짊어지고로 다듬었을 뿐이었다(그때 편수국장은 외솔 최현배였다).

'꽃다발을 한 아름'은 '마음의 꽃다발'쯤으로 생각하면 되는 것을, 졸업식 날 도처에서 꽃다발 사태가 날 줄은 몰랐었다.

다 된 곡을 들어볼 데가 없어서 낙원동 어느 설렁탕 집으로 들어가 정순철이 가는 소리로 불러 들려주었다. 처음엔 맨 끝이 축 처졌었는데, 맥이 빠져 들린다는 문교부 측 의견을 받아들여 위로 쭉 올리도록 고쳤다.

절벽에서 떨어져도
폭포 물은 다시 살고

248

서로 갈린 시냇물은
바다에서 만난다네.

이 노래는 일제 때 가장 어려운 고비를 만날 때마다 입 속으로 흥얼
거리던 나의 노래인데, 그 끝 두 절을 「졸업식 노래」에 살렸다.

냇물이 바다에서
서로 만나듯
우리들도 이다음에
다시 만나세.

그런데 나는 새 사실을 하나 발견했었다. 해방 뒤 첫 졸업식 날, 어
느 국민학교에 일부러 들러서 들어보았더니 '다시 만나세'란 맨 끝 절
을 꼭 그러자고 간절히 바라는 마음으로 곱게 뽑지를 아니하고, 얼굴
을 잔뜩 찌푸리고 이를 악물고서 소리를 고래고래 질러 '다시 만나자'
고 노래를 하니까, '다시 만나? 아이 지긋지긋해!'로 들려버리는 것이었
다. 같은 곡이라도 부르기에 따라 사랑의 노래도 되고 저주의 노래도
된다는 것을 알았다.[7]


해방 후 첫 졸업식이 6월에 있었는데 졸업식에서 부를 노래를 만들
어달라고 경기도 학무국(그때는 서울특별시가 되기 이전이어서 서울 안 학교들이 경기
도에 딸려 있었다. 경기중·경기고나 경기여중·경기여고도 그때 지은 이름이 그대로 굳어버린
학교 이름이다)과 문교부 두 군데서 요청이 왔다고 하니까 이 노래는 6월
이전에 만들어진 것으로 보인다. 두 사람은 몇 년 전 일본 유학 시절에

도 도쿄에서 만난 적이 있고 「짝짜꿍」도 윤석중의 동시를 노래로 만든 것이니 두 사람은 오래전부터 친숙한 사이다. 윤석중이 노래 작곡할 사람으로 정순철을 생각하고 즉시 만났다고 하는 걸 보면 이 노래는 이 사람이 곡을 붙여야 한다는 믿음 같은 게 있었던 것 같다. 1946년까지도 졸업식에서 부를 우리말 노래가 없었다. "그때까지는 일본말로 된 노래를 부르며, 일본말로 적은 졸업장을 타 가지고 교문을 나서면서 '사요나라'라는 일본말 작별 인사를 하고는 뿔뿔이 흩어졌던 것이다."[8] 윤석중은 졸업식 노래 때문에 생긴 에피소드에 대해 이렇게 말한다.

> 한동안 졸업식 때마다 제각기 꽃다발을 졸업생에게 안겨주느라고 법석들이었는데, 내가 생각한 꽃다발은 졸업의 영광을 안겨주는 '마음의 꽃다발'이었다.
> 한때는 '물려받은 책'이 문제 삼아지기도 했는데, 책을 새로 안 사고 배우던 책을 물려준다면 책 장사가 덜 되어 그런 것이었다. 그러나 책을 아껴 보고 나서 고이 간직했다가 아우에게 물려준다면, 그 책에 언니의 고마운 정이 묻어 다닐 것이니 얼마나 아름다운 일인가.[9]

노래가 얼마나 여러 부문에 영향을 미쳤는지를 알 수 있게 하는 이야기다. 노래 속에 나오는 꽃다발 때문에 졸업식에서 꽃다발을 선물하는 축하 방식이 생겨났고, 물려받은 책으로 공부를 잘 하겠다는 노랫말 때문에 실제로 책을 후배들에게 물려주던 시절이 있었던 것이다. 그걸 책 장사를 하는 이들이 싫어했던 것이다.

윤석중이 처음에 지은 노랫말은 다음과 같다.

졸업식 노래

윤석중 요, 정순철 곡

(재학생)

빛나는 졸업장을 타신 형님께
꽃다발을 한 아름 선사합시다.
물려받은 책으로 공부를 하며
우리는 형님 뒤를 따르렵니다.

(졸업생)

잘 있거라 동생들아, 정든 교실아,
선생님 저의들은 물러갑니다.
부지런히 더 배우고 얼른 자라서
새 나라의 새 일꾼이 되겠습니다.

(다함께)

앞에서 끌어주고 뒤에서 밀고,
우리 나라 질머지고 나갈 우리들
내ㅅ물이 바다에서 서로 만나듯
우리들도 이담에 다시 만나세.


처음에는 '빛나는 졸업장을 타신 형님께'로 되어 있던 것을 '언니께'
로, '잘 있거라 동생들아'를 '아우들아'로 바꾼 분은 외솔 최현배 선생이었다. 그리고 몇 군데 맞춤법을 다듬은 뒤 전국의 모든 학교에서 부르게 했던 것 같다. 마지막 소절 '이담에 다시 만나세'를 처음 파고다공원 뒤 어느 설렁탕 집에서 정순철이 낮은 소리로 불러주고 윤석중이 들어보았을 때는 둘이 서로 마음에 들어 했다. 그런데 문교부에서 들어보고는 음이 내려오면서 노래가 끝나는 게 힘이 없어 보인다고 음을 올려달라고 했다는 것이다. 그래서 '다시 만나세'를 올려 부르게 되었는데 윤석중이 직접 학교에 가서 들어보니 간절한 마음으로 부르지 않고 얼굴을 잔뜩 찌푸리고 이를 악물고서 소리를 고래고래 질러 '다시 만나자'고 노래를 하니까 지긋지긋하다는 의미로 들리더란다. 문교부에서 고치라고 한 대목이 마음에 들지 않았기 때문에 그렇게 들렸을 수도 있고, 실제로 아이들이 그렇게 악을 쓰며 불렀을 수도 있다. 그런데 「졸업식 노래」 전체를 악을 쓰며 부르지는 않는다. 실제로는 이 노래를 부르며 눈물을 흘리는 학생들이 참 많았다. 차웅렬은 윤석중과 다르게 이야기한다.

일제하에서 졸업식 노래는 '반딧불'이라는 스코틀랜드의 민요곡에 가사만 바꾸어 불렀는데, 우리나라의 독특한 졸업식 노래가 나왔으니 그 기쁨은 이루 헤아릴 수 없었다.

필자가 서울 교동초등학교에 재직 중일 때 윤석중 선생이 학교로 찾아와서 악보를 내보이며 합창단원에게 처음 불러보게 하자, 가사와 멜로디가 마음에 와닿으며 전 직원과 전교생이 부른 노래가 교정에 크게 메아리쳤다. 그중에서 "꽃다발을 한 아름 선사합니다"란 구절은 서글픈 노래 가사만 있던 당시로서는 획기적으로 아름답고 화사한 느낌을 주는 대목이었다.[10]

필자 역시 학교에 재직하는 동안 졸업식장에서 많은 학생들이 「졸업식 노래」를 부르다 눈물을 흘리는 모습을 보았다. 지금은 졸업식에서 사회적으로 물의를 일으키는 몰지각한 행동들을 해서 신문에 크게 보도가 되고 경찰들이 배치되는 시대가 되었지만 학생뿐만 아니라 교사들 중에도 노래를 듣다 학생들을 떠나보내야 하는 마음 때문에 눈물짓는 모습을 많이 보았다. 이 나라 많은 이들이 이 노래와 함께 눈물 흘렸던 기억을 갖고 있을 것이다. 차웅렬은 「졸업식 노래」가 가사도 순식간에 만들어졌고 작곡도 정순철이 탁월한 악상을 띠운 '불멸의 명곡'이라고 말한다.[1]

정순철과 윤석중은 1945년 해방이 되던 해 9월에 발표한 「아동문화선언문」의 정신을 살린 「어린이 노래」도 함께 만들었다.

어린이 노래

이 세상 어린이가 서로 손을 잡으면
노래하며 지구를 돌 수가 있다네.
씨 씨 씨 씨동무 새 나라의 우리
씨 씨 씨 씨동무 새 나라의 어린이.

커다란 낙타라도 어린 맘을 지니면
조그만 바늘구멍 지나갈 수 있다네.
씨 씨 씨 씨동무 새 나라의 우리
씨 씨 씨 씨동무 새 나라의 어린이.

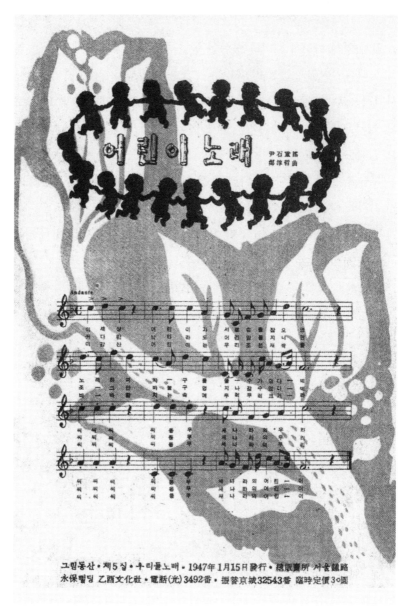

▲ 「어린이 노래」 악보.

이 강산 어린이는 우리나라 새싹들
비바람 치는 속에 무럭무럭 크거라.
씨 씨 씨 씨동무 새 나라의 우리
씨 씨 씨 씨동무 새 나라의 어린이.

이 노래는 「아동문화선언문」에 나오는 '조선 어린이도 만국 어린이와
더불어 어깨동무를 하고, 역사의 바른 길을 힘차게 달리게 하라'는 정
신을 살려 만든 노래라고 한다. 이 노래에 후렴으로 반복되는 씨동무에
대해 윤석중은 이렇게 설명을 한다.

'씨동무'란 무슨 뜻인가? 씨앗처럼 새롭게 자라는 동무란 뜻으로,
옛날부터 전해내려오는 말이다. 비바람 치는 속에 무럭무럭 자라고 있
는 우리 어린이들이 씨동무가 아니고 무엇이겠는가! 그런데 그 큰 낙
타가 바늘구멍을 쉽사리 드나들 수 있는 세계가 있으니, 그것은 곧 동
심을 다루는 동화의 세계다. 지구가 둥근 것은, 손에 손을 잡고 온 세
계 어린이들이 노래를 부르며 지구를 빙빙 돌기 좋으라고 그렇게 만들
어진 것인지도 모르겠다.[12]

## 윤석중과 노래동무회

정순철, 윤석중, 윤극영은 1947년 동요 창작 보급을 위해 '노래동무회'
라는 모임을 만들었다. 8·15해방 뒤에 무엇보다 아쉬운 것이 아이들이

부를 노래였다고 생각했던 것이다. 윤석중의 회고를 들어보자.

'우리 모임은 항상 새로운 노래를 지어 바르게 불러 널리 퍼뜨림으로써 우리나라를 깨끗하게, 환하게, 즐겁게 만들겠습니다.'

이것은 1947년 12월 14일 명륜동 4가 우리 집 조그만 사랑방에서 시작한 어린이들의 노래 모임 노래동무회가 품은 뜻이었다.

노래 지도는 그 당시 서울사대부국 교사이던 동요 작가 한인현으로, 해방 이듬해에 창작동요집 『민들레』를 냈는데, 그가 원산에서 보통학교를 다닐 때 지은 동요가 『아이생활』 『어린이』 독자란에 내 손을 거쳐서 발표된 일이 많아서, 제자나 다름없는 터였다. 조상현, 김달성과 함흥사범 동창으로 그때 이미 셋이서는 음악에 뜻을 두었었다. 반주를 맡은 김천은 창경국민학교 교사였었는데, 그때 그 학교 윤정석 교장이 추천해 보내주었다.

새 노랫말은 내가 댔고, 작곡은 윤극영, 정순철이 맡았다.

윤극영은 장사 일('저축 은행-제일 은행' 1층 뒤쪽에서 '의합 공사' 경영)이 아무리 바빠도 매주 세 편의 새 곡을 아무 종이에나 5선을 득득 쳐서 곡을 적어가지고 노래동무회 시간에 대어 나타났었다. (…)

그런데 급한 대로 헌 풍금을 하나 구해 시작했으나 피아노가 있어야 했다. 정순철이 어느 부잣집 며느리가 쓰지 않고 위해 둔 야마하 피아노를 수소문해 알아봤으나, 그때 돈으로 10만 원이나 부르는 악기를 사다 놓을 형세가 못 되었는데 하루는 민병도 '을유' 사장을 만나, 노래동무회에 꼭 한 대 있어야겠는데 '돈이 모자라서…' 했더니, 그는 윗양복 속주머니에서 수표책을 꺼내며,

"윤 형, 내 돌려주지. 얼마 모자라오?"

"10만 원을 내라는데 9만 5천 원이 모자라서…"

"아니 뭐요?"

그러나 얼마가 되든 모자라긴 모자라는 거니까, 그는 입맛을 쩍쩍
다시면서 수표를 한 장 끊어 주며, "윤 형, 꼭 갚으슈 응. 꼭" 하고 거듭
다지는 것이었다. 그 뒤 여러 번에 나눠서 갚았는데, 10만 원에서 9만
5천 원이 모자라는 것을 미리 밝히면 안 될 뻔한 노릇이어서 나의 작
전이 성공하자 노래동무회에서는 박수를 쳐주었다.

일요일 낮 1시로 정해진 노래동무회 모임을 우리는 한 번도 거른 일
이 없었다.

"나는 일요일이면 예배당에 나가는 경건한 마음으로 노래 예배당
이나 다름없는 윤 형 집을 찾소."

작곡가 윤극영의 솔직한 심정이었다. 우리 집 사랑방이 길가로 나
있어서 일요일 낮 1시면, 서울대학병원 뒷산 골목을 그 시간에 지나던
이는 어른이고 아이고 발을 멈추고 귀들을 기울였다. 시간에 대 와 따
라 부르는 이도 있었다. 우리들의 새 노래는 창경원 담이 끝나는 큰길
까지 울려 퍼졌다.

새 노래들을 방송을 통해 전국에 퍼뜨리는 한편, 『소학생』 잡지에
다달이 악보를 실었고, 『노래동무』 그림 작곡집을 내어 거저 돌리기도
했다. 이 노래운동은 1950년 6월 25일, 그러니까 6·25가 터진 그날까
지 계속되었는데(그날도 일요일이었다) 그동안 새로 등장한 동요곡이 175곡,
그중에는 외국 치가 30곡 들어 있었는데, "리, 리, 리 자로 끝나는 말"
은 러시아의 「뱃노래」(라이어트 곡)에 맞춰 지은 노래였고, "고향 땅이 여
기서 얼마나 되나…"의 「고향 땅」(한용희 곡)도 원래 비숍 곡인 「그리운
나의 집」을 끝만 떼버리고 맞춰 지은 동요였다. 브람스, 모차르트, 슈

베르트의 자장가도 말을 새로 달았는데 '윤석중 작 모차르트 곡' 하고 보니까 같은 시대 사람이거나, 서로 친한 사이로 아는 이가 있어서 난처했다.[13]

이 글을 보면 1947년 12월부터 6·25전쟁이 날 때까지 정순철, 윤극영, 윤석중이 가장 열심히 힘을 모아 한 일은 노래동무회 일이었던 것 같다. 매주 새 노래를 작사하고 작곡하거나 외국노래를 소개하는 일을 한 것이 175곡이라고 하니 얼마나 열심히 노래를 만든 것인가. 그중에 외국노래 30곡을 빼고 나면 145곡이 정순철과 윤극영이 지은 노래라는 말이 아닌가. 윤극영은 본래 다작이고 정순철은 과작인 스타일이니 윤극영이 많이 만들었을 것이다. 윤극영은 이 당시 자기가 만든 곡이 100곡이 넘는다고 말했다. 그래도 나머지를 정순철이 작곡했다면 그것도 적은 숫자는 아니다.

또한 『노래동무』라는 그림을 곁들인 작곡집을 낸 것을 알 수 있다. 필자가 찾은 『노래동무 ①』(1948년 6월 발행)에는 열두 곡의 노래가 실려 있다. 그중에 정순철이 작곡한 동요는 「산골의 봄」 한 곡이 수록되어 있다. 「산골의 봄」은 1947년 여름 아동문화협회 현상 작품에 2등을 한 충남 청양 대치국민학교 5학년생 한행수의 작품이다.

당시 『소학생』 잡지를 보면 이런 광고가 실려 있다. "새로 지은 노래와 곡조 『노래동무』 노래동무회 꾸밈. 학교에서나 가정에서 또는 골목에서 동무들끼리 재미있게 부를 수 있는 새 노래들만 추려서 책을 만든 악보입니다. 값 100원." 값이 100원이라는 걸 보면 시중 판매도 한 것 같다. 『노래동무 ①』에는 '팔지 않음'이라고 인쇄되어 있는데 나중에는 광고도 하고 판매도 한 것으로 보인다.

258

노래동무회 아이들에게 노래를 가르치고 지도한 사람은 한인현이다. 「섬집 아기」를 지은 분이다. "엄마가 섬 그늘에 굴 따러 가면 / 아기가 혼자 남아 집을 보다가 / 바다가 불러주는 자장노래에 / 팔 베고 스르르르 잠이 듭니다." 이 노래 역시 모르는 사람이 없을 것이다.

명륜동 집에서 노래를 부르곤 할 때 그 집에 원이라는 윤석중의 네 살배기 둘째 아들

▲ 『소학생』 잡지에 실린 악보집 『노래동무』 광고.

이 있었는데 여자아이들이 잔뜩 모여 앉아 노래 배우는 것이 부러워서, 저도 따라 부르려고 사랑방 문을 열고 들어왔다가는 쫓겨나고 들어왔다가는 쫓겨나고 했는데 그럴 때마다 여자아이들이 재미있어서 와아 하고 웃었다고 한다.

심통이 난 원이가 그 방 바로 앞에 있는 화장실로 들어가 앉아서 소리를 고래고래 지르며 노래를 부르는데
"새 나라의 어린이가 지금 똥을 눕니다."
하면서 집이 쩡쩡 울리게 큰 소리로 부르는 것이었다. 노래를 배우던 아이들도 가르치던 선생들도 허리를 잡고 웃었다.[14]

▲ 정순철이 노래동무회 시절에 작곡한
　노래 「어머니」 악보.

이런 재미있는 일도 있었다고 윤
석중은 전한다.

운동회 노래인 「깃발이 춤을 춘
다」나 "동동동동 동대문 / 동대문
을 열어라"의 「동대문 놀이」, "나란히
나란히 나란히 / 밥상 우에 젓가락이
/ 나란히 나란히 나란히"로 시작하
는 「나란히 나란히」도 이때 만든 노
래다. 또 윤석중 요, 정순철 곡의 「어
머니」도 노래동무회 시절에 작곡한
노래다.

　　밤에 자다 이불을 거더차면은
　　깜짝 놀라 도로 잘 덮어주세요
　　어머니는 단잠이 드신 뒤에도
　　어머니는 우리를 생각하세요

　윤극영도 노래동무회 시절을 잊을 수 없어 한다. 노래동무회 활동이
중단되고 23년이 지난 1973년에 쓴 글에서도 노래동무회 시절같이 좋
았던 날은 다시 오지 않을 것이라고 아쉬워하며 회고하고 있다.

　　그의 집은 단층이었으나 피아노가 있는 방은 약간 넓은 편이나. 우
　　리들은 일주일에 두 번 정도 그곳에 모여 노래를 부르곤 했다. 거기에
　　드나든 아이들은 모두가 여학생으로 혜화와 서울사대부국에 다니는

4, 5학년이 주축이었다. 매년 20여 명 정도가 모였다.

그들은 우리가 새로 지은 노래를 열심히 배우고 그것을 학교에 가서 자랑을 했다. 그 집을 드나든 학생들은 아마 40명은 넘었을 것이다.

노래동무회에는 윤석중과 나 외에도 정순철, 한인현, 김천 씨 등이 지도를 맡았다. 윤석중 씨가 동시를 지으면 정순철 씨와 내가 작곡을 하고 김천 씨가 피아노를 치며 한인현 씨가 아이들의 합창을 지휘했다. 참 멋들어진 하모니였다. 한인현 씨는 그때 27세 정도로 서울사대부국 선생이었고, 김천 씨는 여자답게 어린이들 노래 반주에 능숙했다. 노래를 이끌어가는 스타일도 퍽 유연했다. 같이 작곡을 한 정순철 씨는 나와는 정반대로 과작인 편이다. 그 대신 작품 하나하나가 모두 좋았다. 좀처럼 시시한 작품을 낼 수 없다는 자세였다. 해방 전 1929년에 발표한 "엄마 앞에서 짝짜꿍, 아빠 앞에서 짝짜꿍" 즉 「짝짜꿍」(윤석중 동시)은 그의 초기 작품이자 대표작이라 할 수 있다. 특히 해방 직후에 지은 졸업식 노래 「빛나는 졸업장」(윤석중 동시)은 길이 남을 명곡이다. 제3절 "앞에서 끌어주고 뒤에서 밀며 / 우리나라 짊어지고 나갈 우리들 / 냇물이 바다에서 서로 만나듯 / 우리들도 이다음에 다시 만나세"를 졸업생과 재학생이 합창할 때는 눈시울이 뜨거워지지 않을 수가 없다. 그의 노래는 깊이가 있고 신비스러운 데가 있었다.

노래동무회 시절에는 「어머니」 「그림자」 「어린이 노래」 등을 지었다. 이 중에서 「어머니」가 가사도 좋고 작곡도 좋았다. "밤에 자다 이불을 걷어차며는 / 깜짝 놀라 도로 잘 덮어주세요 / 어머니는 단잠이 드신 뒤에도 / 어머니는 우리를 생각하세요."

그는 그때 성신여중 교감이었는데 아깝게도 6·25 때 납치당했다.

노래동무회 시절은 지금도 잊을 수 없다. 일요일 하오 1시면 별명이

261

'동요예배당'이었던 윤석중 씨의 집에 꼭 모여서 우리들은 머리를 짜내며 그 귀여운 아이들에게 불리게 할 노래를 연구했다. 정말 아무 사심도 없이 열심히 모였었다. 윤석중 씨가 가사를 지으면 정순철 씨나 내가 곡을 붙이고 내가 흥이 나서 피아노를 두들기면 윤석중 씨가 거기에 맞게 가사를 짓기도 했다. 그때 내가 지은 노래는 백 곡이 넘는다. 언뜻 기억에 남는 것만 손을 꼽아도 열 곡은 된다. 「기찻길 옆」「봄노래」「나란히 나란히」「꽈리」「길 조심」「동대문 놀이」「조국의 노래」등 모두가 윤석중 씨가 가사를 지은 동요다. (…)

아마도 노래동무회 시절같이 좋았던 날은 다시 오지 않을 것이다. 그때 을유문화사에 다니던 윤석중 씨가 돈을 내어 사다 먹던 그 설렁탕 맛도 잊을 수 없다. 정말 그때는 우리 모두가 혼연일체였다. 그 시절을 나는 '눈물이 날 정도로 좋다'고 표현할 수밖에 없다. 한인현 씨가 지휘해서 아이들이 새로 작곡한 노래를 잘도 부를 때는 나도 그들과 함께 목청을 돋웠다. 그때 귀엽던 아이들은 이제 커서 모두가 아기 엄마들이 됐다.

노래동무회는 1950년 6월 25일 6·25가 나던 날까지 계속됐다. 6·25는 일요일이어서 '동요예배당'에도 학생들이 모였다. 그날 '동요예배당'에 갔던 한인현 씨는 6·25동란이 터진 줄도 모르고 아이들이 적게 왔다고 호통을 쳤다고 한다. 그것이 마지막 모임이었다.[15]


유극영이 쓴 글 중에서도 특히 이 글은 같이 활동한 정순철의 노래에 대한 애정이 넘친다. 그리고 같이 유학하고 같이 활동한 동시대 작곡가에 대한 솔직한 평이 나온다. 자신은 다작이고 정순철은 과작이라는 서로의 특징을 비교해서 이야기하고, 그 대신 작품 하나하나가 모두 좋

▲ 노래동무회 시절.

았다고 칭찬한다. 시시한 작품을 낼 수 없다는 깐깐한 자세로 작곡을
했다는 것도 알려준다. 「졸업식 노래」는 길이 남을 명곡이라고 언급하
고, 정순철의 노래는 깊이가 있고 신비스러운 데가 있었다고 평한다. 노
래동무회 시절에 만든 노래 중에는 「어머니」가 작곡이 좋았다고 한다.
그리고 여기서도 「그림자」라는 노래가 있었다는 걸 알려준다. 이 곡을
포함한 많은 노래를 아직 찾지 못하고 있다.

# 11장

## 최윤과 용담정

## 최윤과 상제교 김연국

정순철의 어머니 최윤은 53세 되는 해인 1930년에 계룡산 남쪽에 있는 마을인 신도안에 있는 상제교 교주 김연국의 집으로 갔다. 김연국은 최윤에게는 형부가 된다. 최윤의 어머니 김씨부인이 해월 최시형과 결혼하기 전에 딸이 하나 있었다. 이 딸이 김연국에게 시집을 갔다.

김연국은 해월을 가장 가까이서 모신 사람 중의 하나다. 김연국은 강원도 인제 사람으로 1872년 3월 25일 해월 밑에서 입도했다. 해월은 경상도 사람으로 처음에는 그곳에서 포교 활동을 시작했으나 최수운의 순도 이후 고향에서는 포교하기가 어려워 강원도와 충청도 등지를 다니며 동학을 재건하게 되는데 강원도 출신으로 해월을 가장 가까이서 모신 이가 김연국이고, 충청도에서는 손병희였다.

동학혁명으로 수많은 동학교도들이 희생된 지 2년이 지난 1896년 1월 해월은 "하몽훈도전발은(荷蒙薰陶傳鉢恩) 수심훈도전발은(守心薰陶傳鉢恩), 즉 가르치시고 도통을 전해주신 은혜를 입었으니, 가르치시고 도통을 전해주신 은혜를 마음속에 간직하리"라는 시 한 수를 읊어 손천민에게 받아쓰게 한 뒤 여러 사람에게 보이도록 했다. 전발(傳鉢)이란 불교 용어로 의발을 전해주듯 도의 정신을 물려준다는 뜻이다.

그리고 김연국, 손병희, 손천민에게 각각 구암(龜菴), 의암(義菴), 송암(松菴)이란 호를 주었다. 『해월선생문집』에는 시기가 좀 다르게 나와 있다. "계사년(1893년) 11월에 선생은 구암 두 글자로 김연국에게 호로 주었다"고 했으며' 의암과 송암의 도호는 1896년 2월에 주었다고 했다. 구암, 의암, 송암의 집단지도체제를 만들어준 것이다.

그런데 해월은 1897년부터 손천민의 면담을 불허한다. 임순호의 수기에는 손천민이 무엇을 잘못하여 "앞으로 내 앞에 나타나지 말라"는 꾸중을 들었다 한다. 이후부터 신사는 손천민을 만나주지 않았다. 부인이 동리에서 말썽을 일으킨 것이라고도 하고 지시한 것을 어겼기 때문이라고도 전한다.[2]

해월의 순도 이후 1900년 7월 손병희는 북접법대도주가 되고 김연국을 신도사, 손천민은 성도사, 박인호를 경도사로 정했다. 그러나 손천민은 그해에 체포되어 교수형에 처해졌고, 김연국도 1901년에 체포되어 무기징역을 언도받게 되며, 손병희는 1902년 다시 일본으로 건너간다. 손병희는 관의 지목 때문에 귀국할 수 없는 동안 동학교도의 통솔을 이용구에게 맡겨두고 있었다. 그러나 이용구는 친일단체인 일진회를 이끌던 송병준의 꾀에 빠져 친일 활동에 앞장서게 된다. 이런 사실을 알게 된 손병희는 1905년 동학을 천도교로 개신하고 1906년 9월에 이용구를 비롯한 62명을 출교 처분한다. 이때 출교된 일진회 회원들이 1907년 4월 5일에는 '시천교'를 세우게 된다.

손병희는 어수선한 교단을 수습하기 위해 1907년 8월 26일 김연국에게 제4대 대도주 직을 전수했다. 그러나 김연국은 일본에 체류하던 인사들이 천도교의 간부직을 장악하는 데 반발하여 1908년 시천교로 옮겨 대례사(大禮師), 즉 교주가 된다. 천도교 측에서는 이것을 천도교에 대한 배반이라고 한다.[3]

그런데 천도교와 손병희의 도움으로 살아온 최윤은 어째서 천도교를 배반한 김연국을 찾아간 것일까? 해월의 세 번째 부인인 손씨부인 역시 1937년 계룡산 김연국의 처소에서 타계한다. 어째서 손병희의 누이동생인 손씨부인까지 김연국을 찾아가 그곳에서 생을 마감한 것일까?

최윤은 후천개벽과 광제창생의 큰 뜻을 품었던 아버지를 만나 험난한 인생을 산 여인이었다. 새로운 세상을 꿈꾸는 종교지도자의 딸로 태어나 격동의 역사를 헤쳐가며 개인적으로는 질곡의 생을 살아야 했다. 그 험난한 세상을 신앙의 힘이 아니었으면 버티기 어려웠을 것이다.

최수운의 억울한 죽음에 대한 신원이 이루어지지 못한 채 동학혁명을 치러야 했고, 그 와중에 수십만의 동학교도들이 목숨을 잃는 참상을 겪었으며, 동학교도의 부모, 처자, 형제들이 연좌되어 학살되거나 박해를 받는 참혹한 모습을 보았다. 자신 역시 붙잡혀 옥에 갇혔고 모진 악형을 받았으며 열일곱의 나이에 어쩔 수 없는 결혼을 해야 했다. 어머니와 오빠는 아버지와 함께 쫓겨 다니는 도피생활 중에 불귀의 객이 되었으며, 아버지 해월 역시 효수되는 망극한 일을 겪었다. 얼마나 많은 한이 그 가슴에 맺혀 있을 것인가.

아버지의 뜻을 이은 손병희가 천도교로 개신한 후 교세를 확장하면서 서울 가회동으로 불러주어 겨우 새로운 생활을 시작한 지 10년 만에 다시 수많은 천도교인들이 3·1운동에 앞장섰다가 죽거나 감옥에 갇혔으며, 손병희도 결국 감옥에서 얻은 병으로 쓰러져 일어나지 못한 채 세상을 떴다. 천도교는 종교로서의 기능보다는 민족운동에 앞장서는 사회개혁 세력의 역할을 하면서 나라를 위한 일에 매진하고 있었다. 그러면서도 일제강점기의 엄혹한 정치 상황으로 인해 신파와 구파 등으로 분열을 거듭하는 모습을 최윤은 옆에서 지켜보았다.

가회동에서 한집에 살던 해월의 둘째 아들 최동호는 감옥에서 고문을 받은 후유증을 견디지 못하고 1923년 26세의 젊은 나이에 세상을 떴고, 큰아들 최동희 역시 해외로 망명하여 독립운동을 하다 1927년 상하이에서 병사하고 말았다. 남편 해월이 교수형을 당해 순도하고, 혼자 키운 두 아들이 차례차례 세상을 뜨는 모습을 지켜보면서 손씨부인은 가혹한 운명을 어떻게 견딜 수 있었을까? 이런 모습을 지켜보는 최윤의 마음 역시 얼마나 견디기 힘들었을까? 손병희의 사후 가세는 기울었고, 3·1운동에 따른 일제의 탄압으로 천도교의 재정도 어려워졌으며, 의지할 곳도 의지할 사람도 하나둘씩 사라져버리고 말았을 때 손씨부인과 최윤, 이들이 찾아갈 곳은 어디였을까?

김연국은 1901년 붙잡혀 무기징역형을 받았다가 이용구의 도움으로 1904년 출옥하여 목숨을 보전할 수 있었다. 그리고 손병희가 일본에서 돌아온 뒤 김연국은 천도교의 대도주가 되었다. 그러나 주요 간부직을 일본에 다녀온 이들이 맡는 것을 보고 반발하여 대도주를 내놓고 나오게 된다. 김연국은 본래 혁명적인 인물이기보다 종교적인 인물이다. 혁명전쟁을 통해 후천개벽을 이끌어내기보다 종교적인 활동을 통해 새로운 세상을 만들고자 염원하는 마음이 더 컸던 사람이다. 그래서 혁명가들이나 정치적 포부를 품은 사람들 눈에는 소극적인 인물로 비치기도 했다.

김연국은 1908년 시천교의 대례사로 자리를 옮긴 뒤에도 송병준과 갈등을 겪었다. 송병준은 천도교 도인으로 살고자 하기보다 정치적 야심이 더 컸던 사람이다. 권력의 자리에 오르기 위해서 천도교 조직을 이용하려 했으며, 일본 세력을 등에 업고 권력을 잡을 수 있다면 나라가 식민지가 되어도 상관없다고 생각했다. 그러니 어떻게 갈등이 없을 수 있겠는가. 결국 김연국은 1913년 서울 가회동에 시천교총부를 세워 분립하게 된다. 이때부터 견지동의 송파 시천교(송병준)에 대응하는 가회동의 김파 시천교(김연국)로 불리게 되었다. 김파 시천교는 1922년 계룡산 신도안에 교당(춘추전)을 건립하고 1925년에 이르러 가회동의 본부를 신도안으로 완전히 이전한다. 교명도 상제교로 개정했다. 천도교와 상제교의 차이에 대해 최종성은 이렇게 설명한다.

구암 김연국이 20년 사이에 걸어온 '동학 → 천도교 → 시천교 → 상제교'의 발자취는 동학이 근대 환경에 적응하는 과정에서 겪었던 갈등과 혼돈을 그대로 노정하고 있다. 혼돈을 넘나들며 안착한 상제교에 있어 무엇보다 중요한 것이 교단과 교주의 정통성을 세우는 것이었다. 상제교가 동학의 역사를 출판하는 일에 남다른 관심을 보였던 것도 초기동학과 상제교를 도통론으로 연쇄시키려는 의도와 무관하지 않다고 본다. 천도교가 '수운-해월-의암'의 도통론을 강화하였던 것과 마찬가지로 상제교는 '수운-해월-구암'으로 이어지는 정통성을 강조한다. 천도교와 상제교는 '수운-해월'의 정통성에 대해서는 서로 공유하지만, 해월 이후의 흐름에 대해서는 입장이 갈린 것이다. (…)

이른바 '수운-해월-구암'으로 이어지는 상제교의 도통론은 '제세주-대신사-대법사'라는 초월적인 존호로 정착된다. 천도교의 '대신사-신사-성사'의 존호에 비해 상제교의 것이 훨씬 초월성을 강조하고 있다는 사실을 직감할 수 있다. 수운을 지칭하는 제세주(濟世主)는 세상을 널리 구제(광제, 廣濟)하는 초월적인 권능자라는 의미로서 어느 정도 기독교의 메시아적인 이미지를 담고 있다고 할 수 있다. (…)

천도교가 인내천의 교리를 제창하면서 수운과 해월의 전통적인 맥락을 재해석하여 인간중심적인 시천주 신학을 완결한 것에 비하면, 상제교는 차별화된 개념을 통해 교리를 체계화하기보다는 역사를 재정리하면서 동학의 역사를 재평가하는 데에 심혈을 기울였다. 교리를 통해 자신을 차별화하기보다는 역사의식을 통해 교단의 위상과 의미를 되새겨보려는 의도가 상대적으로 강했다고 할 수 있다. 천도교가 새로운 개념을 통해 동학의 어두운 그림자를 일소하고 대중들로부터 호응을 얻는 근대의 새 종교를 표방한 것에 비해, 상제교는 자신들이 과거의 의미와 힘을 충분히 소화한 전통의 종교임을 강조하려 하였다. 결국, 상제교의 신학은 교리의 체계화(조직신학)보다는 역사의 재평가(역사신학)에 주안점이 있었다고 할 수 있다. (…)

천도교가 인내천의 개념을 생성함으로써 시천주의 의미를 인간중심적으로 통일시켜나간 것에 비해, 상제교는 해월시대까지의 다양한 초기동학의 전통을 복원하고 절충하는 데에 주목하였다. 상대적으로 말한다면, 천도교가 해월 이후의 관성을 살리는 데에 주력한 반면, 상제교는 해월까지의 전통을 되살리는 데에 주력하였다. 따라서 인간중심적 신학과 내재화의 흐름으로 정리할 수 있는 천도교에 비해, 상제교의 신학은 초기동학이 내포하고 있던 신중심적 신학과 인간중심적 신학, 초월성과 내재성을 겸비하고 있는 것이 하나의 특징이라 할 수 있다.[4]

최종성의 글을 통해 상제교가 가고자 하는 종교적 방향을 자세히 알 수 있다.

천도교가 인내천의 개념으로 동학을 인간중심적으로 변화시켜나간다면, 상제교는 초기동학의 전통을 복원하는 데 주력했다. 또한 상제의 초월성과 교조 수운의 신성을 훨씬 강조한다. 초월적인 한울님은 물론 신성한 교조에 대해서도 무한한 믿음과 신앙을 표할 수 있다고 보았다.

상제교는 천도교에 비해 종교적인 요소가 강해졌고, 수운과 해월을 더 극진히 모셨다. 천도교와 상제교 모두 해월로부터 전발을 전수받은 도통이 자신들에게 있다고 주장한다. 양쪽 다 그렇게 주장할 근거를 가지고 있다. 또 손병희와 김연국 둘 다 그럴 만한 인물이었다. 그러나 김연국은 동학을 혁명으로 끌어가려 하거나 종교를 통해 정치적 위상을 높이려 하기보다 종교로 정착하고자 했다. 상제교를 믿는 이들은 해월을 따르던 여러 제자들 중에서도 김연국이 가장 지근거리에서 해월을 모셨다고 자부하고 있었다. 손씨부인과 최윤은 이런 모습을 보고 김연국을 찾아갔을 것이다. 상제교는 내용 면에서도 천도교에 비해 더 종교적이다.

## 상제교의 신학

상제교의 교리서에는 한울님이 우리 안에 모셔져 있다는 시천의 의미에 대해 이렇게 이야기한다.

바람은 겨울에 울고, 벌레는 가을에 울며, 우레는 여름에 울고, 새는 봄에 운다. 이 모든 것이 시천(侍天)의 소리이다. 송죽은 겨울에 푸르고 복숭아와 오얏은 봄에 한창이다. 이것도 모두 시천의 색이다. 갖가지 소리와 색이 시천을 저버리는 순간 아무것도 남지 않는다. 그러므로 사물이 모두 시천인 것이다. 시천의 이치를 알지 못하기 때문에 강자가 약자를 삼키고, 큰 것이 작은 것을 능멸하며, 각자의 밥그릇을 서로 빼앗는 일이 그치지 않게 되는 것이다. 애석하다, 사물이여! 천으로 천을 먹고, 천으로 천을 능멸하니 어찌 차마 할 수 있는 노릇이겠는가? 사람이 시천의 이치를 알면 서로 친밀을 나누고 사랑하여, 서로에게 해를 입히지 않을 것이다. 그러므로 두루 호혜를 베풀고 널리 사

람들을 구제하거나 혹은 생명을 죽이지 않는 것은 모두 시천의 이치를 알기 때문이다.[5]

상제교 신학의 특징을 최종성은 다음과 같이 설명한다.

시천주를 당위적인 규범보다는 존재론적 가치로 받아들이는 입장은 해월과 동일하다. 여기에서 강조되고 있는 것은 시천주의 존재적 가치를 인정할 경우와 그렇지 않을 경우의 사회문화적 양상의 대비이다. 하늘이 깃들어 있는 존재의 가치를 이해하지 못할 경우에는 눈뜨고 볼 수 없는 살벌한 정글의 논리가 지배할 것이지만, 다행히 시천주의 존재론적 가치를 인식할 경우에는 광제창생(廣濟蒼生)과 상친상애(相親相愛)의 평화를 기약할 수 있는 것이다. 약육강식이냐 아니면 상친상애냐 하는 판가름은 시천주에 대한 인간의 이해도에 달려 있는 셈이다.

해월이 시천주를 통해 경천(敬天), 경인(敬人), 경물(敬物) 등을 하나의 체계로 확대시켰던 것과 마찬가지로 상제교에서도 하늘과 인간과 만물에 대한 일체적인 사고를 기본적으로 전제하고 있다.

"성인이 드리운 자취는 크기만 하다. 하늘로 마음을 삼고 사물로 나를 삼으니 나의 마음은 곧 하늘의 마음이다."

위 인용문은 천(天)과 심(心), 물(物)과 아(我)의 구별이 사라진 이상을 언급하고 있는데, 특히 하늘과 인간의 문제에 주목한다면, 초기동학부터 강조되었던 '천심즉인심(天心卽人心)'이나 '오심즉여심(吾心卽汝心)'의 경지를 떠올릴 수 있다. 그런데, 그것이 각자위심(各自爲心)을 극복한 이후에 도달하는 이상적인 경지인지(합덕, 合德), 아니면 태생부터 주어지는 본질적인 경지인 것인지(동덕, 同德)를 확인할 필요가 있다. 『시천교전』 제3장 「시천장(侍天章)」에 이와 관련된 논설이 보이고 있다.

"하늘의 조화 권능을 헤아려보면 위대하고 지극하다. 사람이 차별 없이 평등의 하늘을 모시고 변함없이 처음의 것을 보존한다면 성인이다. 이는 하늘과 동일한 덕[同德]을 말한다. 모시되 점차 본연의 하늘이 변하여 사람과 하늘 사이에 작은 차이가 벌어져 점점 위험에 처하게 되면, 돌이켜 자시(自侍)를 각성하고 본성을 선하게 하여 처음의 것을 회복하게 되면 이 역시 성인이다. 이는 하늘에 합하는 덕[合德]을 말한다. 그러므로 스스로의 하늘을 스스로 모신다면(자천자시, 自天自侍) 사람과 하늘 사이에 구별은 없게 될 것이다."

(…) 초심이 각자위심에 빠지지 않도록 유지하는 것과 각자위심을 되돌려 초심을 갖게 하는 것 모두 초기동학의 시천주 신학이 안고 있던 과제였는데, 상제교는 바로 이 두 과제를 절충하는 자천자시의 시천주 신학을 표방했다고 할 수 있다. 즉 상제교는 원리적으로는 해월의 인시천(人是天)이 표방하고 있는 천인동덕의 입장을 수용하면서도 사실적으로는 각자위심의 위험을 염려했던 수운의 천인합덕의 입장을 견지했다고 할 수 있다. (…)

결국 신중심적 신학과 인간중심적 신학을 포용하고 절충한 상제교에 있어, 신은 위대하고 초월적인 존재이며, 인간도 역시 존엄하고 귀한 존재일 수밖에 없었다. 객체적인 초월적 신의 강림과 감응을 통해

신인일체의 내재화도 가능했기 때문이다.[6]

　상제교에서는 바람과 우렛소리에도 시천의 소리가 있고 벌레 울음과 새소리에도 시천의 소리가 있다. 겨울에 푸른 송죽의 색깔, 복숭아와 배꽃 속에도 시천의 색이 있다. 존재하는 사물이 모두 시천이다. 존재한 모든 것들의 가치를 인정하게 되면 약육강식의 논리, 강자의 논리, 지배의 논리에 빠지지 않을 수 있다. 전쟁의 논리, 폭력의 논리로 가지 않을 수 있다. 상친상애하며, 천으로 천을 능멸하지 않는 길로 가라고 가르치는 게 종교 아닌가. 종교는 힘을 길러 힘으로 맞서자고 가르치지 않는다. 이에는 이, 힘에는 힘, 복수에는 복수로 맞서야 한다고 가르치지 않고 서로 사랑하라고 가르친다. 호혜와 광제창생을 가르친다. 생명을 죽이지 말아야 한다고 가르친다. 생명을 가진 모든 것들은 존재론적 가치를 지니고 있기 때문이다. 그게 시천이다. 저마다 그 안에 한울님을 모시고 있는 것이다. 상제교는 해월의 가르침으로 돌아가고자 한 것이다. 경천, 경인, 경물하라는 해월의 삼경사상으로 돌아가고자 했다.

　천도교가 동덕을 강조한다면 상제교는 합덕을 말한다. 의암은 신은 인간 자신이며 인간의 마음 자체라고 생각했다. 본래적인 동덕의 상태, 천인동덕이라고 본 것이다. 그러나 상제교는 신은 위대하고 초월적인 존재이며, 인간도 역시 존엄하고 귀한 존재라고 생각했다. 하늘과 인간 사이의 합덕을 강조한 것이며, 초기동학에 있던 초월성과 내재성이라는 개념을 포용하고 절충하고자 했다.

　현실에서 인간은 각자위심, 즉 저마다 자신을 위하는 마음을 지니고 산다. 본래 시천, 즉 한울님을 모시고 살지만 현실을 살아갈 때는 자기 자신을 위하는 마음과 이기적인 욕망에 의해 움직인다. 저마다 제 이기

적인 욕망을 채우려고 하다가 뜻대로 되지 않으니 충돌하고 미워하고
분노하고 죽이고 전쟁을 하는 어리석은 길로 가는 것이다. 마음속에 한
울님을 모시고 살지만 이런 초심이 되도록 각자위심에 빠지지 않도록
노력하는 과정이 수행이다. 덕을 유지하고 본래의 덕을 회복하는 과정
이 수행인데, 이런 종교적 수행이 없으면 종교가 제 역할을 할 수 없다
고 생각했던 것이다. 최윤이 수도자의 길을 선택했던 것도 이런 동학의
진리를 알고 있었기 때문일 것이다.

## 용담할머니 최윤과 용담정

최윤은 김연국이 있던 계룡산 신도안에서 이듬해인 1931년 다시 아
버지 해월의 고향이자 천도교의 창도지인 경주 용담정으로 가기로 한
다. 최윤은 일단 경주에 있는 조카 최남주의 집에 머물면서 아버지의
유품을 수습하고 생가가 있는 황오리(현 경북 경주시 황오동) 등지를 찾아가
보았다. 그리고는 용담정에 들어가 생활할 때 필요한 것들을 준비하여
1932년 가을, 구미산 용담 성지로 갔다.

　당시 용담정은 동학의 대성지라는 명성에 맞지 않게 초라했다. 용담
정은 수운 생전에 이미 관에 의해 불탔고, 이후 시천교에서 작게나마
집을 지어놓은 상태였다.

　용담정은 최수운이 1860년 무극대도를 받은 곳이다. 최수운이 태어
난 가정리(현 경북 경주시 현곡면 가정리)에서 얼마 떨어지지 않은 구미산 골
짜기에 있다. 본래 최수운의 아버지 근암 최옥이 용담서사라 이름 짓고
제자를 가르치던 곳을 1859년 10월 최수운이 울산에서 돌아와 용담정

▲ 최수운의 유허비가 서 있는 가정리 생가 터 안내를 해준 사람은 최해발 천도교유지재단 이사다.

이라 이름을 바꾸었다. 용담정은 최수운이 무극대도를 받은 곳이자 포덕을 시작한 곳이니 동학의 성지라 할 수 있다. 최윤은 김연국이 있는 계룡산을 떠나 동학의 근원이요 천도교의 성지인 용담정으로 내려왔다.

그러나 최수운이 순도한 후 그의 활동 근거지였던 경주 가정리 일대는 정부의 탄압으로 동학의 자취가 사라지고 말았다. 수운의 시신은 구미산 줄기 끝자락에 있는 대릿골(橋洞) 밭머리에 밤중에 매장됐으며 용담정 역시 돌보는 사람이 없어 폐허로 변해 있었다. 동학에 대한 정부의 가혹한 탄압과 감시 속에서 최수운 관련 유적은 오랫동안 방치될 수밖에 없었다.

수운의 유해는 1907년 10월 17일에 가정리 산 75번지로 이장되었다. 이장은 시천교에서 단독으로 행하여 천도교는 참여할 수가 없었다고 한다.

1914년 4월에는 황해도의 천도교인이었던 오응선과 이계화가 용담정을 복원했다. 이들은 용담정을 찾았다가 흔적조차 찾아볼 수 없는 것을 발견하고는 초막을 짓고 백일기도를 드린 후 용담정을 재건했다. 용담정으로 들어가는 용담교를 건너기 30여 미터 전 오른쪽 바위에 두 사람의 이름이 새겨져 있는 걸 지금도 볼 수 있다.

소춘 김기전은 1942년 『신인간』에서 용담정에 대해 이렇게 이야기했다.

> 석벽 벽라(댕댕이 넌출) 속에 용담정 석자를 새긴 것을 보았다. (…) 지난 신해년(1911년) 간에 스승님의 묘소를 고쳐 영조(營造)할 때에 새긴 것이다. (…) 오랫동안 빈터로 있던바 근 30년 전에 해주 오응선 씨가 (…) 세 칸 정자를 세워 스승님의 옛일을 사모하는 지정(至情)을 표했다. 그러나 (…) 돌보는 이 없으매 거의 쓰러지게 되었던 것을 몇 해 전에 김구암 어른이 이 집을 약간 바로잡고 그 북쪽에 다시 두 칸의 함석집을 지어서 오늘에 이르렀다. (…) 방 수효로는 온돌이 세 칸이나 온전히 사람 거처할 방은 하나도 없다. 임술년(1922년) 7월에 시천교에서 마루 두 칸, 온돌 한 칸 합계 세 칸의 기와집을 지었으나 1927년경에 이미 기울어지기 시작했다. (…) 해월신사의 따님 되시는 금년 64세의 수도부인(최윤) 한 분이 외로이 이 쓰러져 가는 집을 지키고 계시다.[7]

김기전은 앞서 설명했듯 방정환과 같이 어린이 운동에 앞장섰던 사람이다. 어린이 운동의 이론적 바탕을 마련한 사람이기도 하다. 그가 용담정에 왔던 때가 1942년이라면 정순철의 어머니 최윤이 용담정에 내려와 수도하며 지낸 지 11년째가 되던 해다. 김기전은 최윤이 혼자 외로이 쓰러져가는 용담정을 지키고 계시더라고 말한다. 최윤이 가족들과도 떨어져 용담정을 지키는 수도부인으로 살아가던 때의 이야기를 최정간은 이렇게 기록으로 남기고 있다.

용담정에서 수도생활을 하는 최윤의 형편은 매우 어려웠다. 때가 마침 대동아전쟁 시기라 모두가 어려운 생활을 할 때였다. 생활비는 해방될 때까지 상제교의 김연국이 어느 정도 보내주었으며 경주의 조카 남주 내외가 양식과 생활용품들을 갖다 주었다고 한다. 최윤은 아버지 해월의 가르침대로 대단히 부지런하여 직접 채소밭도 일구며 농사도 짓고 지게도 손수 만들어서 땔감도 마련하였다고 한다.

그는 매달 초하루와 보름날, 두 차례씩 용담정에서 치성을 드렸는데 아랫마을 가정리 사람들이 추수가 끝나면 쌀을 한 말씩 가져다 주곤 하였고 옷감은 경주 시내에 있는 조카며느리인 이원임이 춘추로 지어서 갖다 주었다고 한다.

이원임의 증언을 다시 들어보자.

"용담할머니로 더 많이 알려진 최윤 고모님은 해월 할아버님처럼 도력이 높아서 칠흑 같은 어두운 밤에도 구미 용담의 깊은 산중에서 혼자 수도를 하시곤 하였습니다. 나도 그 당시, 1941년경이라고 생각되는데 고모님이랑 함께 105일 수도 기간 중이었습니다. 그런데 당시에는 헤드라이트와 전깃불이 없었는데도 불구하고 마치 자동차 불빛보다 더 밝은 불빛이 용담정 방문 바깥에서 방 안으로 비쳤습니다. 나는 순간 놀라 크게 소리를 질렀습니다. 그러자 고모님은 화를 내시면서, '조용히 가만히 있어라. 저것 역시 한울님이시거늘 어찌 너는 놀라기만

하느냐'고 하셨습니다. 그러자 바깥의 불빛은 용담 고모님과 대화를
하였습니다. 밥은 먹었냐는 등… 그 후 매일 밤중에 그 불빛이 찾아와
서 청마루 밑에서 자고 가곤 했습니다. 저는 한참 지난 후에야 그 불빛
의 주인공이 구미산 호랑이란 것을 알았습니다. 고모님 말씀이 이렇
게 깊은 산중에 혼자 있으면 오히려 호랑이가 오지 않을 때 더욱 쓸쓸
하다고 하셨습니다."

최윤은 성품이 인자하였다. 한번은 구미산 초입 매룡골 마을에 한
가난한 노파가 살고 있었는데, 자기 자신도 양식거리가 별로 없었는데
마침 흉년이 들어서 끼닛거리가 없다는 것을 알자 저녁거리를 툭 털어
갖다 주었다고 한다.

다시 이원임의 증언에 의하면 최윤은 앞날에 대해 정확히 예측하
는 신통력을 지녔다고 한다.

"하루는 일제가 막바지 발악을 하던 1945년 1월이었습니다. 용담
고모님이 홀연히 저희 집에 오셔서 군수물자 조달 때문에 쪼들리는
살림살이를 보시면서 금년 여름에는 반드시 일제가 패망한다는 말씀
을 하셨습니다. 때가 때인지라 어찌나 두렵고 무서운 말씀인지 무척
조심스럽게 반문을 하였습니다. '그럼, 앞으로 살림살이는 좀 나아지
겠습니까?' 그랬더니, '금년 추석에는 찹쌀로 떡도 하고 고깃국도 먹을
수 있겠다'고 하였습니다. 정말 그해 8월 일제가 패망하자 9월 추석에
는 찹쌀로 떡을 해서 모처럼 고모님과 맛있게 먹었습니다."

최윤은 또 6·25가 터질 것을 정확하게 예언하였다고 한다. 조카며
느리 이원임이 간장을 담그려고 1949년 가을에 메주를 쑤자 그는 한
사코 말렸다고 한다. 내년에는 북쪽에서 사람들이 내려와 온통 아수
라장이 될 것이니 간장 된장 먹을 시간이 없을 것이라고 하였다.

이처럼 그는 오랜 수양과 근검정신으로 대단한 정신력과 감화력을 지니고 있었던 것이다.

서울의 조카며느리 홍창섭의 증언에 의하면 해방 후, 그는 가끔 서울 나들이를 하였는데 천도교총부에도 들렀다. 이때마다 최준모(당시 천도교 교령)가 여비를 주었다고 한다. 최준모가 1917년에 가회동 집에서 봉도(비서 역할)를 하였기 때문이다. 최윤이 서울에 오면 천도교의 원로 간부들은 그를 서로 자기네 집으로 모시려고 하였다고 한다. 그는 도력이 높고 풍상을 많이 겪은지라, 천도교의 원로들과도 격의 없이 대화를 나누곤 하였다고 한다.

최윤은 일제강점기에 아무도 돌보는 이 없는 동학의 성지 용담정을 홀로 지켰으며, 동학의 고향 경주에 수운의 순도 이후 끊어진 동학의 맥을 다시 부활시켰다. 이러한 공으로 이곳 사람들에게는 사후 용담할머니로 추앙을 받게 되었다.

그는 6·25가 끝난 이듬해인 1954년* 음력 3월 1일, 77세를 일기로 그가 그토록 소원하던 동학의 성지 용담정을 지키다가 저세상으로 떠났다. 23년 동안 용담성지를 지키면서 한 번도 아파본 적이 없었으며 운명하기 하루 전날 감기처럼 열이 나더니 그날 밤 운명하였다고 한다. 장례는 경주의 조카 최남주 내외와 대구에 사는 딸, 그리고 당일 서울의 며느리와 손자, 인근 마을 사람들이 모여 용담할머니를 애도하면서 4일장으로 성대히 치렀다.[8]

---

\*  묘소의 상석에는 포덕 97년 3월 초 1일 환원으로 새겨져 있다. 포덕 97년이면 1956년이 된다. 족보에는 병신년(丙申年) 3월 1일 졸(卒)로 기록되어 있다. 병신년이면 1956년이다. 필사본 족보에도 역시 병신년으로 쓰여 있다. 제적부에는 단기 4289년에 사망한 것으로 나와 있다. 단기 4289년이면 역시 1956년이다. 네 곳의 기록이 모두 일치하는 것으로 보아 최정간의 책이 잘못된 것으로 보인다. 따라서 77세가 아니라 79세에 운명하셨다.

최윤의 묘소는 최수운 묘소와 약 50미터 떨어져 있다. 최수운의 부인 박씨의 묘소가 남쪽 옆에 있고 그 아래 둘째 아들 세청의 묘소가 있고 그 바로 아래 최윤의 묘소가 있으며, 최윤의 묘소 아래 최수운의 큰아들 세정의 묘가 있다. 최수운의 가족 묘 사이에 최윤의 묘가 자리 잡고 있는 셈이다. 상석에는 '근수당 경주 최윤지묘(謹守堂 慶州 崔潤之墓)'라고 새겨져 있다. 돌아가신 뒤에 천도교총부에서 근수당이란 도호를 내린 것으로 보인다. 근(謹)이란 한자는 삼가다, 경계하다, 공손하게 하다라는 의미를 지닌 글자다. 또한 청렴하고 정직하게 하다는 뜻도 포함되어 있다. 수(守)는 지킨다는 뜻이지만 지조나 정조의 의미도 함께 지니고 있는 한자다. 최윤에게 이런 도호를 내릴 만하다고 천도교에서는 생각했을 것이다. 또한 생몰연대를 새기면서 포덕 19년 10월 18일생 용담정진수호(龍潭亭盡守護) 포덕 97년 3월 초 1일 환원(還元)이라고 썼다. 끝까지, 죽을 때까지 지키고 보호했다는 의미를 기억하고자 진(盡)이란 한자를 새겨 넣은 것으로 보인다. 지금도 가정리 일대의 천도교인 20여 명이 묘소를 관리하고 벌초를 한다고 한다.

나를 최윤의 산소로 안내해준 해암 최해발 천도교유지재단이사(가정 2리 거주)는 용담할머니라면 가정리 일대에서 모르는 사람이 없었다고 말했다. 지역사람들의 추앙을 받았고 얼굴도 곱고 옷차림이나 행실도 반듯했다. 인근의 천도교인들이 어려운 게 있으면 그 어른에게 물었다고 한다. 함께 지냈던 조가며느리의 증언이나 최정간의 글을 통해 알 수 있는 것도 최윤이 도력이 높은 수도부인으로 살았다는 것이다. 일제가 망할 것을 알았고, 동족 간의 전쟁이 터질 것을 미리 예측했다. 아버지 해월이 피신생활 중에도 머무는 곳에서 손수 농사짓고 짚신을 삼는 성실하고 부지런한 생활을 했던 것처럼 최윤도 직접 농사짓고, 채소를 가꾸고, 지게를 만들어 나무하면서 부지런하게 일하며 살았다.

그러면서도 신통력을 지닌 수도부인이었다. 호랑이가 문 앞에 나타나도 무서워하지 않고 대화를 나누었다. 조카며느리가 놀라 소리를 지르자 화를 내면서, "조용히 가만히 있어라. 저것 역시 한울님이시거늘 어찌 너는 놀라기만 하느냐"고 했다는 말은 무엇을 알려주는 것일까. 이는 밤에 사람 사는 집 앞까지 내려온 산짐승도 경물(敬物)의 마음으로 대했다는 것이다. 짐승이든 초목이든 함부로 대하지 않고 그 안에도 한울님의 존재론적 가치가 내재해 있는 목숨으로 보았다는 말이다. 그렇기에 조용조용 말을 건넬 수 있었을 것이다. 산짐승이 사람 사는 집까지 내려오는 것은 산에서 먹을 것을 구하기 힘들어졌을 때다. 배고픔을 참지 못해 인가까지 내려올 때는 산짐승의 처지가 매우 곤궁해졌다는 것이다. 짐승이 사람의 위협을 감수하면서까지 먹이를 찾아다니는 상황이니 두려움이 더 큰 쪽은 짐승이기도 할 테다. 이럴 때 사람이 놀라 큰소리를 치거나 공격적인 자세를 취하거나 무기를 손에 든 모습을 보면 짐승도 사람을 향해 공격을 하게 된다. 용담할머니 최윤이 거기까지 생각했는지는 알 수 없으나 짐승을 경물의 마음으로 대한 것만은 사실인 것 같다. 산짐승이 문 앞까지 왔는데 어찌 두렵지 않았겠는가. 다만 도력이 높으면 그 도력으로 두려움을 이기게 되는 것이다.

또 하나의 일화를 보자. "자기 자신도 양식거리가 별로 없었는데 마침 흉년이 들어서 이웃의 가난한 노파가 끼닛거리가 없다는 것을 알고 저녁거리를 툭 털어 갖다 주었다"고 한다. 어려운 사람에게 자신의 양식을 털어 주는 사람, 이는 최윤이 경인(敬人)할 줄 아는 사람이라는 것을 보여준다. 사람을 소중히 여길 줄 아는 사람, 사람을 사랑할 줄 아는 상친상애하는 사람이었던 것이다.

정순철의 장남 정문화 옹은 6·25전쟁 중에 용담에 내려가서 할머니를 뵈었다고 하는데, 정문화 옹은 할머니가 "경주 시내에 나가 헌옷가지들을 모아다가 나무로 허수아비를 만들어 옷을 입혀놓고 가난한 이들이 가져가게 했다"고 말해주었다. 전쟁 전에 북의 공작원 네 명이 내려왔다가 하룻밤을 자고 간 적도 있다는 이야기도 해주었다. 공작원인지 빨치산인지는 정확지 않다. "그런데 그들도 할머니 말씀에 감화를 받고 갔다"고 정문화 옹은 전한다.

가난한 사람이든, 생각이 다른 사람이든 최윤은 차별 없이 대하며 그 사람 안에 모셔져 있는 한울님을 보고자 했다. 그런 이들을 대하며

▲ 정순철의 장남 정문화 옹

전쟁이 일어나겠구나 하는 예측을 했을 것이고 주위 사람들은 최윤을 신통력 있는 할머니로 보게 된 것이 아닐까 싶다.

전해지는 일화 중에는 이런 것도 있다.

용담할머니 최윤은 용담정에서 병든 이들을 돌보며 지냈는데 병 고치러 온 이들 중에 불순한 사람이 끼어 들어오면 수도 중에 호랑이가 모래를 뿌려 알려주었다고 한다. 이런 이야기는 용담할머니를 신비화한 거라 생각된다. 경물, 경인하는 마음을 갖게 되면 반드시 경천하는 마음도 갖지 않을 수 없을 터인데, 해월의 삼경사상을 몸소 실천하며 사는 모습을 지켜본 이들에 의해서 만들어졌을 것으로 보인다.

해월이 가르친 동학의 가르침 중에 심고(心告)라는 것이 있다. 내수도 하는 법, 즉 「내수도문」에 나온다.

일. 잘 때에 '잡니다' 고하고, 일어날 때에 '일어납니다' 고하고, 물 길러 갈 때에 '물 길러 갑니다' 고하고, 방아 찧으러 갈 때 '방아 찧으로 갑니다' 고하고, 정하게 다 찧은 후에 '몇 말 몇 되 찧었더니 쌀 몇 말 몇 되 났습니다' 고하고, 쌀 그릇에 넣을 때에 '쌀 몇 말 몇 되 넣습니다' 고하옵소서.

일. 조석할 때에 새 물 길어다가 쌀 다섯 번 씻어 앉히고 밥해서 풀 때에 국이나 장이나 김치나 한 그릇 놓고 극진히 고하옵소서.

일. 일가 집이나 남의 집이나 무슨 볼일이 있어 가거든 '무슨 볼일이 있어 갑니다' 고하고, 볼일 보고 집에 올 때에 '무슨 볼일 보고 집에 갑니다' 고하고, 남이 무엇이든지 주거든 '아무 것 받습니다' 고하옵소서.

여성 수도인들에게 주는 이 가르침은 매매사사를 한울님께 고하라고 가르친다. 잘 때든, 일어날 때든, 일할 때든, 밥을 할 때든, 일상생활 중에 늘 한울님께 고하여, 하늘에도 계시고 내 속에도 모시고 있는 한울님과 늘 대화하며 사는 생활을 하라는 것이다.

박용옥은 심고에 대해 이렇게 말한다.

> 동학의 심고는 내 몸에 모신 한울님에 대하여 자신의 행위를 항상 고하는 것이다. 그것은 오직 한울님이 좋아하는 행위만을 하게 하는 데 목적이 있는 것이다. 그러므로 잠잘 때, 일어날 때, 물 길러 갈 때, 방아 찧으러 갈 때, 그리고 외출할 때와 남에게서 무엇을 받을 때 등의 여인의 일상생활을 낱낱이 심고하라고 했다. 하찮게 여길 수 있는 여인의 일상 삶 속에도 항상 한울님이 함께함을 가르친 것으로 부인들의 직책과 역할의 중요성을 일깨운 것이기도 하다. 아울러 부인의 인격이 남자와 평등한 인격임을 알게 하는 것이다. (…) 해월의 부인 수도인에 대한 남다른 애정은 여성 자신이 자기를 한울님으로 믿고 자신을 존중하도록 가르친 것이다.[9]

최윤은 아버지 해월의 「내수도문」을 철저히 실천으로 옮기며 수도했다. 가정리 인근 경주 사람들이 최윤을 존경하고, 병을 고치러 찾아오고, 농사를 지으면 수확한 것을 제일 먼저 갖다 드린 것도 이런 수도자의 삶에 대한 존경심에서 나온 행동이었을 것이다.

최윤이 서울에 오면 천도교 원로 간부들이 서로 자기네 집으로 모시려 하고 그들과 격의 없이 대화를 나눌 수 있었던 것도 그만큼 도력이 높았기 때문이 아닐까. 그 도력은 온갖 역사적·개인적 질곡과 고난을 겪으며 그것을 종교적 수행으로 다스리고 인격적 완성으로 승화시켜갔기에 얻을 수 있었다.

동학혁명의 열망이 일본군의 독일제 크루프 기관총에 의해 무참하게 꺾이며 감옥에 갇히게 되었을 때 최윤은 무어라고 심고했을까? 고문을 받을 때, 새어머니가 악형으로 유산을 하며 피 흘리고 쓰러져 있을 때, 늦가를 가야 할 때, 거기서 아들을 낳을 때 최윤은 무어라고 한울님께 심고했을까? 아들 정순철이 어린이를 위한 일을 할 때, 아들이 만든 동요가 널리 불리어질 때, 그 아들이 6·25전쟁으로 납북되어 끌려갔다는 이야기를 들었을 때 최윤은 무어라고 심고했을까? '한울님 순철이가 끌려갔다 합니다. 생사를 알 수 없다 합니다. 신발만 한 짝 남아 있었다고 합니다. 한울님…' 이렇게 심고하며 눈물을 흘렸을까.

최윤이 홀로 지켰던 용담정은 1960년대에 천도교 창도 100주년 기념사업의 하나로 천도교부인회에 의해 다시 중건되었다. 가정리 일대는 1970년대 들어 천도교가 대대적인 성역화 작업을 벌이고 정부가 이를 지원함에 따라 성지로서의 면모를 갖추게 된다. 최제우 대신사 생전에 화재로 불탄 후 오랫동안 삼밭으로 이용되던 생가 터에는 1971년 8월 '천도교조 대신사 수운 최제우 유허비'가 건립됐다. 이어 1974년에는 용담정이 중수됐고

▲ 용담성지에 세워진 최수운 대신사 동상.

부근에 차례로 용담수도원, 성화문, 포덕문 등이 만들어지는 등 '용담 성지'가 조성됐다. 그리고 1988년 10월에는 용담성지 입구에 최제우 대 신사의 동상이 세워졌다.

# 12장

## 6·25와 정순철의 납북

## 6·25와 정순철의 납북

1945년 해방 이후 색동회 동인 여럿이 정부나 학교에 진출하여 활발히 활동하고 있었다. 조재호는 문교부 장학관, 정인섭은 중앙대학교 법문학부장 겸 교수, 이헌구는 이화여자대학교 교수, 진장섭은 마산 해인대학의 교수로 근무했다.

정순철은 성신여중에 근무하면서 윤극영, 윤석중과 함께 노래동무회 활동에 열심이었다. 윤극영에 의하면 정순철은 그때 성신여중 교감이었다고 한다.* 윤석중은 6·25가 터지던 날의 상황을 이렇게 전한다.

'이상한데…'

1950년 6월 25일 낮 1시. 노래동무회 어린이들이 전의 반밖에 안 모이자 한인현이 노래를 가르치다 말고 혼잣말을 했다. 아이들이 창밖으로 머리를 내밀고 창경원 담 옆으로 해서 뒤를 이어 돈암동 쪽으로 마구 달리는 군인 실은 트럭을 내다보며 눈들이 휘둥그랬다.

"한눈 팔지 말고 노래를 시작해요. 자 다시 시이작!" 웬일인지 아이들이 흥이 안 나는 모양이어서 일찍 돌려보냈다.

의정부까지 내려온 공산군을 물리쳐버렸다는 라디오 뉴스만을 믿고 그다음 날도, 또 그다음 날도 종로 영보빌딩 사무실에 나가 전이나 다름없이 일을 보았다. 책상 서랍마다 이상한 삐라가 한 장씩 들어 있었으나 대수롭지 않게 여겼다. 6월 27일에 정부가 대전으로 옮겨 간 것도, 한강 인도교를 폭파한 것도 까맣게 모르고 있다가 6월 28일 새

---

* 재직한 학교가 성신여중인지 성신여고인지는 사실 확인이 필요하다.

벽에 창경원 옆을 지나 배우개(종로4가)로 향하는 공산군 탱크 부대를 대학산에 숨어서 내려다보고서야 공산군이 서울까지 쳐들어온 것을 알았던 것이다. (…)

80리 길을 걸어 서울에 올라오면 두루 들르는 집은, 내수동 윤극영네, 삼청동 정순철네, 계동 엄병률네, 경운동 민병도네, 명륜동 이종덕네, 우리 집 뒷골목 남상규, 그리고 친척이 와서 지켜주던 명륜동 우리 집이었다.

내수동 윤은 간도 용정에서 탈옥을 해 남한한 몸이 되어 가뜩이나 마음을 못 놓고 지내는데 용정에서만 통하던 '다른 이름'을 아는 자가 찾아와 그런 사람 없다고 잡아떼긴 했으나, 내막을 잘 아는 자가 지령을 받고 잡으러 온 것이 틀림없어서 조카딸인 가회동 윤인섭 여사네 집으로 피신을 했는데, 그 집엔 이형석 가족도 와 묵었다. (…)

정순철네 집에 들르니까, 성신여중 자치교사들에게 쫓겨나 자기 집에 있었는데 그는 하도 답답해 9월 초승, 형편을 알러 학교 근처에 갔다가 청년들에게 잡혔는데, 9·28 수복 뒤에 성북경찰서 유치장에서 정의 고무신짝을 가족이 발견했으나, 맨발로 끌려 나가 한방에 갇혔던 이들과 떼죽음을 당한 모양이었다.[1]

윤석중의 글에 의하면 6·25전쟁이 터진 뒤에 정순철은 피난을 가지 못하고 가족과 함께 서울에 남아 있었다. 윤석중은 북쪽인 파주로 피난을 가서 서울을 오르내리며 윤극영 집이나 정순철 집을 들러 소식과 안부를 알아보곤 했던 것이다. 그즈음 정순철은 학교에 있다가 자치교사라는 사람들에게 쫓겨나 집에 머물렀고, 학교 소식이 궁금해 9월 초에 학교 형편을 알아보려고 갔다가 청년들에게 잡혀 성북경찰서 유치장

에 갇히게 되었다. 나중에 이것을 안 가족들이 9·28수복 뒤에 성북경
찰서로 가보았더니 행방을 알 수 없었고 정순철의 고무신짝만 남아 있
었다는 것이다. 고무신도 신지 못한 채 맨발로 끌려 나가 떼죽음을 당
한 것으로 윤석중은 보고 있다.

김응조는 이렇게 이야기한다.

그런데 성신여고에 재직하고 있었던 1950년에 북한의 기습남침으
로 6·25전쟁이 일어나 서울이 인민군에게 점령당하자 당시 여성 교장
선생은 정순철에게 학교를 부탁한다면서 피신해버렸다. 하는 수 없이
혼자서 학교를 혼자 지키고 있던 정순철은 9·28수복 당시 유엔군의
반격으로 인민군이 퇴각하면서 불순한 제자들에 의해 납북되고 말았
다. 그 후 정순철에 대한 소식은 완전히 두절된 채 지금까지도 전혀 알
길이 없다. 참으로 우여곡절이 많은 일생이었다.[2]

김응조는 정순철이 피난을 가지 못한 이유를 이숙종 교장이 먼저 피
난을 가면서 학교를 부탁한다고 했기 때문이라고 했다. 교감이라는 책
임감과 교장의 부탁 때문에 피난을 가지 못한 채 학교를 지키고 있다가
불순한 제자들에 의해 납북되고 말았다는 것이다. 김응조는 죽었다기
보다 북으로 끌려갔다고 보았다.

차웅렬 역시 김응조와 같이 불순한 제자에 의해 납북되었다고 말
한다.

6·25전쟁을 겪고 지내는 중 9·28 서울수복이 임박할 무렵 불순한
제자에 의하여 납북을 당했다. 참으로 안타깝고 원통한 일이었다. 생

전에 가회동 꼭대기 집에서 출근길에 개벽사 주간인 선친 차상찬과 필자와도 길에서 또는 집에서 자주 만나 뵙고 정담을 나눈 기억이 지금도 생생하다.[3]

그런데 정인섭은 그 제자가 여자 제자였다고 기록하고 있다.

1950년 6·25사변이 생겼는데 최진순 씨는 월북해 갔고, 9월 28일 서울이 탈환되자 동인 중에서 손진태 씨는 서울사범대학 학장으로 있다가 북악산 어떤 절에 숨어 있다가 이북으로 납치되었고, 정순철 씨는 성신여자고등학교에서 교편을 잡고 있었는데, 9·28수복 직전에 여자 제자가 와서 이북으로 납치해갔다는 소식을 듣고 모두들 슬퍼했다.[4]

그러니까 정순철을 학교에서 성북경찰서로 데리고 간 이들은 청년들이고, 9·28 수복 직전에 정순철을 북으로 데려간 사람은 제자라는 말이 된다. 김응조와 차웅렬이 말하는 불순한 제자에서 불순하다고 표현한 말은 공산주의자를 일컫는 것으로 보인다. 김응조는 제자 여럿이 데려갔다는 의미이고 차웅렬은 한 명의 제자가 데려갔다는 뜻인데 굳이 구분한다는 것이 큰 차이가 없기는 하다. 다만 정인섭은 그 제자가 여자 제자라고 밝혔다.

장남 정문화 옹은 아버지가 집에 와서 "학교를 인수하러 온 인민군이 제자더라"는 말을 하는 걸 들었다고 했다.

그런데 생각해보면, 정순철에게 제자는 여자 제자밖에 없다. 정순철은 1926년에 동덕여고에 재직하기 시작하면서 1950년까지 경성보육학교, 중앙보육학교, 무학여고, 성신여고 등 줄곧 여학교 교사로만 근무했다. 일본 유학 기간 2년을 빼도 20년 이상을 여성교육에 전념한 셈이다. 이건 어떤 목적의식적인 행동이었다는 생각을 하게 한다. 평생 어린이 운동과 여성교육에 전념했다는 것이다. 방정환이 『어린이』 『신여성』과 같은 잡지를 만들어 어린이와 여성운동에 생애를 바쳤듯, 정순철도 어린이 운동과 여성교육에 혼신을 다했다. 특히 여학생들에게 음악을 통해 정서의 순화와 감성의 해방에 이르게 하고 여성의 존재에 대한 소중함을 일깨우고자 노력했다. 이 역시 외할아버지 해월의 동학사상을 실천한 것이다.

차웅렬은 정순철의 생애를 평가하면서 "교육자로서 1920년부터 납북되기 전까지 여성교육과 음악교육에 힘쓰시고 우아하고 옥구슬 같은 동요 작곡을 통하여 겨레와 어린이들에게 밝고 고운 명곡을 남기신 선생"이라고 정리했다.[5]

그런데 결국 여자 제자에 의해 납북이 되고 만 것은 참으로 비극이 아닐 수 없다. 사회주의적인 사고로 무장되어 있는 여제자는 정순철을 어떤 인물로 보았던 것일까? 친일을 한 적이 없고 부르주아로 산 적이 없는 그의 생애를 여제자는 어떻게 해석했던 것일까? 졸업식장에서 그도 불렀을 「졸업식 노래」를 작곡한 스승을.

---

**북에서의 정순철**

필자는 혹시 납북 이후 북한에서 정순철이 활동한 흔적을 찾을 수 있을까 하여 남북문학교류로 북한을 방문할 때마다 여러 서적을 뒤져보았다. 북의 음악사에서도 정순철은 홍난파, 박태준, 윤극영 등과 함께 1920년대 말 1930년대 초의 중요한 동요 작가로 다루어지고 있었다.

　　1920년대 말 1930년대 초에 이르러 우리나라에서는 양심적인 음악가들에 의하여 동요 창작이 활발하게 진행되었다. (…) 이 시기 동요를 많이 창작한 작곡가들은 홍란파, 박태준, 윤극영, 안기영, 권태호, 정순철 등이다.
　　이 시기 창작된 동요들은 행복한 미래에 대한 끝없는 동경과 갈망을 노래한 것, 미래의 조선을 꽃피우기 위한 큰 뜻 품고 씩씩하게 자라는 어린이들의 모습을 주제로 한 것 등 민족적이며 애국적인 것, 부모 형제들에 대한 애정과 가난한 사람들에 대한 동정을 반영한 것, 어린이들의 천진한 유희생활을 반영한 것, 자연을 통하여 지능을 계발시켜 주기 위한 것 등 그 주제는 매우 다양하다. 그리고 선율 형상에서 밝고 명랑하며 구조 형식이 간결하고 민족적 향기도 그윽하다.[6]

　　인용문이 실린 『계몽기가요선곡집』은 계몽기 가요예술을 "덮어놓고 부정하지 말고 우리 민족의 발전 력사와 련관시켜 보아야 한다"는 지침이 있고 난 뒤부터 계몽가요, 동요, 예술가요, 신민요 등의 자료적 가치를 평가하며 발행되었다. 이 책은 홍난파 등 6명의 작곡가를 그 당시의 중요한 작곡가로 꼽고 있다. 그리고 이 책의 동요편에는 정순철이 작곡한 「새 나라의 어린이」 「형제별」 「짝짜꿍」 세 편의 노래가 실려 있다. 그 중에 「형제별」은 정순철 작사로 되어 있다. 작사자에 대한 정확한 검증 없이 싣고 있는 것으로 보인다.
　　2003년에 발행된 『민족 수난기의 가요들을 더듬어』에도 동요편에

「형제별」이 수록되어 있는데 역시 정순철 작사 작곡으로 되어 있는 걸 보면 북에서는 이렇게 알고 있는 것으로 보인다. 이 책에도 1920년대 이후에 창작된 대표적인 동요로 리원수 작사, 홍란파 작곡의 「고향의 봄」, 윤복진 작사, 박태준 작곡의 「가을밤」, 윤극영 작곡의 「반달」 등과 함께 정순철 작사 작곡의 「할미꽃」을 거론하고 있다.[7] 그러나 정순철이 어떤 활동을 하다 언제 어떻게 사망했는지 지금으로서는 알 수 없다. 다만 의문을 갖게 되는 것은 정순철이 북에서 음악가로 활동했다면 「형제별」을 자신의 작사 작곡으로 책에 인쇄하여 가르치는 것을 그대로 묵과했을 리가 없을 것 같다. 동시에 또 의문이 생기는 것은 정순철이 작사 작곡했다는 「할미꽃」은 그동안 본 적이 없는 노래다. 북한의 가요사에 거론될 정도의 노래인데 그 곡이 우리가 아직 확인하지 못한 노래인지, 북에 있을 때 작곡한 노래인지 그것도 지금으로서는 알 수 없다.

가족들은 9월 29일을 제삿날로 삼고 지금까지 제사를 지내왔다. 서울에는 부인 황복화와 4남 3녀가 있었다. 장남 정문화는 당시 25세, 막내딸 정홍심은 5세였다. 막내아들 정윤화도 10세의 어린 나이였다. 정순철은 그런 어린 자식들을 두고 납북되었다. 남편과 아버지를 잃은 가족들이 전쟁의 폐허 속에서 얼마나 어렵고 힘들게 살았을지 짐작하고도 남음이 있다. 전쟁과 분단의 비극이 아니었다면 정순철은 많은 이들의 사랑을 받는 작곡가, 음악가로 활동을 하며 우리 곁에 있었을 것이다.

나머지 색동회 동인들 중에도 전쟁으로 인해 운명이 갈린 이들이 많았다.

강영호 씨는 도쿄 1923년 3월 16일 첫 모임 이후로는 소식이 없어졌고, 조준기 씨는 두 번째 모임까지 출석했다가 그 후 소식이 없었다. 그리고 고한승 씨는 1951년 1·4후퇴 때 5월인가 6월에 부산서 진장섭 씨와 만난 일이 있는데, 장질부사(?)* 때문에 부산서 사망했다는 소문이 있었고, 정인섭 씨는 영국 런던대학으로부터 초대를 받아 그해 겨울 12월에 런던대학의 교수로 부임해 갔다가, 일본에서도 교편을 잡았고 1956년 가을에 귀국할 때까지 색동회 모임에는 직접 참가하지 못했다.[8]

나중에 서울교육대학 학장을 지낸 색동회 동인 조재호는 「색동회 회고록」에서 앞서간 동인들을 이렇게 회고하고 있다.

소파도 가고 해송도 갔다. 그 꼿꼿하고 깔끔한 성격, 슬기롭고 다정하던 해송의 모습을 잊을 길 없다. 정순철 동인도 다 갔다고 한다. 그 구수한 목소리, 한없이 위안을 주던 동요, 지금은 어디서 들을 수 있으리! 호탕하고 직각적(直覺的)이던 고한승 동인, 치밀하고 진실하며 꾸준하던, 그리고 우리 색동회 회록을 기록하여 남겨준 정병기 동인도 이미 가고, 박력이 대단하던 C 동인**도 지금은 볼 수가 없다. 손진태 동인은 끌려갔다고 한다. 너그러운 성품, 들어도 들어도 샘솟듯 흘러오던 야담과 역사 동화, 지금은 들을 길이 없구나!
덕이 높고 능(能)이 많던 그 동인들, 지금 이 자리에 없다.[9]

조재호가 기억하는 그 구수한 목소리를 1950년 9월 28일 이후에는

---

*    장티푸스를 옛날에는 이렇게 불렀다.
**   C 동인이라고 영어 이니셜로 표기한 것은 최진순 동인이다. 월북했으므로 이름을 밝히지 못한 것으로 보인다.

이 땅에서 들을 수 없었다. 아이들을 위해 한 생애를 바친 그리운 그 얼굴을 다시 볼 수 없었고, 한없이 위안을 주던 동요를 작곡한 정순철이란 이름도 역사와 함께 지워져갔다. 성북경찰서 유치장에 고무신을 남긴 채, 전쟁과 분단의 역사 그 돌아올 수 없는 고개를 맨발로 넘어간 것이다.

# 주

## 1장

1  김응조 「'졸업식 노래' 작곡가는 해월의 외손자」, 『온세종교』 2006. 6. 30.
2  차웅렬 「잊혀진 이름, 동요 작곡가 정순철」, 『신인간』 2001년 10월호, 115면.
3  김용휘 『우리 학문으로서의 동학』, 책세상 2007, 149면.
4  김응조, 앞의 글.
5  윤석중 「아동문학의 선구 소파선생」, 『소파방정환문집』 상, 하한출판사 1997, 75~76면.
6  이상금 『사랑의 선물: 소파 방정환의 생애』, 한림출판사 2005, 586면. "1930년 『어린이』 9월호
   는 당시의 4대 동요 작곡가의 곡이 본문 속에 예쁘게 박스로 게재되어 있어 이채롭다"고 설명한 뒤
   「눈」(방정환 요, 정순철 곡), 「바닷가」(윤석중 요, 윤극영 곡), 「골목대장」(신고송 요, 홍난파 곡), 「기
   러기」(윤복진 요, 박태준 곡)을 거론하고 있다.
7  정순철 「노래 잘 부르는 법」, 『어린이』 11권 2호(1933년 2월), 22~23면.
8  같은 글 23~24면.
9  같은 글 20면.

## 2장

1  『동경대전(東經大全)』 「시문편(詩文編)」; 표영삼 『동학 1: 수운의 삶과 생각』, 통나무 2004, 318면
   재인용.
2  『동학 1: 수운의 삶과 생각』, 351~97면 참조.
3  『최선생문집도원기서』 신미년조; 표영삼 『동학 2: 해월의 고난 역정』, 통나무 2004, 36면 재인용.
4  『최선생문집도원기서』; 『동학 1: 수운의 삶과 생각』, 249면 재인용.
5  『동학 1: 수운의 삶과 생각』, 106면.
6  같은 책 108~24면.
7  같은 책 206~207면.
8  『천도교서』 1920. 『동학1: 수운의 삶과 생각』, 336면 재인용
9  『동학 1: 수운의 삶과 생각』, 336면.
10  같은 책 338면.
11  김용휘 「해월의 마음의 철학」, 『해월 최시형의 사상과 갑진개화운동』, 모시는사람들 2003, 117면.
12  『해월신사법설(海月神師法說)』 「내수도문」; 김용휘, 같은 글 118면 재인용.
13  『해월신사법설』 「영부(靈符)·주문(呪文)」; 김용휘, 같은 글 121면 재인용.
14  『해월신사법설』 「천지인(天地人)·귀신(鬼神)·음양(陰陽)」; 김용휘, 같은 글 122면 재인용.
15  김용휘, 같은 글 123~24면.
16  『해월신사법설』 「내수도문」.
17  김용휘, 앞의 글 128~29면 참조.
18  『시천교종역사』 병자년조; 『동학 2: 해월의 고난 역정』, 82면 재인용.
19  『동학 2: 해월의 고난 역정』, 90면.
20  『해월선생문집』 정해년조.
21  박용옥 「해월 최시형의 근대지향적 여성관」, 『한국사상』 24집, 한국사상연구회 1998, 64면.
22  같은 글 69~70면.

## 3장

1  이동초 『천도교 민족운동의 새로운 이해』, 모시는사람들 2010, 32~39면.
2  표영삼 『동학 2: 해월의 고난 역정』, 통나무 2004, 299면.
3  같은 책 65면.
4  『시천교종역사』 계사년조; 『동학 2: 해월의 고난 역정』, 371면 재인용.
5  표영삼 「해월신사의 생애」, 『한국사상』 24집, 한국사상연구회 1998, 350면.
6  김응조 「'졸업식 노래' 작곡가는 해월의 외손자」, 『온세종교』 2006. 6. 30.
7  도종환 「어린이 노래운동의 선구자 정순철」, 『창비어린이』 17호(2007년 여름호).
8  『시천교역사』 갑오년조. (시천교총부, 1920)
9  동학농민전쟁백주년기념사업추진위원회 편, 『천도교회사 초고』(1930년 미간행 초고), 우윤 해제,
   『동학농민전쟁연구자료집』(1), 여강출판사 1991, 349면.
10 『옥천읍지』, 김종구 옮김, 기태완 감수, 옥천문화원 2005, 90면.
11 조기간 「해월신사의 수형전후실기」, 『신인간』 14호(1927년 7월호), 9면.
12 김응조, 앞의 글.
13 최정간 『해월 최시형가의 사람들』, 웅진출판 1994, 306면.
14 정순철 「노래 잘 부르는 법」, 『어린이』 11권 2호(1933년 2월), 21면.
15 『해월신사법설』 「내칙」.
16 정순철, 앞의 글 21~22면.

## 4장

1  차웅렬 「잊혀진 이름, 동요 작곡가 정순철」, 『신인간』 2001년 10월호, 114~15면.
2  김응조 「'졸업식 노래' 작곡가는 해월의 외손자」, 『온세종교』 2006. 6. 30.
3  최정간 『해월 최시형가의 사람들』, 웅진출판 1994, 157~58면.
4  같은 책 306면.
5  최종성 『동학의 테오프락시: 초기동학 및 후기동학의 사상과 의례』, 민속원 2009, 177~78면.
6  같은 책 183~84면.
7  최정간, 앞의 책 168~69면.
8  이동초 『천도교 민족운동의 새로운 이해』, 모시는사람들 2010, 130면.
9  김용휘 『우리 학문으로서의 동학』, 책세상 2007, 147면.
10 방정환 「아동문제 강연 자료」, 『소파방정환문집』 상, 하한출판사 1997, 319~20면.
11 이정호 「백호를 내이면서. 창간 당시의 추억」, 『어린이』 10권 9호(1932년 9월), 18~19면.

## 5장

1  김응조 「'졸업식 노래' 작곡가는 해월의 외손자」, 『온세종교』 2006. 6. 30.
2  차웅렬 「잊혀진 이름, 동요 작곡가 정순철」, 『신인간』 2001년 10월호, 115면.
3  이동초 『천도교 민족운동의 새로운 이해』, 모시는사람들 2010, 149면.
4  최정간 『해월 최시형가의 사람들』, 웅진출판 1994, 310면.
5  윤극영 『윤극영전집 II』, 현대문학 2004, 482면.
6  윤극영 「인간 소파상」, 『소파방정환문집』 상, 하한출판사 1997, 65~67면.
7  이상금 『사랑의 선물: 소파 방정환의 생애』, 한림출판사 2005, 378면.
8  윤극영 「나의 이력서」, 『한국일보』 1973. 5. 16.; 『윤극영전집 II』, 484~86면.
9  『윤극영전집 II』 488~89면.

10    차웅렬, 앞의 글 116면.
11    같은 글 115면.
12    이상금, 앞의 책 376~77면.
13    같은 책 378면.
14    윤석중 『우리나라 소년운동 발자취』, 웅진출판 1989, 85~86면.
15    같은 책 87면.
16    정인섭 『색동회 어린이 운동사』, 학원사 1975, 48~49면.
17    진장섭 「색동회와 소파와 어린이지: 색동회 조직의 의의와 발자취」, 『햇불』 1969년 5월호, 101면.
18    이상금, 앞의 책 386면.
19    정인섭, 앞의 책 37~39면.


## 6장

1    정인섭 『색동회 어린이 운동사』, 학원사 1975, 89면.
2    이상금 『사랑의 선물: 소파 방정환의 생애』, 한림출판사 2005, 442면.
3    윤석중 「아동문학의 선구 소파선생」, 『소파방정환문집』 상, 하한출판사 1997, 75~77면. 이 글의
      원문은 최영주의 「순검과 소파」이다. 『어린이』 9권 7호(1931년 9월호)에 실려 있다.
4    이상금, 앞의 책 216~17면.
5    같은 책 418~19면.
6    윤석중 『우리나라 소년운동 발자취』, 웅진출판 1989, 33~34면.
7    같은 책 23면.
8    이상금, 앞의 책 190~91면.
9    독립운동사편찬위원회 『독립운동사』 제10권(1978); 이상금, 같은 책 424~25면 재인용.
10   장정희 「대한민국 어린이날의 기점과 100년의 변화, 그리고 전망」 『방정환 세계화를 위한 정책 포
      럼II』(2021. 12. 2. 국회도서관 강당) 34~38면.
11   이상금, 앞의 책 109면.
12   김소춘 「장유유서의 말폐: 유년남녀의 해방을 제창함」, 『개벽』 2호(1920. 7. 25), 54면.
13   윤석중, 앞의 책 14면.
14   같은 책 15면.
15   김소춘, 앞의 글 58면.
16   윤석중, 앞의 책 24~26면.
17   표영삼 『동학 2: 해월의 고난 역정』, 통나무 2004, 163면.
18   같은 책 162면.
19   윤석중, 앞의 책 7~8면.


## 7장

1    한용희 『한국동요음악사』, 세광음악출판사 1988, 7면.
2    같은 책 7~8면.
3    박영기 『한국근대아동문학교육사』, 한국문화사 2009, 175~76면.
4    같은 책 176면.
5    정순철 「동요를 권고합니다」, 『신여성』 2권 6호(1924. 6. 17), 52~53면.
6    박영기, 앞의 책 195면.
7    신현득 「방정환 바로 알기」, 『월간문학』 2006년 5월호, 29~30면.
8    심명숙 「다시 쓰는 방정환 동요 연보」, 『아침햇살』 1998년 가을호, 148~50면.

9    이상금 『사랑의 선물: 소파 방정환의 생애』, 한림출판사 2005, 633쪽.
10   『부인』 1권 4호(1922년 9월호), 26면.
11   신현득, 앞의 글 30면.
12   차웅렬 「잊혀진 이름, 동요 작곡가 정순철」, 『신인간』 2001년 10월호, 114면.
13   윤석중 『노래가 없고 보면』, 웅진출판 1988, 109~111면.
14   윤석중 『어린이와 한평생』(1), 웅진출판 1988, 76면.
15   이상금, 앞의 책 592면.
16   『어린이』 8권 1호(1930년 1월).
17   『어린이』 8권 7호(1930년 8월).
18   『어린이』 9권 11호(1931년 11월).
19   『어린이와 한평생』(1), 91~92면.
20   같은 책 90면.
21   김복희 「가슴 아픈 노래」, 『한국일보』 1983. 12. 27.
22   한용희, 앞의 책 70면.
23   윤극영 『윤극영전집 II』, 현대문학 2004, 544~45면.
24   독립운동사편찬위원회 『독립운동사』 제10권(1978), 1108면.
25   같은 책 1107면.
26   이상금, 앞의 책 588~95면.


## 8장

1    진장섭 「눈과 소파」, 『어린이』 9권 7호(1931년 7월), 8~9면.
2    정인섭 『색동회 어린이 운동사』, 학원사 1975, 115면.
3    차웅렬 「잊혀진 이름, 동요 작곡가 정순철」, 『신인간』 2001년 10월호, 118면.
4    이상금 『사랑의 선물: 소파 방정환의 생애』 한림출판사 2005, 506~507면.
5    같은 책 568~69면.
6    『동아일보』 1928. 9. 25.
7    방운용 「아버님의 걸어가신 길」, 『소파방정환문집』 상, 하한출판사 1997, 145면.
8    정인섭, 앞의 책 120~21면.
9    방운용, 앞의 글 96면.
10   조재호 「색동회 회고록」, 『햇불』 1969년 5월호, 92면.
11   『신인간』 1971년 2, 3월 합본호.
12   윤석중 『어린이와 한평생』(1), 웅진출판 1988, 145면.
13   이상금, 앞의 책 608~609면.


## 9장

1    이헌구 「경성보육학교의 회고」, 『색동회 어린이 운동사』, 학원사 1975, 140~45면.
2    정인섭 『색동회 어린이 운동사』, 학원사 1975, 164면.
3    같은 책 165~73면.
4    정인섭 『색동저고리』, 정연사 1962, 183~84면.
5    『색동회어린이운동사』, 173면.
6    윤석중 『어린이와 한평생』(1), 웅진출판 1988, 74면.
7    이원수 「소파와 아동문학」, 『동시 동화 작법』, 웅진출판 1984, 170면.
8    심명숙 「다시 쓰는 방정환 동요 연보」, 『아침햇살』 1998년 가을호, 161~62면.

9    차웅렬 「잊혀진 이름, 동요 작곡가 정순철」, 『신인간』 2001년 10월호, 117~18면.
10    정순철 「노래 잘 부르는 법」, 『어린이』 11권 2호(1933년 2월), 22~23면.

## 10장

1    이상금 『사랑의 선물: 소파 방정환의 생애』, 한림출판사 2005, 606면.
2    정인섭 『색동회 어린이 운동사』, 학원사 1975, 175~78면.
3    최정간 『해월 최시형가의 사람들』, 웅진출판 1994, 310면.
4    차웅렬 「잊혀진 이름, 동요 작곡가 정순철」, 『신인간』 2001년 10월호, 118~19면.
5    윤석중 『어린이와 한평생』(1), 웅진출판 1988, 164~65면.
6    조재호 「색동회 회고록」, 『햇불』 1965년 5월호, 93~94면.
7    윤석중 『어린이와 한평생』(2), 웅진출판 1988, 16~18면.
8    윤석중 『어둠 속의 초생달』, 웅진출판 1988, 37~38면.
9    같은 책 40면.
10    차웅렬, 앞의 글 118면.
11    같은 글.
12    『어둠 속의 초생달』, 42~44면.
13    『어린이와 한평생』(2), 36~39면.
14    『어둠 속의 초생달』, 68면.
15    윤극영 『윤극영전집 II』, 현대문학 2004, 544~46면.

## 11장

1    『해월선생문집』 계사년조.
2    표영삼 「해월신사의 생애」, 『한국사상』 24집, 한국사상연구회 1998, 355~56면.
3    이동초 『천도교 민족운동의 새로운 이해』, 모시는사람들 2010, 97면.
4    최종성 『동학의 테오프락시: 초기동학 및 후기동학의 사상과 의례』, 민속원 2009, 199~205면.
5    시천교총부 『시천교전』(1920), 3~4면; 최종성, 같은 책 208면 재인용.
6    최종성, 같은 책 209~11면.
7    김기전 「성지로부터 성지로: 용담정에서」, 『신인간』 1942년 11월호.
8    최정간 『해월 최시형가의 사람들』, 웅진출판 1994, 307~309면.
9    박용옥 「해월 최시형의 근대지향적 여성관」, 『한국사상』 24집, 한국사상연구회 1998, 86면.

## 12장

1    윤석중 『어린이와 한평생』(2), 웅진출판 1988, 45~53면.
2    김응조 「'졸업식 노래' 작곡가는 해월의 외손자」, 『온세종교』 2006. 6. 30.
3    차웅렬 「잊혀진 이름, 동요 작곡가 정순철」, 『신인간』 2001년 10월호, 119면.
4    정인섭 『색동회 어린이 운동사』, 학원사 1975, 182면.
5    차웅렬, 앞의 글.
6    윤수동 「동요에 대하여」, 『계몽기가요선곡집』, 문학예술종합출판사 2001, 52~53면.
7    최창호 『민족 수난기의 가요들을 더듬어』, 평양출판사 2003, 135면.
8    정인섭, 앞의 책 182면.
9    조재호 「색동회 회고록」, 『햇불』 1969년 5월호, 95면.

# 참고문헌

이 책을 집필하며 여러 글과 도서의 도움을 받았습니다.

김응조 「'졸업식 노래' 작곡가는 해월의 외손자」, 『온세종교』 2006. 6. 30.
박용옥 「해월 최시형의 근대지향적 여성관」, 『한국사상』 24집, 한국사상연구회 1998.
신현득 「방정환 바로 알기」, 『월간문학』 2006년 5월호.
심명숙 「다시 쓰는 방정환 동요 연보」, 『아침햇살』 1998년 가을호.
조재호 「색동회 회고록」, 『햇불』 1969년 5월호.
차웅렬 「잊혀진 이름, 동요 작곡가 정순철」, 『신인간』 2001년 10월호.
표영삼 「해월신사의 생애」, 『한국사상』 24집, 한국사상연구회 1998.


김용휘 『우리 학문으로서의 동학』, 책세상 2007.
동학학회 편저 『해월 최시형의 사상과 갑진개화운동』, 모시는사람들 2003.
박영기 『한국근대아동문학교육사』, 한국문화사 2009.
방정환 『소파방정환문집』 상·하, 하한출판사 1997.
윤극영 『윤극영전집 Ⅱ』, 현대문학 2004.
윤석중 『노래가 없고 보면』, 웅진출판 1988.
──, 『어둠 속의 초생달』, 웅진출판 1988.
──, 『어린이와 한평생』 (1), (2), 웅진출판 1988.
──, 『우리나라 소년운동 발자취』, 웅진출판 1989.
이동초 『천도교 민족운동의 새로운 이해』, 모시는사람들 2010.
이상금 『사랑의 선물: 소파 방정환의 생애』, 한림출판사 2005.
이원수 『동시 동화 작법』, 웅진출판 1984.
정인섭 『색동저고리』, 정연사 1962.
──, 『색동회 어린이 운동사』, 학원사 1975.
최정간 『해월 최시형가의 사람들』, 웅진출판 1994.
최종성 『동학의 테오프락시: 초기동학 및 후기동학의 사상과 의례』, 민속원 2009.
표영삼 『동학 1: 수운의 삶과 생각』, 통나무 2004.
──, 『동학 2: 해월의 고난 역정』, 통나무 2004.
한용희 『한국동요음악사』, 세광음악출판사 1988.

부록

## 정순철 연표

| 연도 | | 가족사 및 동학 | 국내외 역사 |
|---|---|---|---|
| 1824 | 甲申 | 경주 가정리에서 최수운 탄생(10월 28일) | |
| 1827 | 丁亥 | 경주 황오리에서 최시형 탄생(3월 21일) | |
| 1845 | 乙巳 | 최시형 밀양 손씨와 혼인(19세) | |
| 1860 | 庚申 | 최수운 무극대도를 받음(4월 5일) 동학 포덕시작 | |
| 1861 | 辛酉 | 최시형 최수운을 찾아가 입도(35세) | |
| 1862 | 壬戌 | | 진주민란 등 전국 각지 민란 |
| 1863 | 癸亥 | 최수운 최시형에게 도통전수(37세) | 고종 즉위 |
| 1864 | 甲子 | 최수운 순도(3월 10일, 41세) | |
| 1871 | 辛未 | 이필제 영해에서 교조신원운동이란 이름으로 변란을 일으킴 | 신미양요 |
| 1872 | 壬申 | 최수운 첫째 아들 최세정 양양 옥에서 장형(杖刑)을 받다가 숨짐 | |
| 1873 | 癸酉 | 최수운의 부인 박씨 별세(12월 9일) | 대원군 실각 |
| 1874 | 甲戌 | 최시형 안동 김씨와 단양에서 결혼 | |
| 1875 | 乙亥 | 최시형 아들 덕기 출생(1월 24일) 최수운 둘째 아들 최세청 병사(1월 22일) | |
| 1876 | 丙子 | | 강화도조약 |
| 1877 | 丁丑 | 정주현 출생(9월 6일) | |
| 1878 | 戊寅 | 최시형 딸 최윤 출생(10월 18일) | |
| 1879 | 己卯 | | |
| 1880 | 庚辰 | | |
| 1881 | 辛巳 | | |
| 1882 | 壬午 | | 임오군란 |
| 1883 | 癸未 | | |

| 연도 | | 가족사 및 동학 | 국내외 역사 |
|---|---|---|---|
| 1884 | 甲申 | | 갑신정변 |
| 1885 | 乙酉 | | 거문도 사건 |
| 1886 | 丙戌 | | |
| 1887 | 丁亥 | 최덕기 음선장의 둘째 딸과 결혼<br>최시형의 부인 김씨 운명(2월 24일) | |
| 1888 | 戊子 | 최시형 밀양 손씨(26세, 손병희 누이동생)와 결혼 | |
| 1889 | 己丑 | 최시형 첫 번째 부인 손씨 운명(10월 11일) | |
| 1890 | 庚寅 | 최시형의 부인 손씨 아들 봉조(동희) 낳음<br>「내칙」「내수도문」 반포(11월) | |
| 1891 | 辛卯 | | |
| 1892 | 壬辰 | 공주교조신원운동(10월) 삼례교조신원운동(11월) | |
| 1893 | 癸巳 | 장내리집회 청산 문바윗골 대도소 설치<br>최시형의 아들 최덕기 병사 | |
| 1894 | 甲午 | 동학혁명 최윤과 손씨부인 등 관아에 투옥 | 동학혁명 |
| 1895 | 乙未 | | 명성황후 시해 |
| 1896 | 丙申 | | 아관파천 |
| 1897 | 丁酉 | 손씨부인 둘째 아들 동호 출생 | 대한제국 선포 |
| 1898 | 戊戌 | 최시형 순도(6월 2일) | |
| 1899 | 己亥 | 방정환 출생 | |
| 1900 | 庚子 | 손천민 순도 | |
| 1901 | 辛丑 | 정순철 출생(9월 13일)<br>김연국 체포 무기징역 언도 받음<br>손병희 일본으로 감 | 이재수의 난 |
| 1902 | 壬寅 | 손병희 지목을 피해 다시 일본으로 감 | |
| 1903 | 癸卯 | | |

| 연도 | | 가족사 및 동학 | 국내외 역사 |
|---|---|---|---|
| 1904 | 甲辰 | 김연국 감형 석방<br>최시형 장남 최동희 일본 유학 | 러일전쟁 |
| 1905 | 乙巳 | 손병희 동학을 천도교로 개신 | 을사늑약 |
| 1906 | 丙午 | 손병희 일본에서 귀국 | 통감부 설치 |
| 1907 | 丁未 | 최동희 홍영과 결혼 | |
| 1908 | 戊申 | | |
| 1909 | 己酉 | 최윤 손병희가 마련해준 서울 가회동 집으로 이주 | 안중근 의거 |
| 1910 | 庚戌 | | 한일병합 |
| 1911 | 辛亥 | | |
| 1912 | 壬子 | | |
| 1913 | 癸丑 | | |
| 1914 | 甲寅 | 최시형 차남 최동호 오순엽과 결혼 | |
| 1915 | 乙卯 | | |
| 1916 | 丙辰 | | |
| 1917 | 丁巳 | 방정환 손병희 셋째 딸 용화와 결혼<br>가회동 집에서 생활함 | |
| 1918 | 戊午 | 정순철 황복화(1902년생)와 결혼 | |
| 1919 | 己未 | 손병희 등 천도교 지도자들 3·1운동으로 투옥<br>정순철 보성고등보통학교 졸업(4월) 정순열 출생 | 고종승하<br>3·1운동 |
| 1920 | 庚申 | | |
| 1921 | 辛酉 | 손씨부인 청주로 낙향 | |
| 1922 | 壬戌 | 손병희 환원(5월 19일)<br>김연국 계룡산 신도안에 시천교 교당 건립<br>정순철 동경음악학교 유학 | |
| 1923 | 癸亥 | 색동회 발족 『어린이』 창간<br>최동호 고문 후유증으로 타계 | 간토대지진 |

| 연도 | | 가족사 및 동학 | 국내외 역사 |
|---|---|---|---|
| 1924 | 甲子 | 정순철 귀국 | |
| 1925 | 乙丑 | 김연국 시천교를 상제교로 개정하고<br>신도안으로 본부 이전 | |
| 1926 | 丙寅 | 정순철 장남 정문화 출생(6월 24일) | 6·10만세운동 |
| 1927 | 丁卯 | 정순철 동덕여고 재직(1927~1938)<br>최시형 장남 최동희 상하이에서 병사 | 경성방송국<br>방송 시작 |
| 1928 | 戊辰 | 색동회 세계아동예술전람회 개최 | |
| 1929 | 己巳 | 정순철 동요작곡집 『갈닢피리』 출간<br>(「우리 애기 행진곡」 수록) | 광주학생운동 |
| 1930 | 庚午 | 최윤 김연국을 찾아 신도안으로 감<br>정순철 차남 정봉화 출생(5월 10일) | |
| 1931 | 辛未 | 정순철 경성보육학교에서 음악을 가르침 녹양회 활동<br>방정환 타계 최윤 용담정으로 내려감(54세) | 만주사변 |
| 1932 | 壬申 | 정순철 동요집 『참새의 노래』 엮음<br>정순철 삼남 정기화 출생(6월 29일) | 이봉창 윤봉길<br>의거 |
| 1933 | 癸酉 | | 조선어학회사건 |
| 1934 | 甲戌 | 정순철 장녀 정경화 출생(9월 29일) | |
| 1935 | 乙亥 | | |
| 1936 | 丙子 | | |
| 1937 | 丁丑 | 최시형 부인 손씨 계룡산 김연국 처소에서 타계(75세)<br>정순철 차녀 정영화 출생(6월 20일) | |
| 1938 | 戊寅 | | |
| 1939 | 己卯 | 정순철 두 번째 일본 유학 정순열 결혼 | |
| 1940 | 庚辰 | | |
| 1941 | 辛巳 | 정순철 사남 정윤화 출생(9월 24일) | 아시아태평양<br>전쟁 발발 |
| 1942 | 壬午 | 중앙보육학교 근무 | |

| 연도 | | 가족사 및 동학 | 국내외 역사 |
|---|---|---|---|
| 1943 | 癸未 | | |
| 1944 | 甲申 | 김연국 타계 | |
| 1945 | 乙酉 | | 해방 |
| 1946 | 丙戌 | 「졸업식 노래」 작곡<br>정순철 삼녀 정홍심 출생(11월 9일) | |
| 1947 | 丁亥 | 노래동무회 활동 무학여고 근무 | 미소공동위 결렬 |
| 1948 | 戊子 | 성신여고 근무 | 제주 4·3항쟁 |
| 1949 | 己丑 | | |
| 1950 | 庚寅 | 정순철 납북 | 6·25전쟁 |
| 1951 | 辛卯 | | |
| 1952 | 壬辰 | | |
| 1953 | 癸巳 | | 휴전 남북분단 |
| 1954 | 甲午 | | |
| 1955 | 乙未 | | |
| 1956 | 丙申 | 최윤 별세(79세) 최수운 묘 옆에 묻힘 | |

## 정순철 연보

1901  9월 13일 충북 옥천군 청산면 교평리 310 -1번지에서 출생 (부 정주현 모 최윤)

1909  손병희가 마련해준 서울 가회동 집에서 성장

1918  5월 1일 황복화(1902년생, 경기도 광주 출생)와 결혼

1919  4월 보성고등보통학교 졸업

1921  방정환과 천도교소년회 활동

1922  11월 동경음악학교 선과 입학

1923  도쿄에서 방정환, 진장섭, 손진태, 고한승, 정병기, 윤극영 등과 색동회 창립

1924  학비 체납으로 동경음악학교 수업을 중단하고 귀국

      『신여성』에 「동요를 권고합니다」 발표

1925  어린이날 행사 준비에 방정환, 정병기와 색동회 대표로 참석

1927  동덕여고 음악 교사로 근무 시작(1927년부터 1938년까지 재직)

1928  방정환, 정인섭, 이헌구 등 색동회 동인들과 세계아동예술전람회 개최

1929  동요작곡집 『갈잎피리』 출간. 이 동요작곡집에 수록된 「우리 애기 행진곡」(나중에 「짝짜꿍」으로
      곡명 바꿈)이 전국에 유행함

1931  경성보육학교 학생 음악 지도 정인섭, 이헌구 등과 녹양회 활동

1932  동요집 『참새의 노래』 엮음

1933  『어린이』 11권 2호에 「노래 잘 부르는 법」 발표

1939  두 번째 일본 유학

1941  일본에서 귀국

1942  중앙보육학교 근무

1946  「졸업식 노래」 작곡

1947  윤석중, 윤극영, 한인현과 매주 모여 노래동무회 활동

      무학여고 근무

1948  성신여고 근무

1949  윤석중, 윤극영과 함께 노래동무회 활동을 하며 작곡한 노래로 악보집 『노래동무』 출간

1950   6·25전쟁 중 납북 생사 불명

2007   2월 12일 『중부매일』에 「졸업식 노래 작곡가 정순철을 아시나요」 게재(김정미 기자)

　　　2월 23일 『옥천신문』에 「짝짜꿍 작곡자는 청산 출신」 게재(황민호 기자)

　　　도종환 논문 「어린이 노래운동의 선구자 정순철」이 『창비어린이』 17호에 발표됨

　　　6월 27일~7월15일 정순철 동요교실 운영

　　　8월 4일~6일 제1회 짝짜꿍 동요캠프 개최(아자학교 주관)

　　　2007년 8월 21일 『동양일보』에 「동요운동 선구자 정순철, 세상 빛보다」 게재(김정애 기자)

　　　9월 28일 정순철 바로 알기 세미나 개최

　　　10월 20일 CJB 창사 10주년 특집 다큐멘터리 <갈닙피리> 방송(담당 피디 김경아)

2008   9월 9일 정순철기념사업회 창립(초대회장 김승룡)

　　　12월 16일 제1회 옥천 짝짜꿍 동요제 개최

2009   6월 16일 제2회 옥천 짝짜꿍 동요제 개최

　　　정순철 세미나 개최

2010   11월 12일 제3회 옥천 짝짜꿍 동요제 개최

　　　12월 15일 정순철 세미나 개최

2011   4월 『정순철평전』 발간(도종환)

2022   5월 『어린이를 노래하다』 발간

# 까 치 야

```
5 - 5 3 | 5 - 5 3 | 2 - 2 3 | 2 5 - 0 |
1 까 치 야 까 치 야 바 람 이 분 다

6 - 1 5 | 6 - 1 5 | 1 2 3 4 | 6 5 - 0 |
감 나 무 가 지 에 바 ― 람 이 분 다

6 - 1 5 | 6 - 6 5 | 3 3 - 2 | 4 3 - 0 |
감 나 무 닙 새 는 어 대 로 가 고

2 - 2 5 | 6 - 6 1 | 3 5 4 2 | 1 - 0 ‖
바 람·이 네 집 을 건 너 단 이 노
```

金 基 鎭 作

까 치 야

| 까치야 | 감나무 | 까치야 | 저녁에 | 감나무 | 올겨울 |
|---|---|---|---|---|---|

까치야
까치야
바람이분다

감나무
가지에
바람이분다

바람이
네집을
건너단이놉.

감나무
닙새는
어대로가고

저녁에
찬바람이
가지에움다

까치야
까치야
바람이윰다

감나무
가지에
홀에미싸치.

올겨울
나기에
쓸쓸하겟네。

# 길일흔까마귀

```
1 2 3 6 | 5 2 3. | 6 5 5 3 1 | 2. 2 0 |
I 달 밝은날 저 녁에 까마귀 — 하 나 —

3 5 3 2 | 1 3 5. | 1 2 3 6 1 | 5. 5 0 |
길 을일코 혼 자서 푸 — 른하늘 노 —

6 5 5 3 | 4 3 2 3. | 5 1 2 3 | 1. 1 0 |
정 처업시 울 — 면서 나 러가노 나 —
```

길일흔 까마귀

李定鎬 作

달밝은날 저녁에 까마귀하나
길을일코 혼자서 푸른하늘
정처업시 울면서 나러가노나.

먼―동네 등불도 써지려하고
찬서리는 날개를 적셔오는데
싸마귀는 어대로 울며가느냐.

길을일흔 싸마귀 춤기는해도
엄마품이 그리워 푸른하늘로
엄마엄마 차저서 울며간다네.

315

# 녀름비

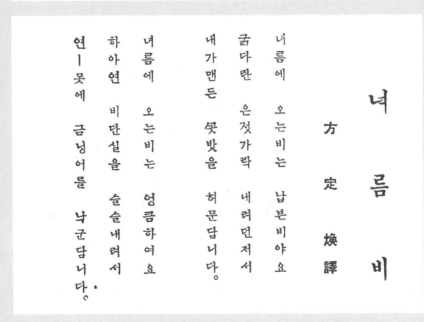

5 - 3 3 | 1 1 2 3 - | 5. 3 2 1 2 4 | 3.—·0
녀 름 에 오 는 비 는  낮 븐 비—야—요

2 - 6 5 | 1 1 2 3 - | 2. 3 2 1 6 1 | 5 - 0
굵 다 란 은 젓 가 락  내 려 던—저— 서

5 1 3 5 - | 6 i 5 - | 3. 3 2 3 2 1 | 1. — 0
내 가 만 든 샛 밧 을  허 문 답—니— 다

## 녀 름 비

方 定 煥 譯

녀름에 오는비는 납븐비야요
굵다란 은젓가락 내려던저서
내가맨든 샛밧을 허문답니다.

녀름에 오는비는 엉큼하여요
하아연 비단실을 슬슬내려서
연—못에 금닝어를 낙군답니다.

316

# 봄

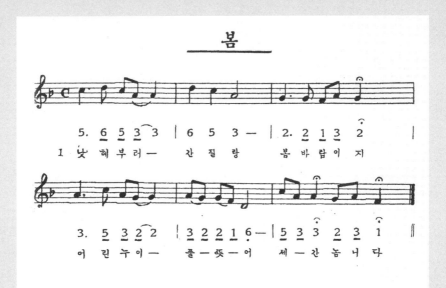

5. 6 5 3 3 | 6 5 3 — | 2. 2 1 3 2 |
1 낫 헤 부러 — 간 질 랑 봄 바 람 이 지

3. 5 3 2 2 | 3 2 2 1 6.— | 5 3 3 2 3 1 |
어 린 누 이 — 풀 — 뜻 — 어 세 — 간 놈 니 다

봄 (春)

韓 晶 東 作

낫헤부러 간질랑 봄바람이지

어린누이 풀뜻어 세간놈니다

먼갯둑에 아지랑 봄햇볏이지

돗단배 간들간들 졸며갑니다

가는가지 파르랑 봄비들이지

씨씨리 오소오소 손을침니다

317

# 나무닙배

5. 3 2 | 5 1 2 3. | 3 5 6 5 | 3. 3 0 |
어 적게 씌여논 나 무 닙 배 는 一

5 3 2 1 | 3 2 1 6. | 1 1 6 1 | 5. 5 0 |
구 즌비가 오一는데ㅣ 어 대갓슬 가 一

6. 1 2 | 3 5 5. | 6 5 1 6 5 | 3. 3 0 |
못 가에 비저즌 슾플사一에. 는 一

6. 5 3 | 6 5 3 2. | 3 5 3 2 3 | 1. 1 0 |
죠 희쏙 흰一돗. 만 혼一자남엇 네 一

나 무 닙 배

方 定 煥 作

어적게 씌여논 나무닙배는

구즌비가 오는데 어대갓슬가

못가의 비저즌 숲풀새에는

죠희쏙 흰돗만 혼자남엇네。

어적게 버레손님 태워건늬든

새人파란 나무닙 적은나루人배

돗대와 배人몸은 어대로가고

련못에는 비방울 소래쑨일세。

318

# 늙은 잠자리

1. 1 2 3 | 5. 3 2 1 | 5. 1 2 3 5 | 5. — 0 |
1 수 수나무 마 — 나 님 조흔마 나 — 님

6. 5 3 2 | 5 — 1 2 | 3. 5 3 2 1 | 2. — 0 |
오 늘 저녁 하 로만 재 워주서 — 요

3. 5 3 5 | 6. 1 5 — | 3. 3 2 1 3 | 5. — 0 |
아 니아니 안 돼요 무 서워서 — 요

1 6 5. 3 | 2. 1 5 | 3. 4 3 2 1 | 1. — 0 |
당 신눈 이 우 — 서워 못 재웁니 — 다

方定煥 作

늙은 잠자리

수수나무 마나님 조흔마나님
오늘저녁 하로만 재워주서요
아니아니 안돼요 무서워서요
당신눈이 무서워 못재웁니다。

잠잘곳이 업서서 늙은잠자리
바지랑대 갈쿠에 혼자안저서
치운바람 서러워 한숨쉬는대
갈나무 마른닙이 써러집니다。

# 물        새

```
3 3 6 5 | 3 5 1. | 5. 5 1 2 | 3. 3 0 |
자 고 나 도  쓰 바 다.  래 일 도 바 다 —

2 2 5 3 | 1 3 5. | 1 2 3 5 2 | 5. 5 0 |
푸 른 물 결  우 에 만  쓸 — 쓸 이 도 는 —

5 6 5 3 | 5 3 2. | 5 1 2 3 5 | 1. 1 0 |
가 — 엽 슨  물 새 는  어 — 데 서 자 나 —
```

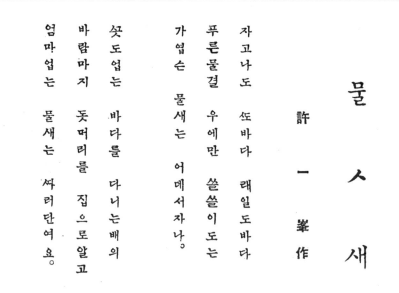

물 ㅅ 새

許 一 峯 作

자고나도　쓰바다　래일도바다

푸른물결　우에만　쓸쓸이도는

가엽슨　물새는　어데서자나.

솟도업는　바다를　다니는배의

바람마지　돗머리를　집으로알고

엄마업는　물새는　싸러단여요.

# 헌 모 자

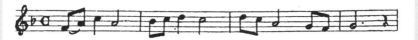

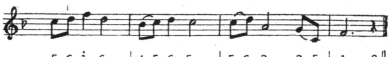

```
1 3 5 3 - | 4 5 6 5 - | 6 5 3 - 2 1 | 2. - 0 |
```
1. 누ㅡ구가　버렸는지　버렸트 렸는지

```
5 6 1 6 - | 4 5 6 5 - | 5 6 3 - 2 5 | 1. - 0 ‖
```
쳉기통에　헌ㅡ모자　써저진　모ㅡ자

헌
모
자

黃
世
冠
作

누구가　버렸는지　내려트렸는지
쳉기통에　헌모자　씨저진모자.

누구가　버렸는지　내렸트렸는지
쳉기통에　헌모자　흙무든모자.

321

# 갈닙피리

```
5  1 2 3 5 6 | 3. — 0 | 2. 2 1 3 5 6 | 5. — 0 |
1. 혼 자 서 노 를 내  니      갑 갑 하 — 여 — 서

6. 6 1 6 5 | 3 5 6 5 3 3 — | 2 3 5  2 3 1 0 |
갈 닙 으 — 로  피 — 리 — 를 —   부 러 보 앗 — 소
```

갈 닙 피 리

韓 晶 東 作

혼자서 놀을내니 갑갑하여서
갈닙으로 피리를 부러보앗소。

보이얀 한울에는 종달새들이
봄날이 조와라고 노래불너요。

내가부는 피리는 갈닙의피리
어되어되 싸지나 들너울싸요。

어머니 가신나라 멀고먼나라
거긔싸지 들닌다면 조흘텐데요。

322

# 우리애기行進曲

## (園 兒 用)

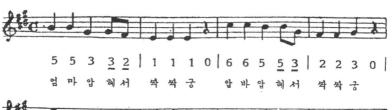

5 5 3 3̲2̲ | 1 1 1 0 | 6 6 5 5̲3̲ | 2 2 3 0 |
엄 마 압 혜 서　쌕 쌕 궁　압 바 압 혜 서　쌕 쌕 궁

i̇ 6 5 6̲5̲ | 3 3 2 0 | 6 5 3 5̲3̲ | 2 5 1 0 |
엄 마 한 숨 은　잡 자 고　압 바 주 름 쌀 퍼 저 라.

우 리 애 기 行進曲

尹 石 重 作

엄마압혜서　쌕쌕궁
압바압혜서　쌕쌕궁
엄마한숨은　잡자고
압바주름쌀　펴저랑.

들로나아가　쑤루루
언니일터로　쑤루루
언니언니　왜우루
일하다말고　왜우루.

우는언니는　바아보
우는언니는　웃는언니는　장ー사
바보언니는　난실혀
장사언니가　내언닝.

햇님보면서　쌕쌕궁
울든언니가　웃는다
도리도오리　쌕쌕궁
눈물씨츠며　웃는당.

童謠集
갈닙피리
定價三十錢

昭和四年十二月十六日印刷
昭和四年十二月二十日發行

京城府區黑桐入八
無税錢發行人　鄭淳哲

京城府往春桐四五
印刷人　黃福浩

京城府蓬萊町三丁目六十二番地
印刷所　朝鮮印刷株式會社

京城府蓬松桐
發行所　文化書館
振京一四四六番

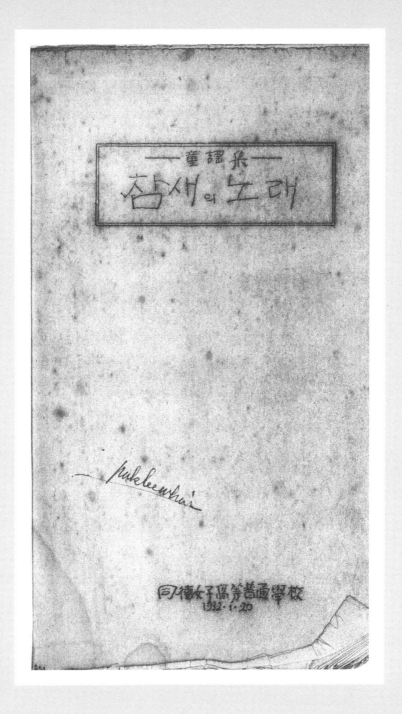

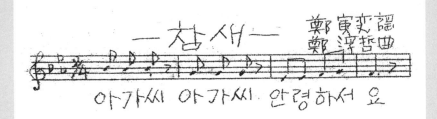

― 참새 ― 鄭寅燮謠
鄭淳哲曲

아가씨 아가씨 안령하서요

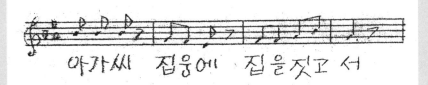

아가씨 집웅에 집을짓고서

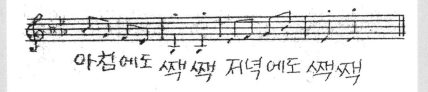

아침에도 쌕쌕 저녁에도 쌕쌕

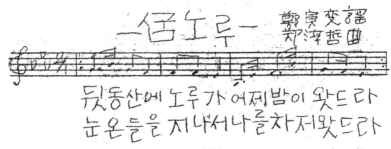

뒷동산에 노루가 어제밤이 왔드라
눈온들을 지나서 나를차저왔드라

노루다고 가는걸 웃지업시 걷드라
노루살에 밧처서 닭은 사지털더라

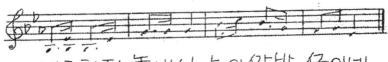

미꾸러저 늘내디 눈이 깜박 굼이네

327

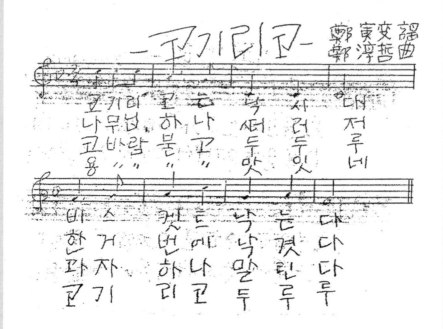

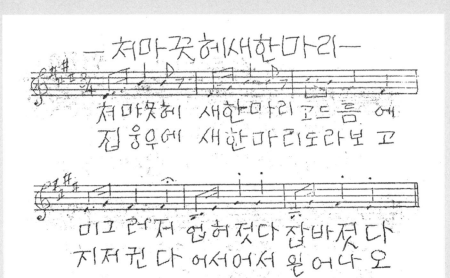

처마끗헤 새한마리 고드틈에
집웅우에 새한마리 노라보고

미그러저 업허젓다 잣바젓다
지저귄다 어서어서 일어나오

인섭 요
순철 곡

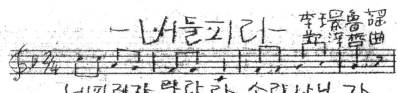

네피려가 라라라 소리나닛가
네피리와 내피리 함께부닛가

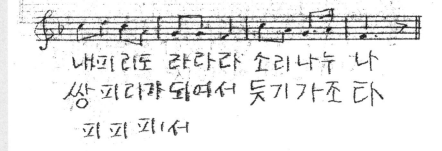

내피리도 라라라 소리나누나
쌍피리가 되여서 듯기가조타

피피피서

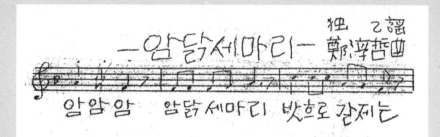

— 암닭세마리 — 郑泽哲曲

암암암 암닭 세마리 밧흐로 갈제는

첫암닭 맨압헤 돌재는고다음쏠 지는쏠랑지

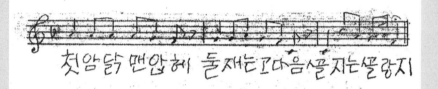

— 어미새 — 郑泽哲曲

너머가는 저녁해에 어머새들은
하로종일 그림든 — 엄마아가가

어린 아가 집에서 기다린다고
서로 조와하는걸 보고 가려고

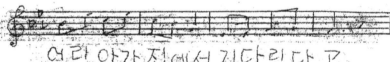

쌀이날너 집으로 도라감니다
저녁해가 서산에 기다림니다

—애보는 애기—   趙成文謠
              鄭淳哲曲

우리 집에 적은애기 애보는애기
우지 안는 벼개애기 두들기면서

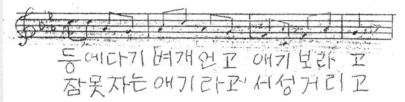

등에다기 벼개언고 애기보라고
잠못자는 애기라고 서성거리고

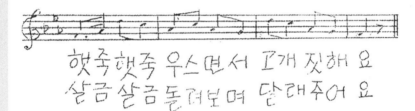

햇죽햇죽 우스면서 고개짓해요
살금살금 돌려보며 달래주어요

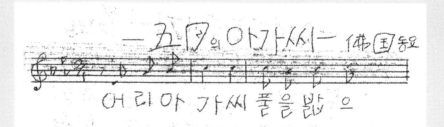

—五月의 아가씨—   佛國童謠

어리아 가씨 풀을밟으

며 꽃다발 안고 춤추며 오네

331

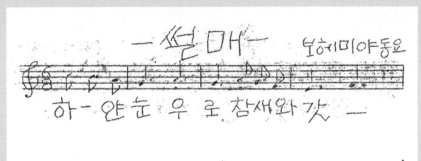

—썰매— 보헤미아동요

하—얀눈 우 로 참새와 갓 —

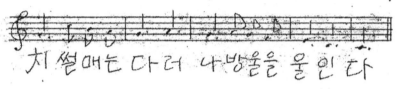

치 썰매는 다러 나방울을 울 인 다

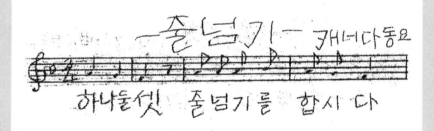

—줄넘기— 캐네다동요

하나둘셋 줄넘기를 합시 다

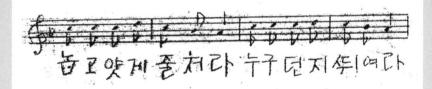

놉 고 얏게 줄 처라 누구던지쒸여다

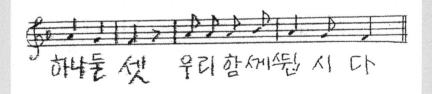

하나둘 셋 우리함께쒸 시 다

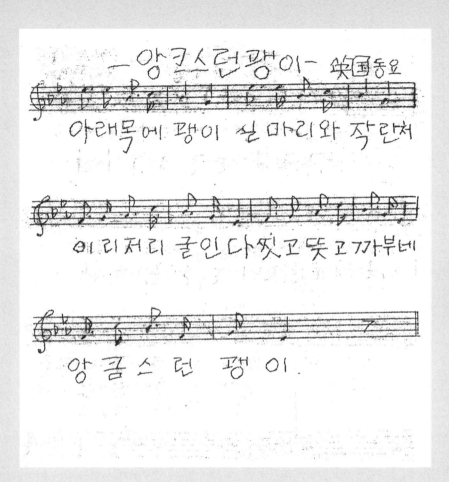

앙크스런팡이 — 笑国동요

아래목에 팡이 산 마리와 작란쳐

이리저리 굴인다찟고뜻고까부네

앙큼스런 팡이.

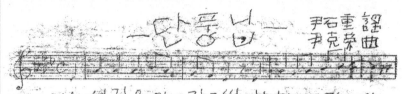

# 一단풍잎一

尹石重 謠
尹克榮 曲

버선같은 아-가-씨 착한 아-가-씨
가을달은 밝-것-만 갈꽃아엽-서

어서어서 잇-문-좀 열어주세요-
들창문을 흔-드-는 당풍잎 하나-

서리발에 치워-서 쏭-쏭-언손을
엄마아빠 다여인 가-던-몸이니

애기자는 요-마-테 녹여주세요-
자장자장 하로밤만 재워주세요-

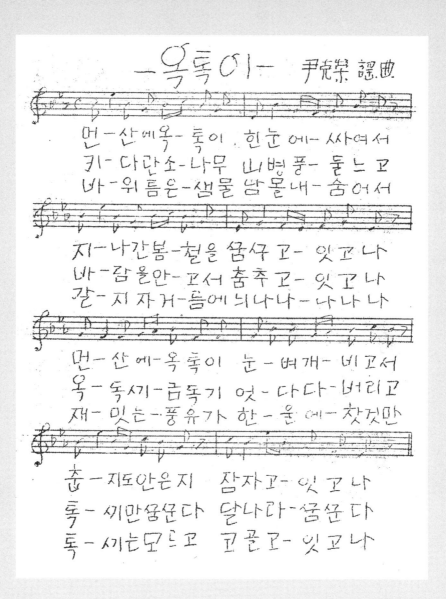

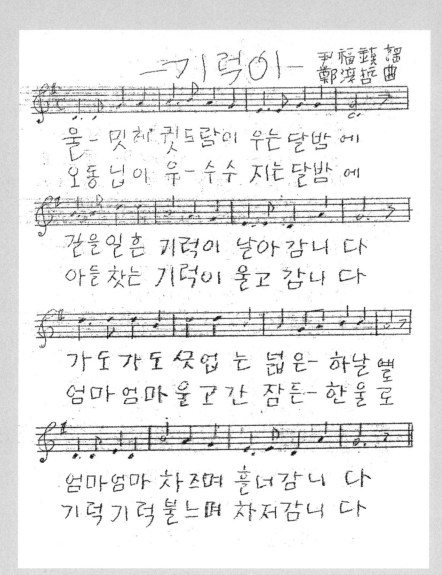

울— 밋체 귓드람이 우는 달밤에
오동 닙이 우—수수 지는 달밤에

갈을 일흔 기럭이 날아 감니 다
아들 찾는 기럭이 울고 감니 다

가도가도 끗업는 넓은— 하날 별로
엄마엄마 울고 간 잠든— 한 울 로

엄마엄마 차즈며 흘너감니 다
기럭기럭 불느며 차저감니 다

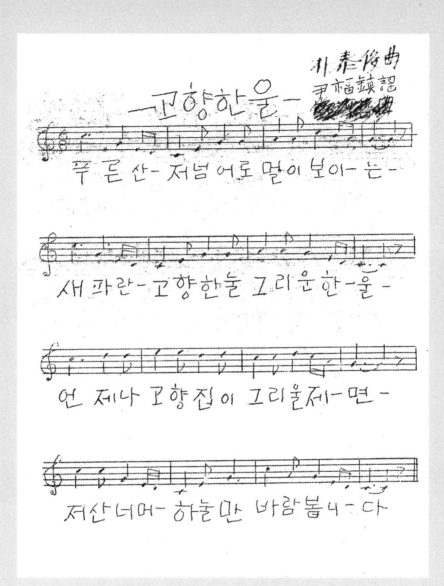

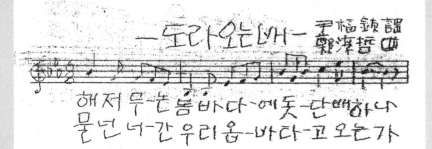

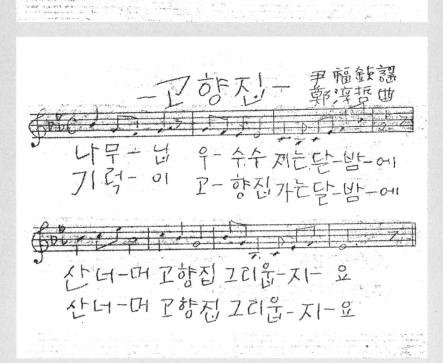

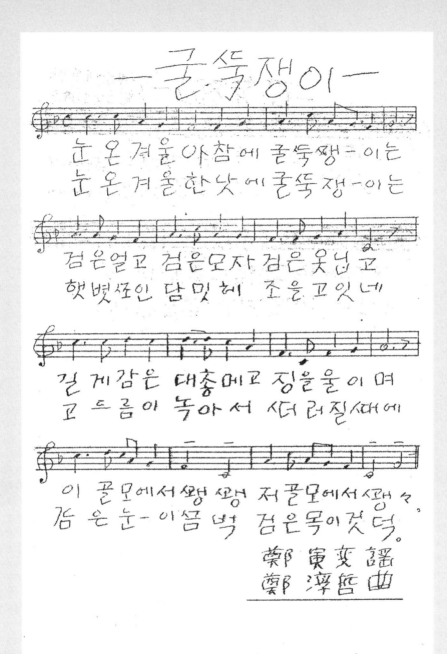

눈 온 겨울 아침에 굴뚝쟁이는
눈 온 겨울 한낮에 굴뚝쟁이는

검은얼고 검은모자 검은옷 입고
햇벳쬐인 담 밑헤 조을고 잇네

길게 감은 대총 메고 징을 울이며
고드름이 녹아서 써러질때에

이 골목에서 쌩쌩 저골목에서 쌩쌩
검은눈 이씀벅 검은목이 껏덕

鄭寅燮 謠
鄭淳哲 曲

339

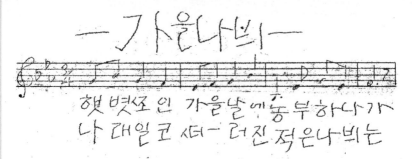
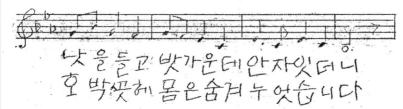
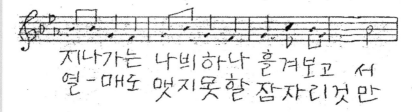
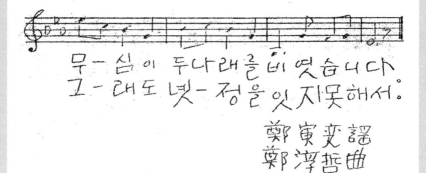

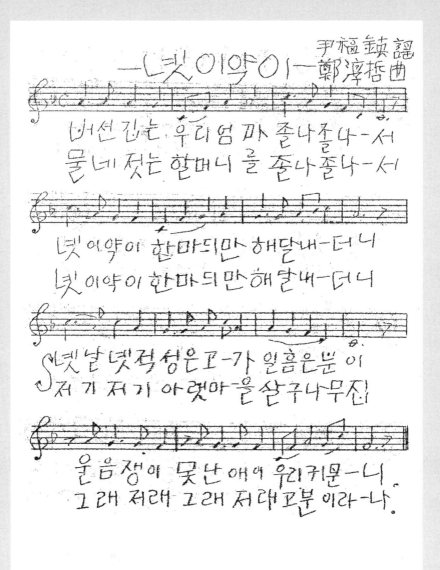

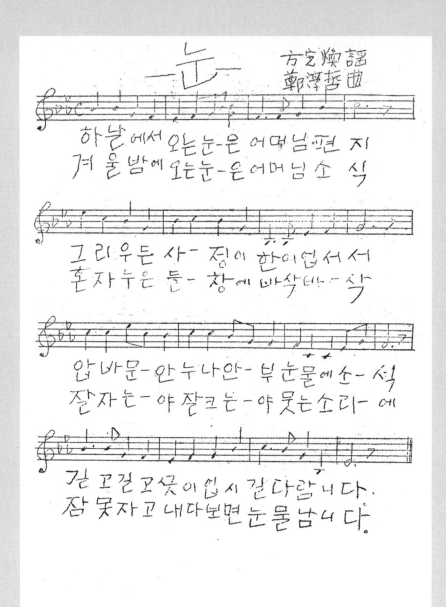

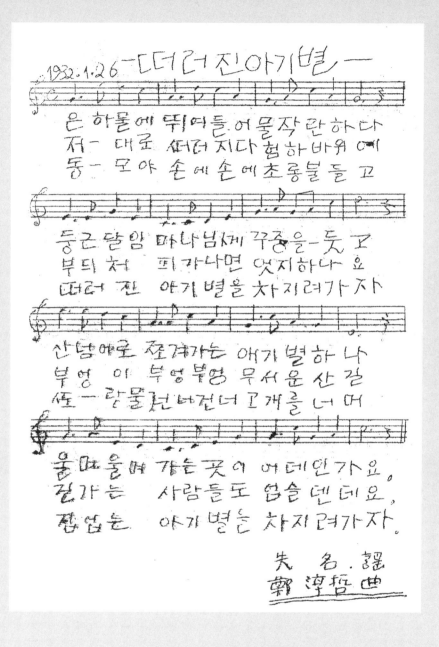

1932.1.26 ─떠러진아기별─

은하물에 뛰여들어 물작란하다
저─대로 쌔러지다 험한바위예
동─모아 손에손에 초롱불들고

둥근달임 따나님께 꾸중을─듯고
부듸처 피가나면 엇지하나요
떠러진 아기별을 차지려가자

산넘애로 조개가는 애기별하나
부엉이 부엉부엉 무서운산길
쪼─랑물건너건너 고개를너머

울며울며 가는곳이 어데인가요.
길가는 사람들도 업슬덴데요.
잠업는 아기별을 차지려가자.

失　名．謠
韓淳哲曲

343

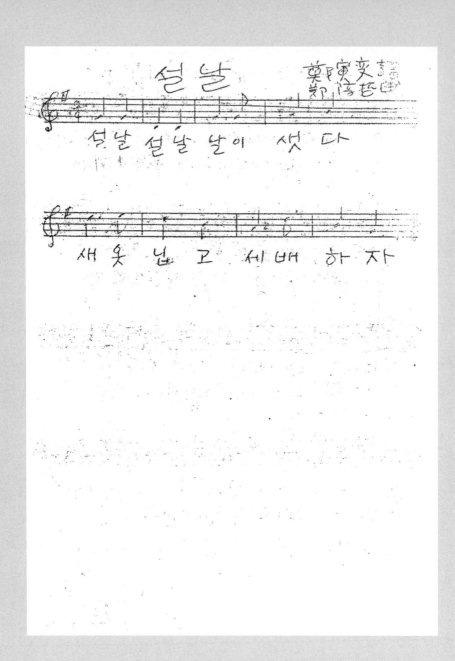

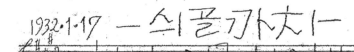

1932·1·17 ─ 쇠쭐까치 ─

고요한 저녁하늘 치운하날에.
쓸쓸한 쇠쭐걸엔 사람도업고

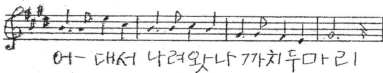

새벽남은 또 푸라가 서잇슴니다
찬바람만 눈우로 지나가는데

어대서 나려왓나 까치두마리
너머가는 저녁해를 바라보면서

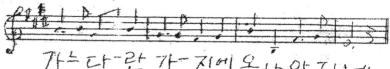

가느다란 가지에 올나안젓네
날개를 서룹겁고 꿈을꿈니다.

李軒求 謠
鄭淳哲 曲

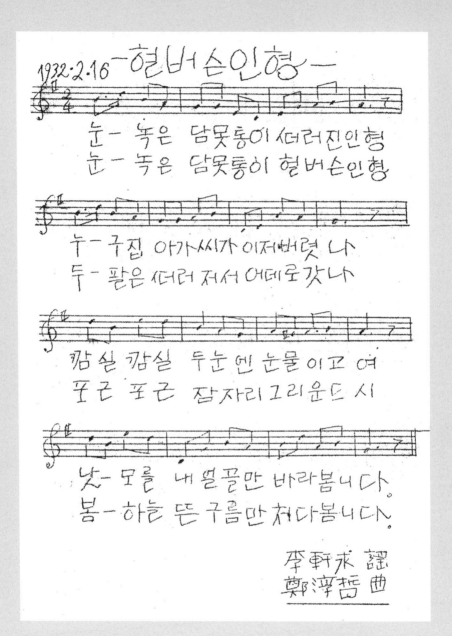

헐버슨 인형

1932·2·16

눈― 녹은 담못동이 떠러진인형
눈― 녹은 담못동이 헐버슨인형

누― 구집 아가씨가 이저버렷나
두― 팔은 떠러 저서 어데로 갓나

깜실 깜실 두눈 엔 눈물 이고 여
푸른 푸른 잠자리 그리운드시

낫― 모를 내얼골만 바라봄니다.
봄― 하늘 뜬구름만 처다봄니다.

李軒求 謠
鄭淳哲 曲

346

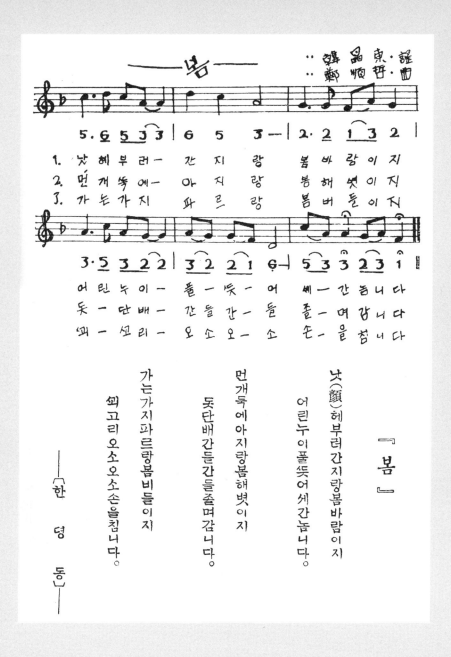

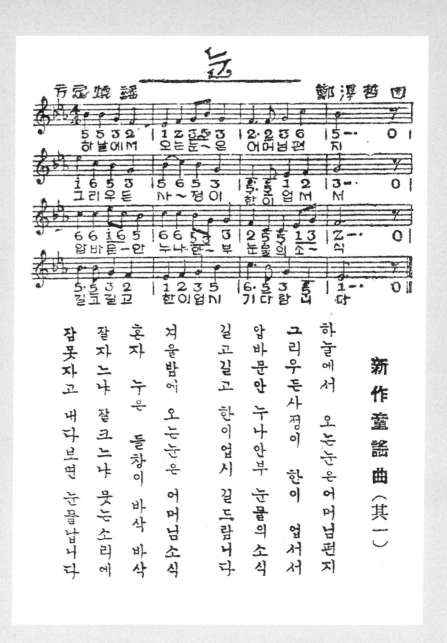

新作童謠曲（其一）

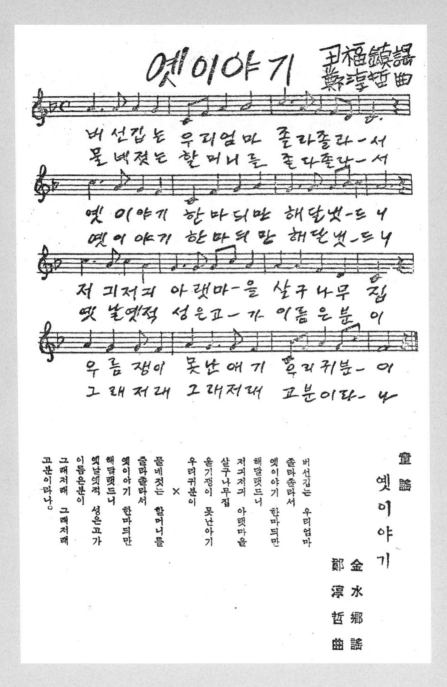

童謠

옛이야기

金水鄉謠

鄭淳哲曲

버선깁는  우리엄마
졸라졸라서
옛이야기  한마듸만
해달랫드니
저귀저귀  아랫마을
살구나무집
울기쟁이  못난애기
우리귀뷴이
　　　　　×
물버졋는  할머니를
졸라졸라서
옛이야기  한마듸만
해달랫드니
옛날옛적  성은고가
이름은뷴이
그래저래  그래저래
고뷴이라나.

어미새

넘어가는 저녁해에
어미새들은
어린아가 집에서
기다린다고
빨리날라 집으로
도라갑니다。

×

하로종일 그립든
엄마압바가
서로조와 하는걸
보고가려고
저녁해가 서산에
기다립니다。

# 自然音樂舘

朴露兒 謹  풀버레 合唱  鄭淳哲·曲

은—하수여울 물에 별 서러지는 밤

마을 마을 모기불 연기 연기 매워서

풀 닙 베고 잠 자는 이슬 밧혜 왓네

요 내일음 아러요 아르켜 줄가

요 씨르룽 써르르 룽 씨지르룽 써드르룽

귀 쓰르 트르르 프르르 룽 우리는

겨울 모르는 풀버레야요 여름밤우러서새

눈 풀버레야 요 요

俗謠 (四) 자장가

金東煥 謠
鄭淳哲 曲

자거라 자거라 귀여운 아가야

꿈속에 잠드는 범―나비 갓티

고요히 눈감고 꿈나라 가거라

하늘우 저편에 잔―세게가지 가거라

1928년 1월 17일   조선일보

353

# 어 머 니

노래동무회 악보

尹石重 謠
鄭淳哲 曲

밤에자다 이불을 거더차면은

깜짝놀라 도로잘 덮어주세요

어머니는 단-잠이 드신뒤에도

어머니는 우-리-를 생각하세요

# 졸업식노래

尹石重謠★鄭淳哲曲

# 2. 산골의 봄